LES
ARTISTES LITTÉRAIRES

— ÉTUDES SUR LE XIXᵉ SIÈCLE —

PARIS. — IMPRIMERIE CHAIX, 20, RUE BERGÈRE. — 14722-7-9.

LES
ARTISTES LITTÉRAIRES

— ÉTUDES SUR LE XIXᵉ SIÈCLE —

PAR

MAURICE SPRONCK

PARIS
CALMANN LÉVY, ÉDITEUR
ANCIENNE MAISON MICHEL LÉVY FRÈRES
3, RUE AUBER, 3
—
1889
Droits de reproduction et de traduction réservés.

LES ARTISTES LITTÉRAIRES

ÉTUDES SUR LE XIXᵉ SIÈCLE

L'ART LITTÉRAIRE

I. — Théorie de l'art en général. — L'art pour l'art et l'art utile.
II. — Les artistes de lettres au xixᵉ siècle. — Leur classification en trois groupes. — Le *Mandarinat*.
III. — Caractères généraux de la littérature artistique à notre époque.

I

Nous entendons par *artiste littéraire* l'homme qui, dans la parole écrite, aura vu, tant pour lui-même que pour son lecteur, non pas un moyen, mais une fin, non pas une occasion plus ou moins esthétique d'atteindre un des innombrables idéals que peut concevoir l'esprit, mais bien une réalisation immédiate et dernière de cette idée du beau empreinte en chacun de nous; autrement dit, l'écrivain qui, en prose ou en vers, par le roman ou par l'épopée, par le drame ou par la comédie, par le poème élégiaque ou lyrique, selon le mode quelconque qui s'adapte le mieux à son tempérament, aura accepté comme règle une formule aujourd'hui vieillie, et que l'on a raillée parfois pour ne l'avoir point comprise : celle de *l'art pour l'art*.

Nous prendrons le mot *art* dans le sens où il a été employé par Schiller en Allemagne [1], par Spencer en Angleterre [2], et, avec eux, nous pourrons le définir une des manifestations — la plus complète et la plus élevée sans doute de — cet instinct du *jeu* qui, dans l'échelle des êtres, commence, d'une façon rudimentaire, aux animaux d'ordre supérieur pour ne s'épanouir pleinement que dans l'animal humain. Enfin, pour qu'aucune équivoque ne subsiste sur les termes, nous considérons qu'il y a *jeu*, dès que se produit un déploiement volontaire d'activité, soit physique, soit psychologique, qui ne vise pas d'autre résultat qu'elle-même, qui ne tend pas à l'accomplissement d'une fonction nécessaire ni seulement utile ou à l'apaisement d'un besoin, mais qui, portant directement

---

1. Schiller, *Lettres sur l'éducation esthétique*. Voir particulièrement la lettre XIV.
2. Herbert-Spencer, *Principes de psychologie : Sentiments esthétiques*. « Cette propriété pour les sensations de pouvoir être séparées des fonctions servant à la vie est l'une des conditions requises pour l'obtention du caractère esthétique. » — Le même auteur, dans ses *Essais sur le progrès (L'Utile et le Beau)*, développe cette thèse que l'utile ne devient le beau qu'après avoir cessé d'être utile.

en soi sa propre satisfaction, se trouve contenir à la fois sa cause et son effet. Remarquons du reste que, de tous nos instincts, celui-ci, par une exception unique, ne renferme aucun élément constitutif qui, de près ou de loin, le fasse participer à la conservation de l'espèce ou à celle de l'individu, et qu'il semble, dans l'universalité des choses, ne se rattacher à rien, ne dépendre de rien et se suffire par sa seule existence.

Est-ce à dire cependant que l'artiste, pour demeurer véritablement dans son rôle, sera contraint de n'être ni psychologue, ni philosophe, ni moraliste, ni historien, ni érudit, et que sa qualité entraînera pour lui l'obligation absolue d'ignorer un certain nombre d'idées, de sentiments et de sensations? En aucune manière. D'abord, parce que s'il est possible, dans la discussion abstraite, de séparer le jeu et l'art de ce qui forme l'ensemble de notre vie intellectuelle et morale, la ligne de démarcation serait beaucoup plus difficile à établir dès qu'on sort du domaine de la pure théorie pour passer dans celui des faits ; et ensuite, et surtout, parce que *la force esthétique*, qui s'agite en nos âmes, n'ayant pas, de par son essence, un objectif déterminé, elle ne se subordonne à aucune spécialisation et doit au contraire les embrasser toutes. Les différentes sciences pourront ainsi lui être un fréquent auxiliaire, et lui apporter le plus précieux concours, à condition pourtant qu'elles soient maintenues au second plan, pourvu qu'elles se soumettent au lieu de s'imposer, et toujours sous réserve que le simple plaisir artistique sera le but suprême qu'aura poursuivi l'écrivain.

Cette théorie, sans doute, n'est pas celle communément admise, et quelque chose semble répugner chez l'homme — chez l'Européen moderne en particulier — à une dépense cérébrale où il ne voit pas d'application pratique, même lointaine, et dont personne d'ailleurs, pas plus que lui, ne saurait indiquer la raison d'être. Pour ce motif, et à plusieurs reprises, elle a été dédaignée, voire condamnée, par certains penseurs, comme vaine, illusoire et puérile ; moins exclusifs, mais aussi moins logiques, dominés à la fois par une notion vague des aspirations humaines et par un impératif moral ou religieux, d'autres — et c'est le plus grand nombre — se sont ingéniés à découvrir une combinaison par où il fût possible de concilier des contraires ; ils ont voulu attribuer de force une espèce de destination sociale aux créations de la littérature ou de la poésie, et alors a été inventé ce genre bâtard et monstrueux, dit *l'art utile,* deux mots que jamais on ne serait parvenu à accoupler, si on leur eût conservé leur valeur exacte, au lieu de se contenter d'une signification approximative et superficielle.

Tels qu'ils sont, néanmoins, ils ont eu leurs

ardents défenseurs ; ils ont trouvé assistance et protection auprès d'écrivains illustres qui, soit par leurs exposés de principes didactiques, soit par leur seul exemple, ont essayé d'en démontrer le mérite. Sans parler de Victor Hugo, qui les adopta à partir du jour où il se crut marqué par une sorte de mission philanthrophique indéfinissable [1], la plupart des romanciers et dramaturges de cette seconde moitié du siècle en firent avec plus ou moins de franchise leur formule de ralliement. Parmi eux, ou plutôt à leur tête, M. Alexandre Dumas fils s'en inspira avec persistance dans l'élaboration entière de son œuvre, et, pour qu'aucun doute ne subsistât sur ses intentions, il prit soin, par une de ses préfaces [2], de publier, ostensiblement et en termes exprès, la doctrine à laquelle il obéissait : « Le théâtre n'est pas le but, dit-il, ce n'est que le moyen... Par la comédie, par la tragédie, par le drame, par la bouffonnerie, dans la forme qui nous conviendra le mieux, inaugurons le théâtre utile, au risque d'entendre crier les apôtres de *l'art pour l'art, trois mots absolument vides de sens.* Toute littérature qui n'a pas en vue la perfectibilité, la mo-

---

1. Victor Hugo, *William Shakespeare. Le Beau serviteur du Vrai.* « L'art pour l'art peut être beau, mais l'art pour le progrès est plus beau encore... Le penseur ne s'appartient pas, il appartient à son apostolat. »

2. Préface du *Fils naturel.*

ralisation, l'idéal, l'utile, en un mot, est une littérature rachitique et malsaine, née morte [1]... et je défie qu'on me cite un seul écrivain consacré par le temps qui n'ait pas eu pour dessein la plus-value humaine. »

On ne saurait proclamer le dogme d'une école par des affirmations plus catégoriques. Mais, en somme, l'auteur du *Demi-Monde* est-il parfaitement sûr de ce qu'il avance? Sans chercher bien loin, dès l'instant où ses théories auraient acquis force de loi, que resterait-il debout, et d'*Antony*, et de *la Tour de Nesle*, et de *Mademoiselle de Belle-Isle*, et des *Trois Mousquetaires*, et du *Comte de Monte-Cristo*? Et puis, ne sont-ce pas là des phrases, sinon complètement creuses, au moins, bien spécieuses et va-

---

[1]. De son côté, M. Herbert Spencer dira : « Comme nous avons vu précédemment que l'excitation esthétique est celle qui se produit quand il y a exercice de certaines facultés en vue d'elles-mêmes, nous voyons que la conception de beauté est différente de la conception de ce qui est *bon*, en ce qu'elle se rapporte non aux fins à réaliser, mais aux activités qui entrent en exercice dans la poursuite de ces fins. Dans la conception de quelque chose comme bon ou juste, et dans le sentiment corrélatif, la conscience est occupée par des représentations ou des re-représentations, distinctes ou vagues, d'un bonheur particulier ou général qui va être agrandi : dans la conception de quelque chose comme beau, comme admirable, comme noble et grand, la conscience n'est pas occupée, distinctement ou vaguement, par l'idée d'un avantage ultime, mais par l'objet lui-même en tant que source directe de plaisir. » (*Principes de psychologie. Sentiments esthétiques.*)

gues ? Qu'est-ce précisément *qu'une plus-value humaine* et que faut-il entendre par là? Comment trois abstractions aussi différentes l'une de l'autre que la perfectibilité, la moralisation et l'idéal peuvent-elles aller se confondre et se résumer en une quatrième, qu'on dénomme ici l'utile, et qui ne présente avec les premières aucun rapport de similitude? Sans doute, nous devinons assez, malgré l'impropriété des expressions, ce à quoi visent M. Alexandre Dumas et ses coreligionnaires ; sans doute, par un ressouvenir lointain de la foi de nos ancêtres pour qui faire son salut devait primer toute chose, ils placent la raison unique de la vie dans un accomplissement rigide du devoir, dans un effort permanent vers l'absolu du bien. Ce qui est défendable, avec cette restriction que la thèse opposée serait aussi facile à soutenir ; ce qui surtout aurait besoin d'être défendu autrement que par une série d'aphorismes rédigés comme autant d'axiomes incontestables [1].

---

1. Gustave Flaubert, dans la préface des *Dernières Chansons* de Louis Bouilhet, avait donné, contre l'utilité même de l'art utile, un argument qui ne semble pas avoir été réfuté encore : « Malgré tout le génie que l'on mettra dans le développement de telle fable prise pour exemple, une autre fable pourra servir de preuve contraire; car les dénouements ne sont point des des conclusions ; d'un cas particulier il ne faut rien induire de général. » M. Alexandre Dumas le sent si bien qu'après chacune de ses comédies il a besoin d'un long commentaire pour

Selon la seule expérience historique, en dehors des arguments de philosophie, il ne semble nullement prouvé que l'art, pour avoir droit à l'existence — et à l'admiration — doive subir aucune prédominance quelconque. Si on l'examine à travers les siècles, sous les variétés infinies de ses manifestations, il apparaît au contraire simplement comme une des nécessités de l'être sensitif et intellectuel, nécessité non contingente, et, en dernière analyse, dénuée de cause saisissable; sa réalité se démontre par l'étude même du monde; le pourquoi de cette réalité demeure et demeurera problablement toujours dans le nombre des problèmes insolubles; on le constate; on le définit même en le rapprochant du jeu et en le séparant de l'utile; on ne l'explique pas [1].

Il a bien fallu cependant considérer comme un des importants facteurs de l'ordre universel cet instinct désintéressé qui surgit dès l'origine obscure

expliquer le but moral qu'il a poursuivi; il passe précisément du particulier au général.

1. Herbert Spencer donne pourtant de l'instinct et du jeu une explication physiologique; il l'attribue à un superflu d'intégration des centres nerveux. Nous ne faisons que signaler ici la théorie sans la discuter. On la trouvera développée tout au long en se reportant aux *Principes de psychologie* du grand philosophe, soit dans la *Ire partie* (chap. vi, *Estho-physiologie*) soit surtout dans la *VIIIe partie* (chap. ix, *Sentiments esthétiques*).

des civilisations ; qui se traduit déjà chez l'homme primitif par des sculptures d'images grossièrement ébauchées ; qui, chez le barbare, chez le paysan inculte, se révèle sous les espèces d'une prosodie rudimentaire ; et qui, s'il s'assoupit à certaines heures, ne disparaît jamais complètement, tant il fait partie intégrante de l'âme de l'individu et de l'âme des sociétés. Est-il même seulement un des agents indispensables de la grandeur d'une race ? Et serait-ce exagérer son rôle que de lui attribuer l'influence peut-être la plus essentielle, en tout cas la plus durable ? En dépit des habitudes de notre conscience intime qui s'insurge évidemment contre une pareille proposition, elle peut néanmoins se réclamer, elle aussi, des données de l'histoire, et nous ne croyons pas impossible d'établir le plus souvent la prépondérance immuable d'un peuple sur la quantité et la qualité de sa production artistique.

La question ne se pose pas pour la première fois ; elle fut un jour discutée par le plus puissant de nos penseurs contemporains, et il se demanda si l'idéal de vertu vers lequel nous poussent presque exclusivement notre éducation sociale, notre religion et nos lois, méritait bien en définitive cette sorte de divinisation dont on lui a accordé le bénéfice. Sans même remonter jusqu'aux nationalités antiques, il regarda dans le passé le plus proche, y chercha des indications documentaires, et, ne retenant, parmi la masse des faits, que deux exemples types, il les plaça en présence l'un de l'autre, et eut à peine besoin de conclure. — On lit, dans l'*Étude sur Channing*, de M. Ernest Renan [1] : — « L'homme n'est pas ici-bas seulement pour être heureux ; *il n'y est même pas pour être simplement honnête* : il y est pour réaliser de grandes choses par la société, pour arriver à la noblesse (à la sainteté, comme disait le christianisme), et dépasser la vulgarité où se traîne l'existence de presque tous les individus. Le moindre inconvénient du monde de Channing serait qu'on y mourrait d'ennui ; le génie y serait inutile, *le grand art impossible.* L'Écosse puritaine, au XVIIe siècle, nous représente à peu près le rêve des unitaires, une espèce d'idéal à la manière d'Israël, où tout le monde connaissait la Bible, raisonnait sa foi, discutait les affaires publiques, où l'ivresse était inconnue, où l'on n'entendait pas un seul jurement. Mais de quel don si précieux l'Écosse du XVIIe siècle a-t-elle enrichi le monde ? Dieu n'eût-il pas été mieux adoré si, au risque de quelques paroles dissonantes, plus de grandes et belles choses s'y fussent produites ? L'Italie, au contraire, est certainement le pays où

---

1. *Études d'histoire religieuse : Channing et le mouvement unitaire aux États-Unis.*

l'idéal de Channing a été le moins réalisé : au xve et au xvie siècle, païenne, sans morale, livrée à tous les emportements de la passion et du génie; puis abattue, superstitieuse, sans ressort; dans le présent, sombre, irritée, privée de sagesse. Et pourtant, *s'il fallait voir s'abîmer l'Italie avec son passé ou l'Amérique avec son avenir, laquelle laisserait le plus grand vide au cœur de l'humanité?* Qu'est-ce l'Amérique tout entière auprès d'un rayon de cette gloire infinie dont brille en Italie une ville de second ou de troisième ordre, Florence, Pise, Sienne, Pérouse? Avant de tenir dans l'échelle de la grandeur humaine un rang comparable à ces villes-là, New-York et Boston ont bien à faire, et je doute que ce soit par les sociétés légumistes et la propagation de la pure doctrine unitaire qu'elles arrivent à s'en approcher. »

Si l'on se range à l'opinion professée par l'historien des *Origines du Christianisme*, l'exégèse artistique, appliquée à un groupe d'écrivains qui se piquaient d'être uniquement artistes, ne constitue donc pas seulement la recherche des côtés charmants et brillants d'une époque, mais aussi, mais plutôt l'examen d'une de ses fonctions nécessaires et vitales. Connaître ses romanciers et ses poètes, connaître les créations fictives qu'elle a enfantées pour le seul plaisir, sans arrière-pensée scientifique, politique ou morale, c'est la connaître elle-même.

et sous un de ses principaux aspects; c'est savoir ce par quoi elle a vécu, et ce par quoi peut-être elle est destinée à vivre.

II

Cependant, — le système fût-il complètement accepté d'une manière générale, — en ce qui concerne spécialement les hommes qui sont analysés et commentés en ce volume, plusieurs points encore pourront sembler obscurs. Si le qualificatif par lequel ils sont ici désignés reste et doit rester à l'abri de toute contestation sérieuse, leur qualité même est-elle aussi évidente, et le rang où nous prétendons les élever paraît-il bien proportionnel à leur mérite? N'y a-t-il pas quelque exagération à considérer leurs ouvrages comme un des « principaux aspects » de la pensée contemporaine, ou à insinuer que leur époque a vécu et vivra peut-être grâce à eux? D'autant plus que, — soit par leur faute, soit par celle du public, — ils ne sont jamais arrivés au delà d'une demi-faveur. En somme, on les a très peu lus, très médiocrement goûtés et souvent mal compris, et, si considérable qu'on estime leur valeur, on est bien forcé de convenir qu'ils ne furent les élus, les échos et les interprêtes que d'une minorité infime, insignifiante par le nombre.

Nous ne renouvellerons pourtant pas à leur endroit le procédé trop facile qui consisterait à leur octroyer l'apothéose des génies méconnus; d'abord parce que, si la postérité a cassé parfois — et combien rarement ! — l'arrêt injuste rendu contre une personnalité incomprise, on ne voit guère qu'elle ait relevé de l'excommunication primitive des catégories entières ; ensuite, et surtout, parce que, malgré les apparences, il n'est pas certain que des poètes ou des prosateurs comme Théophile Gautier ou Gustave Flaubert aient bénéficié d'une quantité d'admirateurs moindre que les écrivains des siècles précédents. Cette quantité se trouve perdue maintenant dans une masse confuse et incohérente, à peine affinée par une instruction superficielle, qui juge d'après son goût, et qui fait le succès du moment, mais dont on ne peut dire en conscience qu'elle représente la force intellectuelle d'une nation. Par son assentiment, elle est susceptible de conférer à un écrivain une réputation de médiocre aloi; elle n'a pas plus d'autorité pour établir sa véritable gloire que pour le marquer d'une condamnation véritable. Autrement dit, à l'heure présente, le *criterium* tiré du consentement universel, déjà discutable au temps jadis, doit être plus que jamais regardé comme sujet à caution ; il s'est radicalement modifié au fur et à mesure des changements qui transformaient l'état des sociétés modernes, et, aujourd'hui, s'en servir aveuglément en matière critique serait aussi hasardeux pour nous qu'il eût été irrationnel pour nos ancêtres de n'en tenir autrefois aucun compte.

Quelle différence entre les âges dès qu'on se reporte par le souvenir à la période de la monarchie en France, dès qu'on examine ce qu'était le public d'alors et qu'on le compare au public de notre génération ! Au XVIe, au XVIIe et au XVIIIe siècle, en dehors du clergé, l'apanage de la lecture n'est donné qu'à une partie assez restreinte de l'aristocratie, à cette fraction minime qu'on appelle *les honnêtes gens*, chez qui l'éducation, l'oisiveté, la richesse ont permis de développer la curiosité des belles-lettres, le sens des arts, et, en général, le goût des choses de l'esprit. C'est à peine, sous le règne de Louis XV, si les salons littéraires commencent à s'ouvrir pour quelques représentants de la bourgeoisie opulente. Quant au peuple proprement dit, inutile d'en parler ; il ne lit pas, pour cette bonne raison qu'on a négligé de lui apprendre à lire. En résumé — sauf certaines exceptions rares dont il n'y a pas lieu de tirer argument, — dans la France d'autrefois, le public qui apprécie et qui juge un écrivain se réduit à quelques milliers de délicats ; ils peuvent avoir leurs préventions et leurs étroitesses, et les arrêts qu'ils rendent ne sont pas irréfragables ; ils n'en possèdent pas moins, eux seuls, une compétence assez sûre, et le reste n'existe pas, ou doit être considéré comme une quantité négligeable.

Cependant la Révolution survient ; et, en même temps qu'elle donne à tous les droits politiques et l'égalité devant la loi, voici qu'elle commence à répandre l'instruction, d'abord dans la bourgeoisie aisée, puis, peu à peu, jusque dans les dernières couches des classes populaires, de telle sorte que, cent années après la convocation des états généraux, parmi les quarante millions d'hommes qui couvrent actuellement notre territoire, il ne s'en trouverait guère qui ne fussent en situation de déchiffrer au moins les colonnes d'un journal et d'en comprendre suffisamment le texte. La production s'augmente en raison directe de l'augmentation des consommateurs ; on fonde des bibliothèques jusque dans les moindres villages ; on expédie chaque jour des élucubrations politiques et des morceaux de feuilletons à travers les hameaux les plus reculés ; tant en province qu'à Paris, à la ville aussi bien qu'à la campagne, c'est par millions de kilogrammes que se débite annuellement le papier imprimé, et chaque auteur qui lance une œuvre nouvelle se trouve en présence, non plus comme adis d'une académie de lettrés, mais d'une formidable armée d'amateurs, dont quelques-uns sont très cultivés, dont un grand nombre sont à peine dégrossis, et dont les autres enfin ne le sont pas du tout.

Un classement qui s'établissait ainsi entre trois catégories de lecteurs devait fatalement entraîner une sorte de division hiérarchique des écrivains ; ou plutôt deux castes, qui n'avaient pas lieu d'exister autrefois, devaient surgir et se superposer à l'ancienne ; le phénomène est visible déjà, et, selon les plus sérieuses probabilités, on le verra toujours désormais s'accentuant davantage. Ce serait une illusion de croire que la même œuvre d'art — poème, roman, symphonie, statue ou peinture — soit susceptible de plaire également à une multitude d'individualités, qui n'ont pas reçu la même éducation, qui ne vivent pas de la même vie, qui n'ont ni des mœurs, ni des passions, ni des idées, ni des aspirations analogues. Par une conséquence fatale, et pour correspondre aux besoins de chacun des *ordres* intellectuels, deux genres inférieurs, qui auparavant existaient à peine dans la littérature à l'état d'informes embryons, se sont brusquement épanouis avec la toute-puissance du succès numérique.

Les romanciers populaires, depuis Ducray-Duminil jusqu'à Ponson du Terrail, jusqu'à MM. Émile Richebourg ou Alexis Bouvier, ont répandu à profusion ces longs récits d'aventures presque fantastiques qu'ils écrivent à la hâte pour les journaux à bon marché, et dans un langage qui n'est pas du français ; leur manière, peu relevée en soi, contient pourtant des éléments d'attraction qui ne pouvaient pas échouer auprès de certains lecteurs. Grâce au souci de l'intrigue, à la science de la charpente, au soin de ne peindre jamais que des passions et des sentiments très simples — l'amour, l'amour maternel, la haine, la jalousie, l'ambition — encore exagérés et grossis pour mieux frapper l'intelligence, ils étaient assurés de se voir compris et appréciés par les imaginations naïves pour lesquelles ils travaillaient. Ils ont, en somme, impatronisé chez nous un genre inférieur sans doute et antiartistique, mais dont on est bien forcé de reconnaître l'existence et la vogue.

A un degré au-dessus, une autre espèce d'amateurs réclamait un aliment à sa curiosité pseudo-littéraire et appelait des écrivains pour y pourvoir ; c'était l'innombrable foule de ceux qu'on a très justement intitulés *la classe moyenne*, la multitude des parvenus à moitié instruits, à moitié policés, à moitié enrichis, que ne pouvaient contenter ni les outrances barbares des romanciers populaires, ni les audaces et les originalités compliquées des véritables artistes. A ceux-là — que la jeunesse romantique de 1830 a dédaigneusement traités de *philistins*, de *gardes nationaux* ou de *bourgeois glabres* — il fallait des œuvres d'une inspiration correcte et morale, un peu terne et lourde, austère ordinairement, et avec quelque chose, si c'était possible, *qui eût l'air d'une pensée*. Scribe, Ponsard, MM. Albert Delpit, Georges Ohnet resteront les dieux ou demi-dieux de ce Parnasse dégénéré. Ce ne sont assurément pas des prosateurs ou des poètes de bien large envergure; mais enfin ils font la loi au théâtre, et leur genre, à titre de manifestation psychologique, mériterait jusqu'à un certain point de fixer l'attention.

A côté des deux premiers groupes de dilettantes vulgaires, un public restreint subsistait néanmoins, correspondant au public entier d'autrefois, d'autant plus raffiné peut-être qu'il tendait chaque jour à s'isoler davantage des éléments sortis de son sein, et qui se constituaient à part. C'était en lui que s'incarnait réellement la force intellectuelle de la France; c'était pour satisfaire à ses instincts artistiques que pensaient et qu'écrivaient des hommes comme Baudelaire, comme Flaubert, comme M. Leconte de Lisle, comme Théophile Gautier. On leur a fait le reproche de s'être mis en dehors de l'humanité, c'est-à-dire de n'avoir pas voulu se placer au niveau des masses plus ou moins ignorantes; il est vrai qu'avec leurs recherches de style, — souvent exagérées par les disciples, — avec leur mépris des gros moyens d'émotion, avec leurs complications de sentiments et la bizarrerie des sujets qu'ils choisissaient, avec leur horreur de tous les procédés qui attirent fatalement la sympathie des foules, ces grands esprits étaient destinés à ne connaître jamais les satisfactions de la popularité. Y ont-ils perdu? Nous ne le pensons pas. Dans leur éclat qui ne ternit aucun mélange, ils sont les exacts reflets de l'âme moderne, et de ce qu'elle a eu de plus mystérieux, de plus sombre, de plus triste et de plus exquis. Pas un des sentiments profonds qui l'ont agitée et qui l'agitent encore ne leur a été inconnu ; ses troubles, ses incrédulités, ses ironies, ses doutes, ses aspirations à la fois vagues et furieuses, ils en ont fait passer quelque chose dans leur œuvre, dont la structure esthétique seule nous semble déjà tout une révélation. Et qu'on n'allègue pas le caractère exceptionnel des *idées* qu'ils expriment! Quiconque a reçu une culture suffisante, quiconque est capable de réfléchir et de s'analyser, s'il descend dans l'intimité secrète de son être, y retrouvera presque toujours la marque plus ou moins accentuée de certaines dispositions mentales, dont on fait trop aisément l'apanage de déséquilibrés aussi rares qu'indifférents.

Il existe un fait cependant — et d'une souveraine importance — qui paraîtrait infirmer la thèse que nous soutenons ici, en détruisant comme arbitraire la division par trois classes formulée plus haut. C'est l'enthousiasme presque universel qui a accueilli les ouvrages de Lamartine, de Victor Hugo et d'Alfred de Musset, dont les noms précisément ne figurent dans ces études qu'à un rang secondaire. S'ils ont été acclamés et compris à tous les degrés de l'échelle sociale, s'ils ont su donner satisfaction aux illettrés aussi bien qu'aux critiques les plus délicats, est-ce donc le signe d'une infériorité, et ne faut-il pas voir là au contraire la preuve de génies infiniment plus vastes, capables de s'imposer partout ? Pourquoi donc les produire à peine par quelques allusions ou quelques fragments cités à de longs intervalles, alors que des commentaires étendus se trouvent consacrés à des hommes qui ne leur sont assurément pas supérieurs ?

L'objection porterait, si l'on pouvait prétendre que ces trois prodigieux poètes furent véritablement des *artistes*, selon la définition que nous avons fournie du terme, et qui restera pour jamais inapplicable au moins à Lamartine et à Musset. Elle porterait surtout s'il était possible de démontrer que leur succès incontestable a bien eu pour origine la valeur réelle de leurs écrits, au lieu de s'appuyer sur des causes multiples, qui, d'ordinaire, n'ont rien à voir avec la littérature. Or, quelque bizarre que semble la proposition, il est permis de dire que les qualités littéraires n'ont influé sur leur gloire que dans les proportions les plus minimes, et que, si elles l'ont consolidée d'une manière définitive, elles ne l'ont pas fait naître.

Il y a vingt-cinq ans, Sainte-Beuve s'était déjà demandé, à propos des *Contes d'Espagne* et de *Rolla*, si « le mondain et plus que le mondain, le débauché spirituel, à la mode de 1830, n'avait pas servi singulièrement le poète ». Il soupçonnait que plus tard le roman de Venise et des amours avec George Sand n'avait pas médiocrement contribué au triomphe des *Nuits* ; et, discrètement, sans rabaisser l'immense génie du maître, il laissait entendre, comme conclusion, que sa popularité un peu banale était beaucoup moins due au mérite pur de l'écrivain qu'à la légende sentimentale qui accompagnait l'homme [1].

Pour Lamartine, un phénomène du même ordre se dessina en 1820, quand parurent les *Premières Méditations*. Leur religiosité vague et leur ferveur royaliste suscitèrent un mouvement foudroyant, à cette heure où la Restauration n'était pas tombée encore dans le discrédit, et où l'on travaillait de toutes parts à une rénovation du christianisme. Leur virtuosité lyrique fut appréciée sans doute par quelques-uns ; mais elle ne joua qu'un rôle très effacé dans l'entraînement irréfléchi et général, qui du jour au lendemain assurait la célébrité de l'auteur. Et ce qui le prouve, c'est que, plus tard, les *Nouvelles*

---

1. *Nouveaux Lundis*, t. VI (16 novembre 1863).

Méditations, d'une valeur au moins égale, furent accueillies avec une admiration visiblement plus froide.

En ce qui concerne Victor Hugo, remarquons que son apothéose, commencée avec le coup d'État du 2 Décembre et la publication des *Châtiments*, n'atteignit une complète splendeur qu'après son retour de l'exil, au moment même où ses forces déclinaient et où il se proclamait l'apologiste d'invraisemblables utopies sociales. On acclama surtout l'écrivain parce qu'il se doublait d'un homme politique. Là encore, comme dans les deux cas précédemment cités, on peut dire que « c'est presque toujours par des circonstances accessoires, étrangères à la poésie pure, que le public adopte et épouse un poète [1] ». Et ainsi s'expliquent certaines apparences de sévérités injustes et systématiques en face de formidables réputations, non pas *surfaites* d'ailleurs, mais *faites à côté*; de là ressort ce principe que, pour déterminer le mérite des créations de la pensée, le suffrage du plus grand nombre ne saurait peser d'aucun poids dans la balance. Qu'il glorifie ou qu'il condamne, sa décision demeure également nulle.

A ne reconnaître pourtant que la compétence

---

1. Sainte-Beuve, *Nouveaux Lundis*, t. VI (16 novembre 1863).

d'une sorte d'aréopage intellectuel, on aboutit, il est vrai, par une voie directe, à la constitution de ce qu'on a appelé, non sans une nuance de dédain, le *mandarinat*. Nous ne tenons pas au mot, puisqu'il n'est pas favorablement vu, et qu'on y a attaché l'idée d'une coterie étroite, se recrutant d'après des conventions immuables et restrictives, vivant d'une vie isolée, factice et byzantine. Quant à la chose elle-même, selon la manière dont elle est entendue, nous ne croyons pas qu'elle soit à tel point méprisable et qu'elle doive entraîner des résultats néfastes. Tout se ramène évidemment à une question de mesure, et, par haine du banal, il sera toujours dangereux de se spécialiser en des subtilités si infimes qu'elles ne deviennent appréciables qu'après une longue initiation antérieure ; par contre, il semble extraordinaire de ne prendre aucun souci de l'éducation individuelle, des aptitudes et du degré d'affinement psychologique de ceux qui produisent ou de ceux qui jugent.

Pourquoi donc une œuvre conçue et exécutée uniquement en considération d'un groupe d'adeptes très civilisés serait-elle par ce motif moins puissante, moins haute, ou seulement moins humaine? Sur quelles bases appuyer des affirmations de cette nature qui se transmettent indéfiniment et que chacun adopte sans que personne jamais en contrôle le bien fondé ? Est-ce que les grandes écoles philosophiques, les plus plus grandes dont l'histoire fasse mention, n'ont pas évolué dans les limites d'un cénacle plus ou moins fermé, et leur ésotérisme, inconscient ou voulu, a-t-il en rien diminué leur grandeur? Est-ce que Stendhal ne s'est pas vanté d'avoir écrit ses romans pour cent lettrés en Europe [1]? Est-ce que le rêve d'une aristocratie de la science et des arts n'a pas été un de ceux les plus chèrement caressés par M. Renan [2]? Faudra-t-il alors ne voir là que des exceptions ou des erreurs brillantes mais sans portée?

On peut admettre au contraire qu'à l'heure actuelle, si les spéculations de l'intelligence ne sont pas décidément vouées à l'atrophie et à la mort, elles devront résister au souffle égalitaire qui courbe sous un large niveau de médiocrité les démocraties modernes. Politiquement par l'abolition de la moindre hiérarchie, nous semblons tendre chaque jour davantage à l'abaissement et à l'annihilation des capacités. Or, dans le domaine des lettres, qu'adviendra-t-il du génie, qu'adviendra-t-il du talent, qu'adviendra-t-il de la poésie, du style, de l'analyse des caractères, de l'originalité des situations, de tout ce

---

1. *De l'Amour*, deuxième préface (mai 1834).
2. Cette idée de M. Renan, exposée dans son livre sur la *Réforme intellectuelle et morale*, a été assez longuement étudiée par M. Paul Bourget dans ses *Essais de psychologie contemporaine*.

qui constitue la littérature en un mot, dès qu'elle acceptera, comme mobile de ses actes, l'assentiment et les acclamations des foules? Notre scène déjà, en dépit de sa vogue populaire en France et à l'étranger, indique par sa profonde déchéance quel argument on est en droit de tirer du consentement universel. Pas une pièce, depuis trente ou quarante années de suprématie européenne, qui émerge au-dessus d'une moyenne honorable; pas un dramaturge qui, en bonne justice, soutienne la comparaison avec des hommes de l'envergure de M. Leconte de Lisle ou de Flaubert. Le théâtre agonise en tant que forme d'art, et, comme les exigences matérielles lui imposent désormais le succès immédiat et continu, il est vraisemblable que sa résurrection demeurera indéfiniment ajournée.

Par bonheur, les causes permanentes qui l'abâtardissent, et qui le tueront, n'existent pas pour les autres genres, ou, si elles existent, elles peuvent être évitées. Elles le furent par les écrivains qui nous occupent dans ce volume; elles le sont par ceux qui essayent de marcher sur leurs traces. Et c'est ce dont on les accuse, et c'est ce par quoi ils intéressent. Sans doute, on ne saurait nier leurs erreurs, leurs défauts, leurs folies, leurs mesquineries même; ils demeurent encore aussi loin qu'on voudra de ce que nos pensées conçoivent comme la perfection absolue; ils négligent, tant qu'il plaira aux esprits chagrins, les qualités de fond ou de forme sans lesquelles, paraît-il, le génie se stérilise. Mais quel que soit le rang que leur réserve la postérité, — et nous n'aspirons pas à préjuger ses arrêts, — n'atteindraient-ils qu'à la hauteur des talents secondaires, ils n'en auraient pas moins représenté les idées, les sensations et les sentiments les plus subtils d'une époque qui ne passera probablement pas inaperçue dans l'histoire du monde, et dont ils resteront une élite dans l'élite.

III

Nous disons une *élite*, non pas une *école* : car, malgré les traits communs qui les rattachent les uns aux autres, ils possèdent bien chacun leurs procédés spéciaux, leurs aptitudes diverses, leur caractère personnel et distinctif ; et Théophile Gautier ne ressemble pas plus à Baudelaire que Flaubert à M. Leconte de Lisle. Le lien qui les unit n'est pas le respect et l'imitation d'un maître, le culte d'un chef de file en qui se résume la suite de ses disciples : lien factice, cela s'entend, et destructeur de l'originalité, puisque, réprimant les effets des circonstances psychologiques particulières ou des conditions générales de la vie et des mœurs, il ne résulte que d'un dogme accepté volontairement.

Leur titre d'*artistes littéraires,* s'il implique donc l'existence d'une catégorie, ne tend en aucune façon à emprisonner des individualités dans les limites d'une secte et à les absorber dans un ensemble; il représente seulement une des grandes idées, un peu flottantes et indécises, qui planent sur leurs œuvres à tous, et auxquelles ils se sont soumis par une impulsion instinctive, sans parti pris arrêté, sans intention raisonnée et préconçue. Ces idées, ces sentiments collectifs, peut-être n'est-il pas inutile de les signaler en quelques esquisses très brèves, et d'envisager ainsi nos études d'abord à un point de vue synthétique, avant d'arriver aux analyses et aux commentaires séparés.

En dehors de la théorie que nous avons exposée plus haut, et qui consiste à ne pas donner à un roman ou à un poème d'autre but que le plaisir désintéressé; en dehors d'une tournure d'esprit et de certaines allures de composition ou de style qui nous ont fait placer Gautier et ses successeurs dans une sorte d'aristocratie des lettres, il faut reconnaître entre eux un nombre appréciable d'autres relations mentales, par où ils portent, pour ainsi dire, la marque de leur milieu et de leur temps.

A propos de Baudelaire et des frères de Goncourt, nous nous arrêterons sur cette horreur et ce dégoût de la nature ou des phénomènes naturels qui les ont tous hantés à des degrés divers et qui éclaircissent bien des points obscurs de leur talent et de leurs ouvrages. L'amour de l'artificiel, l'exotisme, la curiosité des civilisations étranges et étrangères, la recherche de l'impossible et parfois du monstrueux, ne paraissent en être que des manifestations consécutives plus ou moins directes, corroborées d'ailleurs par des confidences et des aveux catégoriques. Et si, en ce moment, nous ne nous étendons pas davantage sur cette particularité, sur cette idiosyncrasie bizarre de la seconde moitié de notre siècle, ce sera pour y revenir plus tard et plus longuement, quand les preuves du fait ressortiront déjà des différentes parties de notre travail.

De même, dans les chapitres consacrés à Baudelaire et à M. Leconte de Lisle, nous parlerons de cette permanente complexité intellectuelle et sensitive de nos maîtres modernes, accumulant à chaque pas des contradictions au premier abord irréductibles, et auxquelles on ne voit guère, en somme, d'autre interprétation que l'hypothèse de la multiplicité des individus dans l'individu : hypothèse douteuse, malgré l'appui que lui prêtent la philosophie et la science, et dont le plus grave défaut semblera peut-être de supprimer les ambiguïtés embarrassantes au lieu de les résoudre.

De même enfin, quoiqu'on ait abusé du pessimisme en ces dernières années et qu'on ait fini par le voir partout et sans cesse, il faudra bien en noter les traces incontestables chaque fois que nous les rencontrerons, et nous les rencontrerons presque aussi souvent que l'auteur ou les auteurs auront laissé découvrir le fond intime de leur âme, leur secrète compréhension de la vie et du monde. La doctrine du néant pèse d'un poids lourd sur nos sociétés contemporaines, et quand M. Paul Bourget l'a considérée comme la dominante de leur tempérament, il n'a fait que mettre en lumière, d'une façon un peu trop exclusive, une observation juste, applicable à tous ceux qui ont vraiment écrit et pensé depuis plusieurs générations.

Mais pour nous, qui nous attachons, dans ce livre, aux considérations d'esthétique plus encore qu'aux arguments de psychologie, il est un caractère de l'art actuel dont l'importance jusqu'ici ne paraît avoir été qu'à moitié comprise, et qui vaut pourtant la peine qu'on le relève et qu'on l'examine, ne fût-ce qu'en raison de la constante uniformité avec laquelle il se répète : nous voulons dire le goût de la *transposition*, cette tendance curieuse qui consiste à intervertir les rôles, à appliquer de force, en dépit de la logique, les attributs d'un genre à tel autre genre qui lui sera parfois absolument contradictoire. La musique, par exemple, s'efforcera de se faire descriptive, concrète, exacte dans l'expression — impossible pour elle — des formes et des attitudes, tandis que la peinture ou la statuaire, suivant des errements semblables, se laisseront dévier de leur destination primitive, et abandonneront le simple culte de la ligne pour se tourner vers les études de mœurs ou les symboles philosophiques. La littérature, loin d'éviter cette anomalie, y glissera en l'accentuant encore davantage, et nous aurons de prétendus tableaux, des statues, des mélodies, où les différents vocables, selon leur phonétique, leur contexture et la disposition qui leur sera donnée, devront remplacer les couleurs, le marbre ou les notes de la gamme.

En ce qui regarde Théophile Gautier, que sa première vocation d'ailleurs ne poussait pas vers la poésie et qui s'essaya durant plusieurs années de son adolescence dans l'atelier de Rioult, on ne saurait nier qu'il n'ait été poursuivi par la préoccupation plastique jusque dans ses œuvres de style, et qu'il n'ait souvent combiné des teintes et des nuances plutôt qu'assemblé des mots. Il se pique d'être « un homme pour qui le monde visible existe [1] ». Il recherche « *les épithètes moulées sur nature*, les tours abondants et larges, *les phrases à riches draperies*, où l'on sent le nu sous l'étoffe, les muscles sous la pourpre [2] ». Rien ne lui

---

1. *Journal des Goncourt*, t. Ier (1er mai 1857).
2. Théophile Gautier, *Histoire de l'art dramatique*, t. II (mars 1840).

paraît évidemment plus naturel que d'employer pour la technique du métier de l'écrivain des termes qui ne s'y approprient pas, ou qui ne s'y rapportent du moins que par analogie. A mesure qu'il avancera en âge et qu'il prendra possession de lui-même, il se livrera avec plus de hardiesse à son penchant inné, et nous le verrons, en tête de l'un de ses fragments d'*Émaux et Camées*, inscrire ce titre mystérieux : *le Poème de la Femme, Marbre de Paros* ; ou bien ensuite modeler avec des rythmes et des rimes ce qu'il appelle ses *Études de mains*; ou bien encore — ce qui est plus rare chez lui — user des procédés spéciaux à la science musicale et composer les *Variations sur le Carnaval de Venise*, pour arriver enfin aux amalgames les plus hétérogènes dans la *Symphonie en blanc majeur*[1]. — Les frères de Goncourt n'accusent pas des prétentions moins nettes, et constamment ces précieux ouvriers de la prose se montrent hantés par des soucis identiques à ceux de leur illustre prédécesseur. Ils n'hésitent pas à proclamer l'œil « le sens artiste de l'homme [2] », et c'est aux yeux en effet autant qu'à l'esprit que s'adresse leur effort. Certains chapitres, cités parmi les plus brillants, sont de pures reproductions de paysages, d'intérieurs

---

1. Les divers poèmes auxquels il est fait allusion ici font tous partie des *Émaux et Camées*.
2. *Idées et Sensations*, édit. Charpentier, p. 118.

ou de scènes pittoresques, auxquelles ne manquent ni les jeux d'ombre et de lumière, ni la vivacité du coloris, ni souvent même la notation des voix et des sonorités indéfinissables qui émanent des foules ou des choses. Vainement Sainte-Beuve, déjà frappé par « cet empiétement formidable d'un art sur l'autre [1] » leur reprochera avec raison un soin exagéré du choix de l'épithète ; l'épithète ne doit-elle pas devenir prépondérante, du jour où la littérature est détournée par force de sa voie ordinaire, et où les auteurs prétendent user de leur lexique comme on se sert d'une palette ? Les discuter sur ce point, c'est contester dès l'origine une des causes fondamentales par où ils existent, c'est presque mettre en question leur existence et celle de la poésie ou du roman modernes. M. Théodore de Banville, M. Leconte de Lisle, dont le parti pris n'est pas d'ailleurs aussi visible, ne le cèdent pourtant en rien aux trois maîtres que nous avons déjà nommés. L'un appuiera son système de la suprématie de la rime sur une assimilation entre le langage et les couleurs, et il fondera sa théorie du comique sur des effets tirés des lois de l'harmonie [2]. L'autre taillera dans la pierre ses plus puissantes figures, et, sculpteur de phrases avant

1. *Nouveaux Lundis*, t. X (14 mai 1866).
2. *Petit Traité de Poésie française*, ch. III, Avertissement de la deuxième édition des *Odes funambulesques*.

d'être écrivain, il se fera inculper d'impassibilité et de froideur pour avoir trop complètement réussi dans sa tâche. Tous deux, avec des différences issues de leur nature particulière, subiront l'entraînement général à leur groupe : ils *transposeront*.

Mais pour personne le phénomène ne ressortira avec autant de clarté que pour Flaubert ; on effleure alors le cas pathologique, et il faut se demander si l'audition des sons et l'aspect des syllabes n'arrivaient pas à provoquer en partie devant ses regards la vision matérielle de couleurs correspondantes [1]. Ses amis lui ont entendu faire à ce propos les plus extraordinaires professions de foi : « L'histoire, l'aventure d'un roman, ça m'est bien égal. *J'ai la pensée, quand je fais un roman, de rendre une coloration, une nuance.* Par exemple, dans mon roman carthaginois, je

---

1. Cette bizarre forme de la névrose dont semblent avoir été atteints, à différents degrés, plusieurs des hommes dont nous parlons ici (voir en particulier les décadents), a été scientifiquement observée et analysée : « L'*audition colorée* est un phénomène qui consiste en ce que deux sens différents sont simultanément mis en activité par une excitation produite par un seul de ces sens, ou, pour parler autrement, en ce que le son de la voix ou d'un instrument se traduit par une couleur caractéristique et constante pour la personne possédant cette propriété chromatique. Ainsi certains individus peuvent donner une couleur verte, rouge, jaune, etc., à tout bruit, à tout son qui vient frapper leurs oreilles. » (J. Baratoux, *le Progrès médical*, 10 décembre 1887 et n°[s] suivants.)

veux faire quelque chose pourpre. Dans *Madame Bovary*, je n'ai eu que l'idée de rendre un ton, cette couleur de moisissure de l'existence des cloportes. L'affabulation à mettre là dedans me faisait si peu, que, quelques jours avant de me mettre à écrire le livre, j'avais conçu *Madame Bovary* tout autrement. Ça devait être, dans le même milieu et la même tonalité, une vieille fille dévote et chaste... Et puis j'ai compris que ce serait un personnage impossible[1]. » Y a-t-il dans ces paroles une mystification ? On serait en droit de se défier. Et pourtant... L'homme qui disait cela n'est-il pas le même qui s'est inquiété de certaines modulations du langage, insaisissables à toute autre oreille que la sienne, jusqu'à combiner une page de style *huit jours entiers*[2] pour détruire une assonance ? le même qui, plutôt que de changer une tournure amphibologique dans *Un Cœur simple*, s'écriait : « Tant pis pour le sens ; *le rythme avant tout*[3]. » S'il mystifiait, on doit convenir qu'il a toujours soutenu bien habilement son rôle, si habilement que son entourage n'a jamais soupçonné la supercherie, et, malgré un légitime étonnement, n'a pas cessé de le croire sincère. Une fois, tandis qu'il

---

1. *Journal des Goncourt*, t. Ier (17 mars 1861).
2. *Ibid.*, t. Ier (11 avril 1857).
3. Guy de Maupassant, préface aux *Lettres de Gustave Flaubert à George Sand*.

terminait *Salammbô*, causant avec Théophile Gautier de la publication prochaine, il lui livrait ingénument cette invraisemblable confidence. « Je n'ai plus qu'une dizaine de pages à écrire, mais *j'ai toutes mes chutes de phrases.* » A quoi l'auteur d'*Albertus* répondait par cette réflexion : « Il a déjà la musique des fins de phrases qu'il n'a pas encore faites ! Il a ses chutes, que c'est drôle[1] ! »

C'est incompréhensible, en effet, contraire aux premiers éléments de la saine rhétorique et de la grammaire, presque monstrueux, mais non pas exceptionnel, nous l'avons vu, puisque Gautier lui-même, avec plus de sagesse sans doute, s'est montré un des principaux promoteurs de ce procédé d'interversion qui l'étonne ensuite chez son ami. Baudelaire, celui de tous qui a su le mieux s'en garder, n'avait pas été le moins profondément surpris de cette sorte de perversion cérébrale où nous semblons nous plaire ; il n'en ignorait ni la portée ni l'étendue ; il avait bien observé « qu'aujourd'hui chaque art manifeste l'envie d'empiéter sur l'art voisin, et que les peintres introduisent des gammes musicales dans la peinture, les sculpteurs, de la couleur dans la sculpture, les littérateurs, des moyens plastiques dans la littérature, et d'autres artistes, une sorte de philosophie encyclo-

---

1. *Journal des Goncourt*, t. II (3 mars 1862).

pédique dans l'art plastique lui-même. » Et, comme motif possible de ces empiétements, il désignait « la fatalité des décadences [1] ».

Par malheur, l'explication n'explique pas grand'chose. Si le sujet en valait davantage la peine, il resterait encore à analyser ce que contient exactement la phrase énigmatique dont s'est servi le poète, ou plutôt à rechercher les mobiles inconnus qui ont provoqué le fait. A-t-il eu pour causes immédiates l'amour des contrastes et le goût du tour de force, que nous étudierons plus loin, ou doit-on lui attribuer des origines beaucoup plus complexes? En somme, la question n'est que d'intérêt inférieur, et il nous suffit ici, avant de passer à la critique personnelle de chaque artiste, d'avoir simplement constaté, sans commentaires, un des plus graves symptômes de nos mœurs artistiques. Avec ceux que nous avions déjà énumérés, il représente un ensemble de traits communs, signes non équivoques d'un siècle et d'une civilisation dans leurs plus subtils raffinements ; il donne une mesure de notre vie intellectuelle, mais surtout sensorielle et sentimentale à son degré suprême d'intensité.

Nous essayerons maintenant d'examiner les individus l'un après l'autre, dans leur œuvre particu-

---

1. Charles Baudelaire, *l'Art romantique*, ch. VI.

lière et dans leur tempérament spécial, sans oublier, autant que faire se pourra, aucun des aspects multiples et compliqués de leur ondoyante nature. Nous dirons les *idées* que nous avons cru rencontrer chez eux et celles que nous les croyons susceptibles de suggérer en nos âmes, tout en reconnaissant du reste par avance les inévitables erreurs où nous entraînera parfois chacune des moindres conclusions. Qu'importe ! — Peut-on écrire, peut-on penser sans conclure ? Et, nos thèses ne seraient-elles que de simples hypothèses, faut-il, en dépit de la doctrine philosophique moderne, les condamner en bloc, alors même qu'elles sembleraient et plausibles, et fécondes ? Au milieu de l'universelle relativité des choses, qui oserait émettre la prétention de ne point faillir ? Encore une fois, qu'importe ! Nous entreprenons ce livre, moins pour l'amour de la vérité absolue — inaccessible, sinon inexistante, — que pour le plaisir seul de sentir, de douter, de réfléchir, de discuter, de vivre, en un mot, dans la société momentanée de rares et ingénieux esprits.

THÉOPHILE GAUTIER

I. — L'homme tel qu'on l'a jugé.
II. — Sa nature véritable. — Son caractère et sa sensibilité.
III. — Ses idées sur l'art et sa conception de la vie.

I

Il y a quelques années, un des illustres représentants de notre littérature actuelle, dans un article sur Théophile Gautier, écrivait ceci : « On peut le juger d'une phrase en disant qu'il a été un admirable grammairien et un admirable peintre. » Plus loin, il ajoutait : « Avec lui, le romantisme, né de la veille, en est à la phrase parfaite, vide et sonore qui annonce l'écroulement. *Il n'y a plus d'idée dessous, plus de base humaine, plus de logique, ni de vérité*[1]. » Et pendant trente pages, poursuivant une thèse qui n'a pas même le mérite d'être neuve, M. Émile Zola s'attachait à démontrer que Gautier ne fut jamais qu'un rhéteur prodigieusement habile,

1. Émile Zola, *Documents littéraires : Théophile Gautier.*

et dont l'œuvre ne renferme ni une pensée ni même un sentiment réels.

Plus récemment encore, un autre critique qui, celui-là, ne se recommande pas de la doctrine naturaliste, émettait une opinion à peu près semblable, et concluait également pour le maître à un oubli très probable, prochain et définitif. Selon M. Émile Faguet[1], il ne manque à Gautier que les idées, la sensibilité et l'imagination ; pas d'amour, pas même « la volupté tendre, comme chez les anciens » ; à peine, pour remplir et vivifier parfois la splendeur creuse et vide de sa forme, une certaine poésie de la mort, ou plutôt « la peur atroce de la mort ». *Mademoiselle de Maupin*, inintelligible ; *le Capitaine Fracasse*, pittoresque, mais inférieur dans sa seconde partie au moindre roman de cape et d'épée ; *Albertus*, un pur rien ; *la Comédie de la Mort*, un lieu commun d'écolier, insipide, sauf le frisson des dernières pages ; et ainsi de suite, pour chaque ouvrage en particulier, dans ce long réquisitoire où trouvent seulement grâce quelques fantaisies en vers, ou quelques fragments très courts, et d'allure légère.

Nous ne citons dans un sens défavorable que ces deux études ; il ne serait d'ailleurs pas difficile d'en réunir un nombre beaucoup plus imposant, si toutes ne donnaient pas à peu près la répétition du même

---

1. Émile Faguet, *Études littéraires sur le XIXe siècle.*

thème, et ne pouvaient se résumer en une ligne : style indiscutable, pensée insignifiante, ou pour mieux dire, nulle. Elles suffisent à établir pour combien de ses contemporains, et des plus savants, des plus délicats, l'auteur des *Émaux et Camées* est resté lettre close. En le voyant, à l'heure actuelle, si fréquemment et si complètement incompris, on se prendrait presque à douter de sa valeur, n'était la violence même des attaques dont il a été l'objet, et qui ne s'expliqueraient pas avec une pareille persistance, contre un écrivain d'ordre infime et négligeable. Plus de quinze ans après sa mort, en un siècle où la réputation d'un artiste meurt souvent avant lui, il est encore la victime d'insurmontables antipathies, à moins qu'on ne le comble des plus enthousiastes témoignages d'admiration. Les uns le repoussent, les autres l'exaltent : on n'a pas encore complètement désarmé autour de son nom et de son œuvre.

A notre avis, elle en vaut la peine. — Bien que vraisemblablement elle ne soit jamais destinée à devenir populaire, on peut supposer qu'en fin de compte les préventions injustes, qui l'ont assaillie dès le début, tomberont devant la postérité. L'homme a tenu sa place dans son siècle : poésie, romans, voyages, journalisme, tout ce qu'il a touché, il l'a marqué d'un extraordinaire éclat. Durant quarante années, il a dispersé à travers toutes les ibrairies, à travers toutes les publications périodiques ce que Sainte-Beuve a appelé « la poussière d'or de son style embarquée sur des coquilles de noix[1] ». De ces feuilles volantes qu'il laissait perdre avec l'insouciance d'un puissant producteur, on a déjà rassemblé quelques-unes ; et quand on examine avec soin et impartialité ce labeur infini, cette masse de créations, de documents et de critiques, tous ces tableaux, toutes ces idées, tous ces sentiments, jetés de côté et d'autre au hasard du travail quotidien, on se demanderait comment subsistent à présent les légendes qui étouffent sa gloire, si la qualité essentielle d'une légende n'était pas de ne reposer absolument sur rien.

Nous avons vu l'esprit des citations précédentes. C'est peu de chose encore. Pour combien de personnes Théophile Gautier est-il demeuré le romantique échevelé, incohérent, un peu puéril et ridicule de 1830 ? l'éternel paresseux dont les journées s'écoulent à dormir, à fumer ou à jouer avec ses chats favoris ? l'écrivain dénué de sens moral qui, dans sa jeunesse composait un volume où l'on a remarqué surtout les situations scabreuses ? l'égoïste incapable de la moindre émotion, l'ignorant rebelle aux plus simples idées, qui, sans souci de l'humanité, de la patrie et des problèmes sociaux n'a occupé son existence qu'à chercher des rimes

---

1. *Nouveaux Lundis*, t. VI (23 novembre 1863).

riches ou à polir des périodes sonores ; bref, une sorte de bohème, un artiste peut-être, mais aussi brillant à la surface que vide et inutile ?

Une certaine réaction, il est vrai, se dessine déjà contre ces incroyables et fantaisistes histoires, et si la mémoire du poète a dû subir de rudes et implacables assauts, elle a au moins trouvé des défenseurs qui, par le seul exposé des faits, en dehors de toute appréciation personnelle, ont rectifié bien des erreurs et bien des injustices. — Dans sa très belle étude à la fois biographique et critique, M. Émile Bergerat a reconstitué en grande partie la physionomie du maître telle qu'elle fut réellement[1]. Auprès du bohème tapageur et paradoxal, il a montré le travailleur éternellement attelé à sa besogne, vivant sans cesse dans la longue et consciencieuse culture de son art. Au type du perpétuel flâneur ou du « Jeune-France » en gilet rouge de la première d'*Hernani*, le seul qu'on ait voulu concevoir, il a substitué le portrait de l'homme qui, tant en livres qu'en feuilletons ou en articles éparpillés dans la presse, a fourni la valeur d'environ trois cents volumes. Il a dit, en un mot, tout ce que lui avaient appris une fréquentation intime assidue et une lecture complète des ouvrages de son ami, tout ce que

---

1. Émile Bergerat, *Théophile Gautier : Entretiens, Souvenirs et Correspondance.*

soupçonnaient d'ailleurs ceux que n'avaient pas aveuglés les préjugés d'école. — Après lui, il y a quelques mois à peine, un autre commentateur, M. de Spoelberch de Lovenjoul, en deux tomes compacts, publiait une bibliographie qui révèle une fois de plus la fécondité encyclopédiste de Gautier, et qui, par quelques fragments inédits, par quelques lettres inconnues, établit d'une manière irréfutable la délicatesse psychologique de cette singulière nature, prétendue impassible [1]. Désormais, peu de choses évidemment restent à ajouter au point de vue documentaire. Ce qu'il est permis d'essayer, c'est le résumé, l'analyse raisonnée et philosophique des notes diffuses que l'on doit à la patience des érudits ; ce que nous essayerons, c'est, d'une part, l'examen de la sensibilité et du caractère de l'homme ; d'autre part, l'exposé de sa pensée et de sa doctrine ; c'est la peinture de son âme et de son cerveau.

II

A l'encontre de ce qu'ont prétendu ses adversaires, l'auteur de *Mademoiselle de Maupin* semble, entre tous les poètes modernes, un de ceux dont le

---

[1]. De Spoelberch de Lovenjoul, *Histoire des Œuvres de Théophile Gautier*.

tempérament fut le plus complexe et le plus tourmenté. Il portait en lui, dès le sein de sa mère, le germe de cette maladie du siècle qui a servi de point de départ à tant de romans, drames ou poèmes. Autant — peut-être plus qu'aucun de nos contemporains — il avait ressenti les atteintes de ce fléau funèbre, dont Alfred de Musset voyait, à tort, l'origine dans les fatigues de l'épopée guerrière du premier empire [1], et qu'il expliquait plus justement dans un vers illustre :

Je suis venu trop tard dans un monde trop vieux [2].

Il était né caduc au milieu d'une société qui, depuis le IVe siècle et la chute du monde antique, se prolonge sans se renouveler, et qui n'enfante plus que des êtres saturés de civilisation, déjà usés, avant d'avoir vécu, par tous les labeurs, toutes les misères, toute l'expérience, tout le scepticisme d'une longue suite d'ancêtres. Il est même à remarquer que, seul peut-être parmi ces grands désespérés qui nous ont redit si douloureusement leur incurable tristesse, il n'a pas eu besoin d'un choc violent qui avivât la plaie pour lui révéler les lésions intimes et profondes de son cœur. L'état morbide chez lui était congénital. Dans son corps d'enfant, il portait l'âme et le cerveau d'un vieillard : dès

---

1. *Confession d'un Enfant du Siècle*, ch. I et II.
2. *Rolla*, chant I.

3.

sa première jeunesse, sur les bancs même du collège, au lieu de lire Tite-Live, Cicéron et les écrivains de la pure époque littéraire, il recherchait déjà les auteurs de décadence d'un latin plus compliqué, plus raffiné, plus subtil, Martial, Catulle, Apulée, Pétrone[1]. Il fallait des mets épicés à ce palais d'éphèbe, et lui-même, en quelques pages curieuses de *Mademoiselle de Maupin*, il se reconnaît atteint, à vingt ans, « de cette maladie qui prend aux peuples et aux hommes puissants dans leur vieillesse ».

« N'est-ce pas singulier que moi, qui suis encore aux mois les plus blonds de l'adolescence, qui, loin d'avoir abusé de tout n'ai pas même usé des choses les plus simples, j'en sois venu à ce degré de blasement de n'être plus chatouillé que par le bizarre et le difficile... C'est comme un enfant de six mois qui trouverait le lait de sa nourrice fade et qui ne voudrait teter que de l'eau-de-vie ; — je suis aussi las que si j'avais exécuté toutes les prodigiosités de Sardanapale, et cependant ma vie a été fort chaste et tranquille en apparence ; c'est une erreur de croire que la possession soit la seule route qui mène à la satiété. On y arrive aussi par le désir, et l'abstinence

---

1. Sainte-Beuve, *Nouveaux Lundis*, t. VI. — 16 novembre 1863.

use plus que l'excès... Il faudra cent mille siècles de néant pour me reposer de la fatigue de ces vingt années... J'ai vécu dans le milieu le plus calme et le plus chaste. Il est difficile de rêver une existence enchâssée aussi purement que la mienne. Mes années se sont écoulées, à l'ombre du fauteuil maternel, avec les petites sœurs et le chien de la maison. Eh bien, dans cette atmosphère de pureté et de repos, sous cette ombre et ce recueillement, je me pourrissais petit à petit, et sans qu'il en parût rien, comme une nèfle sur la paille. Au sein de cette famille honnête, pieuse, sainte, j'étais parvenu à un degré de dépravation horrible. Ce n'était pas le contact du monde, puisque je ne l'avais pas vu ; ni le feu des passions, puisque je transissais sous la sueur glacée qui suintait de ces murailles[1] ».

Et ce n'était en effet aucune de ces causes particulières quelconques par lesquelles il est toujours trop facile d'expliquer certains états mentaux, presque universels à certains moments historiques. Ce n'étaient ni les lectures précoces, ni les mauvais exemples, ni les relations pernicieuses dont l'influence peut être fatale à quelques individualités débiles, mais non à des générations entières. La maladie du siècle pour les hommes de

---

1. *Mademoiselle de Maupin*, ch. v.

notre époque et, pour Théophile Gautier, a une double origine, qu'il a très bien sentie et parfaitement exposée.

Si les jeunes gens se trouvaient, dès leur jeunesse, dans une situation exactement analogue à celle de vieillards, le dommage serait grand peut-être pour les sociétés dont ils feraient partie ; quant à eux-mêmes, ils n'auraient pas plus de raisons de souffrance ou de désespoir que des septuagénaires, et leur sénilité serait d'autant plus douce que nul souvenir et nul regret d'un temps meilleur ne viendraient empoisonner les dernières jouissances de leur âge. — Mais il n'en est rien : pour des motifs qui seraient bien difficiles à analyser et en tout cas trop longs à expliquer — motifs de pure physiologie, sans doute, — tandis qu'une partie de l'âme, tandis que certaines facultés languissent sous le poids étouffant de la décrépitude accumulée par les siècles, d'autres gardent leur vitalité individuelle, leur ardeur entière et leur inapaisable besoin d'action. Et, comme il est dit dans *Mademoiselle de Maupin* : « Sous ce dégoût de toutes choses, il y a toujours un élément vivace et rebelle qui produit les plus étranges désordres : l'esprit est convaincu, le corps ne l'est pas et ne veut pas souscrire à ce dédain superbe. Le corps jeune et robuste s'agite et rue sous l'esprit, comme un étalon vigoureux monté par un vieillard débile, et que cependant il ne peut désarçonner, car le caveçon lui maintient la tête et le mors lui déchire la bouche[1]. »

Voilà bien, à notre sens, l'explication du secret douloureux qui a rongé les héros de la littérature pessimiste, depuis celui de Gœthe jusqu'à ceux de M. Paul Bourget, en passant par René, Childe-Harold, Obermann, Adolphe, Antony, Rolla, Lélia et les autres. C'est de cette antinomie que jaillit la souffrance qui les torture, non pas de leur caducité seulement.

« Désireux de la vie et ne pouvant pas vivre[2] », poussés vers l'amour par l'implacable nature et impuissants à aimer, hantés par les passions, et desséchés par un esprit d'analyse qui refrène perpétuellement ces élans du cœur sans pourtant les tuer tout à fait, ils sont un composé de deux principes hostiles, se meurtrissant sans repos dans leur lutte l'un contre l'autre ; et leur âme est le théâtre où se joue cette lamentable tragédie intérieure dont chaque personnage est une partie d'eux-mêmes.

En vain on trouvera chez un observateur clairvoyant comme Théophile Gautier la notion absolue de l'ulcère qui le mine. A quoi bon, puisqu'il n'y peut rien changer? Il n'ignore aucun détail de ce qui concerne sa situation morale : il en a mesuré la

---

1. *Mademoiselle de Maupin*, ch. xv.
2. Théophile Gautier, *Poésies complètes*, t. Ier, *Thébaïde*.

pitoyable amertume : il en a deviné les causes profondes ; il en connaît les manifestations les plus diverses ; il en pressent les effets désastreux. La conscience de la maladie, loin d'offrir une chance de guérison, n'est qu'une aggravation de douleur et ne saurait servir ici qu'à l'exaspérer davantage. En faut-il une preuve ? Nous n'aurions qu'à relire cette série de poèmes ou de fragments en prose, plus angoissés que les plus noires rêveries de Byron ou de Musset, et dans lesquels le malheureux étale son âme tout entière et toute palpitante, lui, l'homme éternellement froid et impassible de la légende, le poète en qui n'a jamais vibré quelque chose d'humain, l'écrivain dont l'œuvre ne contient pas un cri sincère.

Comme on l'a pu voir déjà par une page de confidences, il n'avait jamais possédé cette véritable jeunesse du cœur, faite d'illusions, d'enthousiasme et de naïveté. Vue de près, sa gaieté même manque souvent de franchise ; elle apparaît extérieure et superficielle ; on sent qu'il se force à la joie, mais qu'au fond de son âme une invincible tristesse le poursuit et l'étreint. Il subit la peine d'une trop savante expérience sur ce qui l'entoure ; dès son enfance, il a trop bien acquis, par une sorte de divination, la connaissance exacte de la vie et de l'humanité pour goûter sans arrière-pensée aucun plaisir. Il sait tout ; il ne jouit plus de rien.

> C'est un très grand fléau qu'une grande science ;
> Elle change un bambin en Géronte ; elle fait
> Que, dès les premiers pas dans la vie, on ne trouve,
> Novice, rien de neuf dans ce que l'on éprouve.
> Lorsque la cause vient, d'avance on sait l'effet ;
> L'existence vous pèse et tout vous paraît fade.
> — Le piment est sans goût pour un palais malade ;
> Un odorat blasé sent à peine l'éther :
> L'amour n'est plus qu'un spasme et la gloire un mot vide ;
> Comme un citron pressé le cœur devient aride.
> Don Juan arrive après Werther[1].

Il a vingt ans à peine quand il constate, dans son poème d'*Albertus*, cette série de vérités amères.

Il pleure sur son existence irrémédiablement empoisonnée et flétrie :

> Oh ! si je pouvais vivre une autre vie encor,
> Certes, je n'irais pas fouiller dans chaque chose,
> Comme j'ai fait[2].

Regrets superflus ! ainsi que dans le vieux mythe de la Genèse hébraïque, il a mangé les fruits de l'arbre de la science. Quoi qu'il tente, il ne rentrera plus au séjour privilégié des âmes simples ; il n'aura plus les joies de ceux qui ignorent, et la seule conséquence de son savoir, ce sera de tarir en lui pour toujours les sources du bonheur.

L'acuité du sens critique, le détestable et dis-

---

1. *Albertus*, str. LXX.
2. *Ibid.*, str. LXXII.

solvant esprit d'analyse l'enveloppent de façon qu'il ne peut plus éprouver ni sensation ni sentiment. Son état habituel, c'est de s'écouter vivre et penser [1] ; il est sans cesse au-dessus, ou plutôt à côté du monde réel ; rien ne l'intéresse — rien ne l'émeut, actes d'héroïsme ou crimes, sublimités ou infamies [2]. — Et pourtant, il est homme ; les passions humaines grondent en lui, d'autant plus furieuses qu'elles ne trouvent pas d'issue extérieure par où s'épancher, et qu'elles sont contraintes de se refouler les unes les autres et de se replier sans cesse sur elles-mêmes : « J'ai en moi un trésor de haine et d'amour dont je ne sais que faire et qui me pèse horriblement. Si je ne trouve à les répandre, je crèverai; et je me romprai comme ces sacs trop bourrés d'argent qui s'éventrent et se décousent [3]. » Il en arrive à souhaiter d'abhorrer quelqu'un ; ou d'être souffleté d'une insulte qui le réveille ; ou d'éprouver une misère atroce, une douleur violente qui fasse « germer une larme au fond de son œil tari [4] ». Toute excitation, quelle qu'elle fût, lui semblerait désirable, pourvu qu'elle fournît un aliment à son activité passionnelle. A plusieurs reprises, il médite le rêve d'être un autre

---

1. *Mademoiselle de Maupin*, ch. II.
2. *Ibid.*, ch. VIII.
3. *Ibid.*, id.
4. *Ibid.*, ch. III.

homme, de changer sa personnalité pour une personnalité différente, tout en se demandant déjà par avance si cet *avatar* fantastique parviendrait à lui procurer une sensation nouvelle.

L'amour même, avec ses multiples sources d'émotion, est incapable de lui donner une secousse suffisante pour le tirer de son mélancolique engourdissement; l'abandon lui manque. Une seule fois, dans un simple baiser, il a trouvé ce moment d'oubli sans lequel la volupté complète n'est pas réalisable ; en vain, par une scène identique, accompagnée de circonstances semblables, il a essayé de ramener cette minute d'ivresse[1]. Il ne peut pas aimer, quoiqu'il le veuille, quoiqu'il s'exhorte avec colère à être tendre et passionné; quoique, selon sa propre expression si énergique, il prenne son âme « par les cheveux » pour la traîner derrière lui et la forcer d'obéir ; il ne peut pas aimer, en dépit de son désir et de ses sens, parce que le *moi*, ironique et analyseur, le *moi* qui sait et qui ne s'illusionne plus est toujours là pour souffler à l'amant les décevantes leçons de la mortelle expérience, et pour lui montrer, jusque dans les bras de sa maîtresse, la vanité parfaite du bonheur qu'il croit goûter. Son sang-froid intellectuel ne le quitte pas, même au milieu des spasmes d'un plaisir convulsif ; quand

---

1. *Mademoiselle de Maupin*, ch. III.

la femme qu'il possède le serre contre son cœur, à quoi songe-t-il? Il remarque que cette étreinte gêne sa respiration et c'est tout. Ainsi que l'a dit assez justement une actrice, jadis célèbre par sa beauté, Gautier, comme Paul de Saint-Victor, comme la plupart de ses amis, appartenait à la catégorie des *cérébraux*; il n'était pas de l'étoffe dont on fait les amants[1]. On découvre chez lui, plus accentué et plus vif, ce genre d'impuissance spécial que Jean-Jacques Rousseau a avoué dans ses *Confessions*, et qui le faisait piteusement renvoyer à la *mathématique* par la courtisane Zulietta[2]. Chez l'ancêtre des écrivains du xixe siècle, comme chez ses disciples, la passion n'est jamais exclusive et absolue, et le plaisir reste incomplet devant le travail inéluctable de l'esprit, que la secousse sensuelle la plus énervante ne saurait même interrompre.

Au milieu des misères douloureuses ou des dégoûts profonds, il peut rester à l'homme un soutien suprême dans une foi quelconque, dans la foi religieuse en particulier. Quoique cette consolation ne soit pas de celles que notre époque ait fréquemment cherchées, elle a été réelle cependant pour quelques âmes meurtries, et Lamartine reconnaît avoir trouvé dans ses croyances déistes un appui

---

1. Alidor Delzant, *Paul de Saint-Victor*, ch. v, § 2.
2. J.-J. Rousseau, *Confessions*, part. II, liv. VII.

qui l'empêcha de rouler jamais bien profondément dans les abîmes du désespoir et du scepticisme[1]. Malheureusement — et malgré les efforts tentés au début du siècle pour ressusciter des dogmes qui agonisent — le christianisme semble une religion qui ne marche plus que par la force de la vitesse acquise antérieurement, et dont chaque jour qui s'écoule ralentit encore l'impulsion. Pour qui sait juger impartialement les choses, son rôle moral paraît fini dans l'histoire de l'humanité, et l'heure n'est pas loin peut-être où la doctrine du rêveur de Nazareth entrera d'une manière définitive dans le passé, aussi bien que les théogonies des Hellènes, des Celtes et des Scandinaves, sur les ruines desquelles elle avait assis sa puissance. Nul ne peut rien à ces évolutions fatales : les poètes, les tempéraments d'une sensibilité aimante et délicate, les contemplent et les signalent, pleins de terreur. Tous, l'un après l'autre, ils viennent pleurer sur le dieu qui se meurt avec l'angoisse de se trouver bientôt seuls en face du néant ; et tandis que, affolé devant la voûte céleste où sa pensée ne pressent que le vide glacé et obscur, Alfred de Musset s'en prend naïvement à Voltaire de son incrédulité[2], tandis que Victor

---

1. *Premières Méditations poétiques*, commentaire de la pièce v.
2. *Rolla*, chant IV.

Hugo, moins nerveux, mais non moins inquiet, s'écrie :

> Une chose, ô Jésus ! en secret m'épouvante :
> C'est l'écho de ta voix qui va s'affaiblissant [1] ;

en même temps qu'eux, et à côté d'eux, Théophile Gautier pousse la même plainte funèbre, et appelle l'éclosion d'une foi nouvelle qui puisse remplacer dans son cœur celle qui n'est déjà plus :

> Pour sauver ce vieux monde *il faut un dieu nouveau*,
> Et le prêtre demande un autre sacrifice.
> Voici bien deux mille ans que l'on saigne l'agneau ;
> Il est mort à la fin et sa gorge épuisée
> N'a plus assez de sang pour teindre le couteau.
> *Le dieu ne viendra pas. L'église est renversée* [2].

Triste constatation dernière ! désillusion finale, après laquelle le mysticisme de l'anéantissement devient le seul refuge de l'esprit, et la recherche de la mort le but unique, la préoccupation suprême de l'existence. Devant ses amours, ses croyances, ses espérances détruites, l'homme se prend de la passion furieuse de se détruire lui-même, de tuer sa pensée individuelle, de se plonger tout entier dans le sommeil sans rêve : et Théophile Gautier, bien avant Schopenhauer, bien avant la révélation à la France des doctrines bouddhiques, aspire au nihilisme, au sombre *Nirvâna* de Çakya-Mouni et de ses disciples,

---

1. *Les Voix Intérieures*, pièce I.
2. *Poésies complètes*, t. 1er, *Ténèbres*.

à cette léthargie absolue, où l'être perd toute capacité de souffrir parce qu'il a perdu toute possibilité de sentir.

> *Ne plus penser, ne plus aimer, ne plus haïr :*
> Si dans un coin du cœur il éclôt un désir,
> Lui couper sans pitié ses ailes de colombe ;
> *Être comme est un mort étendu sous la tombe ;*
> Dans l'immobilité savourer lentement,
> Comme un philtre endormeur, *l'anéantissement*[1].

Tous les soucis du maître, à une certaine période de sa carrière, se condensent en ces souhaits sinistres. Les poèmes qu'il compose se déroulent en longues élégies, où il dissèque avec une minutieuse persistance ses misères et ses tristesses ; et il écrit *les Ténèbres* ou *la Thébaïde*, cette thébaïde dans laquelle son vœu le plus ardent serait d'aller consommer par les rudes jouissances de l'ascétisme le suicide de son âme et de son intelligence.

> Mon rêve le plus cher et le plus caressé,
> Le seul qui rie encore à mon cœur oppressé,
> C'est de m'ensevelir au fond d'une chartreuse,
> Dans une solitude inabordable, affreuse ;
> Loin, bien loin, tout là-bas, dans quelque Sierra
> Bien sauvage, où jamais voix d'homme ne vibra,
> Dans la forêt de pins, parmi les âpres roches
> Où n'arrive pas même un bruit lointain de cloches ;
> Dans quelque Thébaïde, aux lieux les moins hantés,
> Comme en cherchaient les Saints pour leurs austérités[2].

1. *Poésies complètes*, t. 1er, *Thébaïde*.
2. *Ibid.*, id.

Quand on arrive à ce degré d'amertume intense dans la douleur, il est évident que la crise ne saurait se prolonger au delà d'un certain laps de temps : la capacité de souffrir est limitée pour l'homme ; d'une façon ou d'une autre, de par sa volonté personnelle ou de par les circonstances extérieures, il faut qu'il arrache son âme à cet état aigu qui rapidement lui deviendrait néfaste. Tous les écrivains, tous les artistes du siècle, sauf de rares exceptions, ont passé par des heures aussi terribles que Théophile Gautier ; ils ont eu des jours de découragement et de désespoir ; ils ont connu, au milieu des détresses de l'isolement, ces minutes de vertige, pendant lesquelles on se sent attiré vers les béatitudes de la mort ; presque tous ont été atteints, et presque tous ont plus ou moins résisté. — Mais quand on examine leurs œuvres ou quand on a pénétré les secrets de leur existence, on voit, peu à peu, se créer en eux une nature factice, un travail, des idées, des préoccupations d'emprunt, au milieu desquels ils échappent au mal réel et intime qui les dévore. — Chateaubriand, Lamartine, Victor Hugo se sont jetés dans la politique ; Byron se lançait dans une voie semblable, au moment où il alla mourir, jeune encore, dans un village de la Grèce ; George Sand a usé les trois quarts de sa vie dans les études sociales et dans les rêveries humanitaires : quelques-uns même ont voulu chercher l'oubli, comme Alfred de Musset, dans les vapeurs de l'absinthe et dans les plaisirs du libertinage, ou bien, comme Baudelaire, se bâtir un univers artificiel par les hallucinations de l'opium et du haschisch ou par les étourdissements de la débauche :

> La Débauche et la Mort sont deux aimables filles
> Prodigues de baisers et riches de santé[1].

D'autres enfin, — comme Théophile Gautier, — ont marché sur les traces de Gœthe, et, arrivés à une certaine époque, on les voit se plonger tout entiers dans cette calme contemplation du beau et dans ce scepticisme d'épicuriens, qui les font accuser d'indifférence, d'impassibilité ou d'égoïsme par ceux qui n'ont pas pris soin de suivre avec lenteur le douloureux développement psychologique de ces grands esprits.

Quand Gautier écrivit *la Comédie de la Mort*, il avait vingt-sept ans. — Nous insisterons sur ce poème, d'abord parce qu'il est un des monuments les plus précieux de notre littérature, et surtout parce qu'il marque la transition entre la première et la seconde manière du maître, entre sa jeunesse et son âge mur, entre la période sentimentale et personnelle et la période purement esthétique et impersonnelle. — Ce fond de misanthropie et de dé-

---

1. Charles Baudelaire, *les Fleurs du Mal*, pièce CXXXVII.

sespoir qu'il renfermait encore en lui-même, l'auteur le répand dans les mille ou douze cents vers par où débute l'ouvrage, avec la funèbre monotonie des strophes au rythme identique. Nous retrouvons là les plaintes sur le malheur de tout savoir, les tristesses du scepticisme, la lassitude de penser ou d'agir ; et la passion du néant s'accentue davantage devant cette idée que la mort n'est peut-être pas la fin de l'être tout entier, et que la personnalité subsiste et se continue après le dernier souffle exhalé de nos poitrines.

> La Mort ne serait plus le remède suprême ;
> L'homme, contre le Sort, dans la tombe elle-même
>   N'aurait pas de recours ;
> Et l'on ne pourrait plus se consoler de vivre
> Par l'espoir tant fêté du calme qui doit suivre
>   L'orage de nos jours [1].

Parmi les pierres des sépultures, au milieu desquelles il promène sa rêverie, le poète entend les sanglots et les cris d'horreur que pousse la vierge trépassée sous les morsures du ver [2]; un crâne grimaçant s'avance jusqu'à lui ; il l'interroge ; et c'est Raphaël, « le Sanzio, le grand maître, » l'amant de la Fornarine [3]. Trois spectres se dressent sous

---

1. *La Comédie de la Mort*, chant Ier.
2. *Ibid.*, chant II.
3. *Ibid.*, chant III.

ses yeux, Faust[1], don Juan[2] et Napoléon[3] : l'un lui démontre la vanité de la science, l'autre la vanité de l'amour, le troisième la vanité de la gloire, et quand les sinistres fantômes se sont évanouis, on s'explique que le visionnaire ait rapporté, comme il le dit, de son séjour dans les muets royaumes, « le teint pâle des morts[4] ».

Mais ce qu'il a rapporté surtout, c'est la haine du trépas dont il a pu observer de près les multiples hideurs. Il y a là évidemment l'apparence d'une contradiction, assez fréquente chez les désespérés, et qu'on a relevée souvent avec ironie, faute de la comprendre. Est-il pourtant impossible de concilier la répulsion instinctive et animale de la tombe avec une aspiration raisonnée et philosophique au quiétisme absolu ? La certitude même et l'horreur de la fin inévitable ne doivent-elles pas entrer en ligne de compte comme agents instigateurs de la foi nihiliste ? Peut-être bien ! et ce fut sans doute le cas de l'homme qui nous occupe ici. Lui qui, tout à l'heure, semblait craindre de ne pas pouvoir se dissoudre sans retour dans le vide universel, il est saisi subitement d'un frisson d'épouvante en face de la mort nécessaire ; et c'est avec les prières, les flatteries humbles

---

1. *La Comédie de la Mort,* chant V.
2. *Ibid.,* chants VI et VII.
3. *Ibid.,* chant VIII.
4. *Ibid.,* chant IX.

d'un esclave qu'il la supplie de ne pas l'emmener encore, de revenir demain. Il la nomme « la Vierge aux beaux seins d'albâtre[1] »; il lui rappelle qu'en son honneur il a planté son jardin d'ifs, de buis et de cyprès; selon sa propre expression « il lui fait la cour », pour qu'elle daigne l'épargner.

La physionomie et le ton du poème ont changé complètement; et, tandis que nous l'avons vu presque en entier se dérouler sur le mode le plus lugubre, voici qu'il se termine par une invocation à la jeunesse et à la vie, une sorte d'ode anacréontique à la beauté et au plaisir :

> Prenez-moi dans vos bras, doux rêves du poète;
> Entre vos seins polis posez ma pauvre tête,
>   Et bercez-moi longtemps.
>
> Loin de moi, cauchemars, spectres des nuits! Les roses,
> Les femmes, les chansons, toutes les belles choses,
>   Et tous les beaux amours.
> Voilà ce qu'il me faut. Salut, ô Muse antique,
> Muse au frais laurier vert, à la blanche tunique,
>   Plus jeune tous les jours.
>
> Brune aux yeux de lotus, blonde à paupière noire,
> O Grecque de Milet, sur l'escabeau d'ivoire
>   Pose tes beaux pieds nus.
> Que d'un nectar vermeil la coupe se couronne!
> Je bois à ta santé d'abord, blanche Théone,
>   Puis aux dieux inconnus.

1. *La Comédie de la Mort*, chant IX.

> Ta gorge est plus lascive et plus souple que l'onde ;
> Le lait n'est pas si pur et la pomme est moins ronde.
>   Allons, un beau baiser !
> Hâtons-nous ! hâtons-nous ! notre vie, ô Théone !
> Est un cheval ailé que le temps éperonne.
>   Hâtons-nous d'en user [1].

Et désormais, c'en est fini des lamentations et des rêveries funèbres : la transformation est faite ; l'épicurien remplace ou, pour le moins, masque le désespéré. Il va écrire *Fortunio* « cet hymne à la beauté, à la richesse et au bonheur, où l'on ne verra que du marbre, de l'or et de la pourpre [2] » ; il composera cette infinité de nouvelles et de contes, que remplit tout entiers la préoccupation plastique ; et lui qui rêvait jadis de tuer son corps par l'ascétisme de la Thébaïde, il ira reprocher aux moines de Zurbaran de mépriser et de déchirer cette chair, pétrie pourtant de la main du Créateur.

> Votre corps modelé par le doigt de Dieu même,
> Que Jésus-Christ, son fils, a daigné revêtir,
> Vous n'avez pas le droit de lui dire : Anathème [3] !

Assurément l'homme d'autrefois n'a pas disparu d'une manière complète ; il suffirait de remuer ses biographies ou de feuilleter ses œuvres pour y retrouver sans cesse l'écho lointain de cette mélan-

---

1. *La Comédie de la Mort*, chant IX.
2. Préface de *Fortunio.*
3. *España : A Zurbaran.*

colie toujours latente au fond de son âme. — M. Bergerat a rappelé à ce sujet la boutade triste qu'il avait empruntée à Claudius Popelin, et qu'il aimait à répéter : « Rien ne sert à rien ! et d'abord il n'y a rien ; cependant tout arrive ! mais cela est bien indifférent[1]. » On peut citer d'autre part une lettre publiée seulement depuis quelques années, et qui, sans indication de date, remonte probablement à 1846. Il y demandait au ministre de la guerre une concession de terres en Algérie, où il manifestait le ferme désir de se fixer comme colon ; au dos de cette requête autographe qui jamais ne fut envoyée à destination, il avait laissé tomber cette strophe, révélatrice d'une crise de découragement :

> Sur la montagne de la vie,
> Au plateau de trente-cinq ans,
> Soufflent mes coursiers, haletants
> De la chimère poursuivie.
> Je reste là quelques instants,
> Brisé, mais l'âme inassouvie,
> Promenant mon regard glacé
> Sur l'avenir et le passé[2].

Un autre jour encore, il répondait à Ernest Feydeau, qui l'interrogeait sur ses opinions à propos de l'immortalité de l'âme : « Certes, j'y crois ; mais, par malheur, je suis convaincu que cette seconde

---

1. Émile Bergerat, *Théophile Gautier*, IVᵉ entretien.
2. Ces vers ont été publiés dans l'appendice des *Poésies complètes*, t. II, édit. Charpentier.

existence sera encore pire que celle-ci[1]. » Celle-ci, de toutes les manières, lui avait été pourtant singulièrement douloureuse, et peu de pages dans notre littérature semblent aussi navrantes que les confidences intimes qu'il adressait de Saint-Pétersbourg à ses sœurs, dans l'hiver de 1858. Elles ont été transcrites entièrement par M. de Spoelberch de Lovenjoul dans la préface de son ouvrage[2]; en dehors de l'intérêt documentaire qu'elles présentent comme portrait d'un grand écrivain dessiné par lui-même, elles valaient, au seul point de vue de l'art, en tant qu'admirable morceau de prose, d'être livrées à la publicité.

Vous savez dans quel dégoût et quel ennui je suis des hommes et des choses; je ne vis que pour ceux que j'aime, car, personnellement, je n'ai plus aucun agrément sur terre. L'art, les tableaux, le théâtre, les livres, les voyages même ne m'amusent plus : ce ne sont pour moi que des motifs d'un travail fastidieux, car il est toujours à recommencer. N'ajoutez pas à tous ces chagrins des phrases comme celles qui terminent une de vos lettres, où *je me coucherai par terre, et me laisserai mourir le long d'un mur sans plus bouger.*

Il se plaint ensuite de cette lourde tâche du feuilleton qu'il a dû subir sans répit pour faire subsister

---

1. Ernest Feydeau, *Théophile Gautier : Souvenirs intimes*, ch. XXXVIII.
2. *Histoire des Œuvres de Théophile Gautier*.

lui et les siens, et qui l'a continuellement empêché de mettre au jour les projets de grands et sérieux travaux qu'il roulait dans sa pensée :

J'ai fait un feuilleton le dimanche que notre mère est morte, et il a servi à la faire enterrer.

Malgré tout, il a la pudeur de ses souffrances ; il s'est juré de n'en pas faire le grossier étalage aux yeux de la foule, et il termine sa lettre par une phrase où il résume l'histoire entière de son âme, et qu'on pourrait placer en épigraphe à ses œuvres complètes, si jamais un éditeur avait la hardiesse de les réunir :

Aux autres je suis obligé de déguiser les choses. Vous avez, comme moi, des cœurs éprouvés par l'adversité, et vous savez souffrir sans vous déshonorer par des plaintes inutiles. Moi, *je suis comme le sauvage attaché au poteau : chacun le pique pour lui arracher un cri, un frémissement, mais il reste immobile. Personne n'a la satisfaction de l'entendre geindre.*

Personne ne l'aurait eue pour lui, en effet, si les récits de son entourage n'avaient mis à nu ce cœur troublé, mais fier et silencieux, qui se cachait de ses misères comme d'une faiblesse ou d'un vice, et dont le plus grave tort, à partir d'une certaine époque, fut de se raidir contre la douleur et de refuser de se laisser abattre [1].

1. On peut lire encore sur le caractère intime de Théophile Gautier quelques pages intéressantes de M. Maxime Du Camp

Donc, en définitive, deux périodes bien nettement tranchées divisent l'existence psychologique de Théophile Gautier, ou plutôt caractérisent l'inspiration générale de ses écrits. Après 1838, après *la Comédie de la Mort*, il tend de tous ses efforts à cette tranquillité un peu froide qui le rapproche de Gœthe, et il ne se permet plus les demi-aveux qui, auparavant, pouvaient servir de point de repère à l'observateur pour l'étude de son développement sentimental et intellectuel. Au poète tourmenté et maladif de *Mademoiselle de Maupin* et des *Premières Poésies* a succédé le poète calme, presque impassible en apparence, de *Fortunio*, des *Émaux et Camées* et du *Capitaine Fracasse*; s'il lâche encore la bride aux fantaisies de son cerveau, il semble vouloir réprimer sans pitié les mouvements de son âme et étouffer les cris de son cœur.

Son œuvre devient moins *humaine* et plus *artistique*.

dans ses *Souvenirs littéraires* (t. II, ch. XVI). « Le pauvre Gautier, — le pauvre Théo ! comme il aimait à se nommer lui-même, — disait volontiers que les Parques n'avaient mis que des fils noirs dans le peloton de son existence. »

III

Nous le disons sans intention paradoxale, ce fut sans doute à cette dernière qualité, poussée jusqu'à l'outrance, que le maître dut le discrédit où le tiennent encore à l'heure actuelle nombre de lettrés éminents. Il se mettait par là en dehors de la loi commune; il cultivait un genre d'idées qui nous sont peu familières et dont nous n'acquérons même le goût que par une très longue et très soigneuse éducation; bien plus : il les cultivait avec un exclusivisme hautement affiché, et tandis que nos sociétés modernes sont fondées sur la religion du Bien, il prétendait, lui, à l'image des sociétés païennes, établir sa vie et ses mœurs sur la religion du Beau. Il arriva ainsi à des productions qui ne répondaient à aucun besoin immédiat et général de ses contemporains, et ses doctrines d'esthéticien et de voluptueux, mélange d'hellénisme et d'orientalisme, demeurèrent presque partout sans écho; elles parurent bizarres et immorales à quelques-uns, inintelligibles et vides aux autres. Un groupe infime seulement d'amateurs raffinés comprit et admira, et c'est par leurs louanges seules que Théophile Gautier connut la gloire.

Par définition, qu'est-ce donc qu'une idée? —

« Idée, répondra Littré, représentation qui se fait de quelque chose dans l'esprit, soit que cette chose existe au dehors, ou qu'elle soit purement intellectuelle. » Idées, par conséquent, les *Maximes* de La Rochefoucauld ou les *Théorèmes philosophiques* de Spinoza ; idées, les dieux et déesses de la statuaire grecque ou les tableaux de sainteté de la renaissance italienne ; idées aussi, les poèmes plastiques et les romans pittoresques qui s'appellent : *Émaux et Camées*, *Mademoiselle de Maupin* ou *le Capitaine Fracasse*. Idées d'une essence particulière et peu répandue, c'est possible, mais qui pourtant ne semblent pas indignes qu'on s'y intéresse, puisqu'elles constituent un des modes de l'activité cérébrale humaine.

Chez l'auteur d'*Albertus*, elles avaient tout primé. Il est exagéré de soutenir que les questions de formes et de couleurs soient les seules dont on trouve la trace dans ses écrits ; il est exact d'affirmer cependant que toutes les autres leur sont subordonnées, et ne font que se déduire logiquement d'un principe esthétique antérieur et supérieur : celles qui, de près ou de loin, par aucun lien ne se rattachent à ce principe, on ne saurait dire qu'il les ignore ; assurément, il les néglige. — La perfectibilité des civilisations lui apparaît comme une énorme plaisanterie [1], les changements politiques,

---

1. Préface de *Mademoiselle de Maupin*.

chutes de ministères, révolutions, coups d'État lui procurent quelque étonnement par l'émotion qu'ils causent aux foules ; les avantages de la charte constitutionnelle ou du code civil le font sourire; il n'a pas le moindre souci ni de l'industrie ni du commerce; il voit dans les chemins de fer « des rainures où l'on fait galoper des marmites [1] ».

Chaque action de sa vie, en revanche, chaque effort de son cerveau, chaque minute de son travail, on doit reconnaître qu'il les dévoue entièrement à son art, ou plutôt à l'art dans son ensemble, sans étroit parti pris d'école. Pour donner à sa phrase la pureté, l'harmonie et l'éclat, pour enchâsser son vers dans des rimes rares et sonores, pour arriver jusqu'au plus haut degré de magnificence possible dans le style, il en avait, dès ses débuts, étudié les secrets chez les grands écrivains du XVIe siècle [2]. Pour augmenter son vocabulaire d'un nombre immense de termes nouveaux, il s'était régulièrement astreint à la fastidieuse lecture d'une infinité de lexiques [3]. Pour trouver des sujets adéquats à ses rêves de beauté suprême, il avait rapidement épuisé toutes les ressources que lui

---

1. *Fortunio*, ch. XXVI.
2. Émile Bergerat, *Théophile Gautier*, IVe entretien.
3. On a raconté le même fait de Baudelaire, et cette communauté de goûts n'aurait pas été étrangère, paraît-il, à l'estime sympathique qui liait les deux poètes.

offrait le monde moderne, et, avec une patience
d'archéologue, il avait fouillé les sarcophages des
races éteintes et disparues; parfois même, il s'était
élancé dans les sphères du fantastique, là où nulle
réalité brutale ne pouvait arrêter le vol de son
imagination. Quoiqu'il n'eût guère enfin le tempérament d'un apôtre, les plus simples considérations
d'intérêt personnel s'abaissaient devant l'impétuosité
de sa foi littéraire, et on l'a vu, dès qu'il sentait
discuter ses idoles, se laisser entraîner à des im-
prudences d'une singulière audace : c'est lui, rédac-
dacteur de journaux officiels et protégé du gouver-
nement, qui, sous le second empire, citera à
l'impératrice, comme le chef-d'œuvre poétique de
notre temps, le volume des *Châtiments*, de Victor
Hugo ; et, en mainte circonstance de sa carrière,
qu'il s'adressât à sa souveraine ou au public, il
éloigna certainement de lui bien des esprits timides
par la franchise intransigeante avec laquelle il imposait ses convictions les plus originales, en leur
donnant l'allure d'aphorismes excentriques : ses
doctrines étaient déjà accessibles à peu de personnes ; il manqua en sus de diplomatie pour les
rendre acceptables.

Dans la formidable masse de livres, de brochures
ou de chroniques qui représentent son œuvre, à
quels objets pourtant, à quelles théories diverses,
à quels problèmes multiples n'a-t-il pas touché plus

ou moins légèrement? Il possédait une impeccable érudition, alimentée par des lectures énormes et entretenue par une mémoire que rien ne pouvait lasser : s'il eût mis moins de couleur et plus de pédantisme dans ses écrits, il est à supposer qu'on l'eût pris davantage au sérieux; et, à l'heure actuelle, peut-être reconnaîtrait-on, sous les merveilleuses virtuosités du prosateur ou du prosodiste, certaines conceptions de la vie et du monde, qui, exactes ou fausses, étaient sûrement curieuses et méritaient qu'on s'y arrêtât.

Nous ne pouvons, cela va sans dire, les recueillir et les reprendre ici phrase par phrase; nous avons d'ailleurs indiqué plus haut la source primitive de ces pensées en parlant de la prééminence absolue donnée à l'idée de beauté, et surtout de beauté plastique. Il est visible que Théophile Gautier ne se préoccupe guère de l'homme et de la nature humaine qu'à ce seul point de vue, et, quand il considère les êtres ou les choses, c'est à titre d'objets d'art, comme marbres ou comme peintures. Quant aux vertus ou aux vices, quant aux joies ou aux tristesses, il ne s'en inquiète pas; peu lui importe qu'une intelligence soit utile ou nuisible, heureuse ou malheureuse, honnête ou criminelle : « Je pense que la correction de la forme est la vertu, dit-il; et il préférera, avec leurs cruautés et leurs débauches grandioses, un Néron ou un

Héliogabale à un correct bourgeois de nos jours, dont la vie calme et régulière n'attire l'attention par aucun relief. Des douleurs et des passions, même vraies et sincères, si elles ne revêtent la splendeur poétique et décorative de la tragédie grecque ou du grand drame héroïque, le trouveront indifférent, à moitié hostile :

Des médecins et des notaires en cravate blanche qui viennent pleurer dans le trou du souffleur parce que leurs femmes les ont encornifistibulés, c'est bête et assommant ! J'ai toujours envie de leur crier :
— C'est bien fait ! pourquoi êtes-vous notaires [1] ?

Par contre, c'est avec une complaisance presque sympathique qu'il décrit l'opulente demeure d'un héritier de rajah hindou dont les heures se passent à fumer nonchalamment son *houka*, les pieds sur la gorge d'une de ses femmes, servi par des esclaves agenouillés, et, de temps en temps, par caprice de désœuvré, faisant voler une tête d'un coup de son cimeterre [2]. Il s'extasie devant cette scène de mœurs orientales, comme il admirerait le tableau d'un maître, et, sans souci de la souffrance individuelle, il ne voit dans le sang répandu qu'une note claire et brillante au milieu d'un ensemble de couleurs.

S'il voyage et s'il raconte ses promenades aux

1. Émile Bergerat, *Théophile Gautier*, V^e entretien.
2. *Fortunio*.

pays exotiques, toujours avec la même disposition d'esprit, dédaigneuse de l'âme humaine, sensible aux formes, il laisse de côté les mœurs et les pensées spéciales à chaque race pour saisir et dépeindre son aspect extérieur. Il ne court pas la Russie ou l'Espagne pour observer des Russes ou des Espagnols; il ne quitte pas la France pour composer des mémoires ethnologiques. Il cherche selon les climats, le soleil ou la neige, l'architecture mauresque, l'art byzantin ou les courses de taureaux. Quant aux amateurs de psychologie, il les renvoie à la *Gazette des Tribunaux* où ils trouveront « l'histoire générale et universelle de cette sorte de singe malfaisant qui peuple les cinq parties du monde [1] ».

S'il parle de l'amour ou des femmes, c'est encore en vertu des mêmes principes et des mêmes théories qu'il les juge, nullement, comme on l'a prétendu en indifférent ou en contempteur. Il revient simplement à la doctrine antique et biblique : à ses yeux, « la femme est une belle esclave destinée à nos plaisirs, un hochet plus intelligent que s'il était d'ivoire ou d'or ». Il la regarde, d'après son propre aveu, « plutôt en sculpteur qu'en amant ». De son esprit, de son âme ou de sa moralité, aucun souci : « Je verrais une belle créature que je saurais avoir l'âme la plus scélérate du monde, qui serait

---

1. Émile Bergerat, *Théophile Gautier*; V^e entretien.

adultère et empoisonneuse, j'avoue que cela me serait parfaitement égal, et ne m'empêcherait nullement de m'y complaire, si je trouvais la forme de son nez convenable [1]. »

A force de raffiner sur ce culte de la plastique, de l'appliquer à tout et d'en chercher des manifestations partout, il avait fini par s'inoculer une sorte d'obsession, tantôt furieuse, tantôt mélancolique, qu'il a dépeinte dans le d'Albert de son premier roman, et dans plusieurs pages isolées de ses divers essais. Plus tard, sans doute, quand il s'attacha à combattre les troubles maladifs et presque maniaques de son système nerveux, quand l'âge d'autre part eut apporté un peu de refroidissement et de pondération à ses enthousiasmes juvéniles, il perdit les exubérances de sentiment et de langage qui semblaient confiner parfois aux grossièretés de l'érotisme; il conserva toujours néanmoins une âme hantée secrètement par l'inapaisable curiosité de l'absolu dans le beau; et après en avoir essayé la réalisation dans un personnage vivant, mademoiselle de Maupin, après l'avoir poursuivi parmi les représentations immuables de la sculpture, il arriva à s'éprendre d'une passion bizarre et mystique pour l'image matérielle la plus spiritualisée qui en ait été faite, l'Hermaphrodite des anciens.

[1]. *Mademoiselle de Maupin*, ch. IX.

En cela encore, il ne devait guère compter qu'il grouperait autour de lui un bien grand nombre d'approbateurs. Dans l'opinion généralement répandue, le mystérieux fils d'Hermès et d'Aphrodite, c'est le monstre obscène enfanté par une imagination lubrique, et explicable seulement chez un peuple aux mœurs ambiguës. Avec ce fond de mépris pour la forme que notre civilisation, à notre insu, a infusé dans nos veines, nous ne percevons pas le sens de cet être irréel, insexuel, suprahumain, qui n'est qu'un assemblage choisi, un recueil des lignes les plus belles disséminées par la nature sur des corps différents. Théophile Gautier — le premier peut-être après deux mille ans de disgrâce — comprit la signification subtile que renfermait le marbre indéterminé; il dégagea la pensée cachée sous cette difformité physiologique, et déclara ne rien connaître et ne rien concevoir qui fût « plus ravissant au monde que *ces deux beautés si égales et si différentes qui n'en forment plus qu'une supérieure à toutes deux* [1] ».

> Chimère ardente, *effort suprême*
> *De l'art et de la volupté,*
> Monstre charmant, comme je t'aime
> Avec ta multiple beauté;
> . . . .
> . . . .

---

1. *Mademoiselle de Maupin*, ch. IX.

Rêve de poète et d'artiste,
Tu m'as bien des nuits occupé,
Et mon caprice qui persiste
Ne convient pas qu'il s'est trompé [1].

En plusieurs occasions, soit en vers, soit en prose, il reparla de cette énigmatique figure androgyne qui le préoccupait manifestement, et où il voyait un type complet de la Beauté, non pas restreinte et spéciale à un individu et à un sexe, non pas contingente par conséquent comme celle de la Vénus ou celle de l'Apollon, mais affranchie de toute relativité, *idéale*, dans le sens platonicien du mot. Il croyait y rencontrer l'incarnation aussi parfaite que possible du principe abstrait dont l'amour fut le but, la joie et le tourment de son existence. Nous pourrions la considérer, nous, comme l'idole dont l'adoration a rempli chacune de ses heures, et dont l'influence, plus ou moins lointaine et inconsciente, a présidé à l'enfantement de ses ouvrages.

Par malheur — et nous sommes obligés d'y revenir après l'avoir déjà répété — toutes ces pensées, toutes ces doctrines, toutes ces impressions sont bien complexes, bien délicates, bien peu en harmonie avec la psychologie générale des foules. Quoique le maître ait toujours usé d'un style admirablement pur et solide, dépouillé de ces nuances

---

1. *Émaux et Camées : Contralto.*

infinitésimales où se dissout actuellement notre langue, quoiqu'il ait su donner à sa phrase la correction et la consistance qualifiées classiques, c'est un poète de pleine maturité, nous dirions presque de décadence, si le terme n'avait été détourné de son acception primitive au profit d'une nouvelle école. La recherche de l'extrême antiquité ou de l'exotisme, poussée jusqu'à certaines limites, n'est pas le fait d'un blasement moins profond que le goût des corruptions modernes ; et Gautier, qui admirait Baudelaire autant qu'il en était admiré, obéissait, sans s'en rendre compte, à un ordre de sentiments parallèle au sien, quand il se proclamait « un homme des temps homériques[1] ». Chez tous les deux, comme chez les autres écrivains que nous étudierons au cours de ce volume, ce qui frappe d'abord et ce qui reparaît sans cesse, c'est le mépris ou la haine du monde contemporain se traduisant de diverses manières par des bizarreries savantes : les frères de Goncourt eux-mêmes, malgré leurs enthousiasmes préconçus, ne furent jamais complètement exempts de cette répulsion instinctive, et, de la société actuelle, ils ne cultivèrent en somme avec soin que les côtés précieux et les physionomies anormales. On sait que de temps et de peine il leur fallut pour s'im-

---

1. *Mademoiselle de Maupin*, ch. IX.

poser au public; et, aujourd'hui encore, par combien de lecteurs pensent-ils être compris ?

Et puis, il y eut contre Gautier, comme agent du discrédit parfois très vague, parfois très catégorique, où l'on continue à le tenir, la masse, non pas certes de ses disciples, mais de ses imitateurs. En dépit de la vraisemblance, un artiste est toujours d'autant plus facile à copier qu'il s'est servi de procédés plus difficiles, et l'on peut s'assimiler d'autant mieux sa manière qu'elle est plus stricte et plus ardue.

C'est ainsi que, tout en provoquant de véritables idolâtries, ni Lamartine, ni Musset n'ont jamais laissé d'école, jamais formé d'élèves. Chez eux point de souci de la facture, point de qualités de métier susceptibles de se transmettre et capables de faire illusion; partant point de pasticheurs. Ils n'ont pas subi cette mauvaise fortune de voir passer en des mains maladroites l'instrument dont ils avaient usé, et dont seuls ils étaient aptes à tirer un complet effet: leurs imperfections n'ont pas été accentuées et placées en évidence; leurs mérites n'ont pas été brutalement exagérés jusqu'à se tourner en défauts.

Ici, au contraire, *Albertus*, *España*, *la Comédie de la Mort*, *Émaux et Camées*, toutes ces créations d'un caractère si étrange et d'une confection si complexe, tous ces poèmes ont servi de clichés à d'innombrables reproductions qui donnent bien la structure extérieure du type primitif, et où manquent seulement l'âme, la vie, la pensée, *le génie*. La tendance à l'impassibilité stoïcienne, l'amour des formes plastiques et l'horreur irraisonnée des décompositions du trépas, le goût modéré de l'épicurisme et la mélancolie profonde des choses, autant de sentiments ou d'idées qui peuvent plaire ou déplaire, mais qui existent plus ou moins voilés chez le maître, et que sa suite n'a pas vus ou n'a pas compris. Elle est ainsi parvenue à constituer, comme une religion littéraire, le culte du vide pratiqué par une société de rhéteurs ; elle a proscrit, en tant qu'adjonction parasite, tout ce qui n'était pas l'harmonie du rythme, la richesse et la rareté de la rime. Elle a fini, après les avoir amusés d'abord, par lasser la patience même des plus délicats lettrés, et la réprobation qui l'avait justement atteinte est remontée peu à peu, et d'une manière injustifiable, jusqu'au grand écrivain avec qui elle se solidarisait.

En dépit des jugements préconçus et des querelles de partis, son nom subsistera évidemment dans l'histoire de notre siècle, et non pas seulement, comme l'ont cru quelques-uns, parmi les anthologies des *poetæ minores*.

Quoiqu'il n'ait jamais eu, à l'exemple d'Horace, cette fatuité naïve de promettre à son œuvre l'existence immortelle, peut-être, au fond de sa pensée intime, songeait-il à ses propres travaux quand il sculptait les dernières strophes du dernier de ses *Camées*; et, sans doute, lassé et triste, il comptait sur l'avenir pour le venger des attaques ou des dédains de son temps.

> Tout passe. L'art robuste
> Seul a l'éternité.
>   Le buste
> Survit à la cité.
>
> . . . .
> . . . .
>   . . . . . .
> . . . .
>
> Les Dieux eux-mêmes meurent;
> Mais les vers souverains
>   Demeurent
> Plus forts que les airains[1].

Or, ses vers, à lui, possédaient au plus haut degré et sans contestation possible cette souveraineté et cette force qui ne périssent ni ne se transforment au milieu des universelles transformations. Quant à sa psychologie morbide et savante, quant à sa philosophie subtile, voluptueuse et esthétique, elles resteront probablement fermées pour jamais au plus grand nombre des lecteurs; et, en définitive,

---

1. *Émaux et Camées* : *l'Art*.

est-ce un mal? et serait-il très souhaitable de les voir se répandre? Mais elles seront toujours goûtées avec délices par quelques amateurs, comme le furent les doctrines élégantes de la sagesse païenne, dont usaient sobrement, dans leur scepticisme facile, les raffinés de l'antiquité.

CHARLES BAUDELAIRE

I. — L'homme et l'œuvre. — Leur infinie complexité.
II. — La recherche du *nouveau*. — Théorie de l'*artificiel*.
III. — Les contrastes dans l'art.
IV. — Les contrastes dans l'amour. — Le *sadisme*.
V. — Le goût du mal pour le plaisir du mal.
VI. — Conclusion.

I

Momentanément, et jusqu'à découverte de documents nouveaux, il y a peu de choses à dire sur Baudelaire au point de vue historique, après le volume que M. Eugène Crépet a consacré à sa biographie, à ses *OEuvres posthumes* et à sa *Correspondance*[1]. Le poète est là tout entier, tel qu'on pouvait déjà l'entrevoir dans les publications antérieures, mais infiniment mieux dessiné, marqué de traits beaucoup plus énergiques et beaucoup plus nets. Son génie ressort des confidences qu'il a laissées encore plus étrange, encore plus mystérieux et inconcevable que ne le faisaient pressentir *les Fleurs du Mal*, *les Paradis artificiels*, et les *Poèmes*

1. Eugène Crépet, *OEuvres posthumes et Correspondances inédites de Charles Baudelaire*.

en prose. Sa personnalité se révèle sous une forme si particulière, qu'il semble presque impossible d'en rencontrer une seconde à qui l'on puisse, même de loin, l'assimiler ou la comparer. C'est un cerveau, en quelque sorte, unique dans son genre ; et s'il a rencontré des sympathies et des admirations nombreuses, on comprend, d'autre part, qu'il ait été souvent, et qu'il soit toujours l'objet d'innombrables attaques. N'a-t-on pas attribué à Gœthe cet aphorisme médiocrement flatteur pour notre amour-propre national : « L'homme en France qui ose penser ou agir d'une manière différente de tout le monde est un homme d'un grand courage ? »

Ce courage, Baudelaire le conserva inébranlable jusqu'à sa dernière heure, malgré les tristesses et les déboires dont il devait être abreuvé. Ce serait un travail curieux que de réunir pour lui, — comme pour Gautier, comme pour tant de rares écrivains, — la collection des injures, des sarcasmes, des critiques dédaigneuses ou absurdes, des conseils bienveillants, mais ridicules, dont on l'a accablé avant et après sa mort. Pour qu'il ait résisté et pour qu'il ait persisté — parfois au milieu du dénuement le plus absolu et des souffrances physiques les plus épuisantes — il lui fallut évidemment une foi bien ardente dans la vérité de son idéal artistique ; il lui fallut surtout un mépris bien établi de la popularité et de l'opinion.

Quand il essaye de débuter dans le journalisme, nul ne le soutient et nul ne l'accepte ; il fait recevoir péniblement par des feuilles infimes quelques-unes des pièces qui, plus tard, figureront dans son volume de vers. Le premier recueil important qui consente à le publier, chose assez bizarre ! c'est la *Revue des Deux Mondes* : dans son numéro du 1er juin 1855, elle donne dix-huit poèmes. Mais avec combien de restrictions ! et de quels ménagements elle use vis-à-vis de ses abonnés, avant de leur mettre sous les yeux ce style qui n'avait pas été coulé dans le moule officiel ! Son audace montre « combien l'esprit qui l'anime est favorable aux essais, aux tentatives dans les sens les plus divers ». Cette sorte de petite préface se termine par un vœu formulé dans une phrase un peu obscure : on espère que l'écrivain « élargira ses voies, en étendant son horizon ».

En 1857, la première édition des *Fleurs du Mal* est mise en vente. L'auteur reçoit les félicitations de quelques amis : mais, eux exceptés, nul dans le public ne paraît avoir le soupçon qu'un nouveau maître vient de se révéler à la France. Un procès et une condamnation pour outrage à la morale ne suffisent pas à réveiller les indifférents, et la seule attention qu'on lui accorde a pour origine cette réputation, qui commence à se fonder, d'insensé d'ailleurs plus ou moins réel et plus ou moins sincère. Un certain Jean Rousseau découvre le premier cette mine, non encore épuisée, d'articles acerbes, et, en plusieurs colonnes, il établit un parallèle facétieux entre Charles Baudelaire et le *Daniel Jovard* de Théophile Gautier [1].

Ce n'est pas tout. En 1862, l'ex-condamné de la police correctionnelle avait eu la singulière idée de se présenter aux suffrages de l'Académie. Les visites qu'il rendit à quelques immortels l'éclairèrent rapidement sur le succès très probable de sa candidature; il se retira sans attendre la date fixée pour l'élection, bien convaincu que si sa gloire était un jour destinée à grandir, elle ne serait jamais l'occasion d'un rapprochement entre lui et les membres de l'illustre assemblée. M. Viennet avait exposé en une phrase toutes ses théories littéraires :

« Il n'y a que cinq genres : la tragédie, la comédie, l'épopée, la satire et la poésie fugitive, qui comprend la fable, *où j'excelle* [2]. »

Le postulant sentit qu'il ne se trouvait pas là dans son milieu véritable, et mollement soutenu d'ailleurs par son ami Sainte-Beuve, il renonça à ses visées ambitieuses [3].

1. *Le Figaro* (6 juin 1858).
2. Étienne Charavay, *Charles Baudelaire et Alfred de Vigny, candidats à l'Académie.*
3. *Nouveaux Lundis*, t. Ier (20 janvier 1862).

Mais si l'on veut, mieux encore que par ces échecs, se rendre un compte exact des sentiments que le public professait à son égard, au moment où il était à l'apogée de son talent, à l'heure où ses traductions d'Edgard Poë et sa manie des plaisanteries macabres avaient attiré quelque bruit autour de son nom, il faut se reporter à la presse du mois de septembre 1867. Il venait de mourir. Les journaux se contentent généralement d'annoncer la nouvelle et d'indiquer l'heure de l'enterrement ; quelques-uns, moins avares de leur prose, risquent une chronique nécrologique de trente ou quarante lignes, consacrée à répéter pour la centième fois l'éternelle accusation de folie. Un d'eux va même plus loin, et, dans un article assez long, il développe l'étonnante appréciation qui peut se résumer ainsi : « *Les Fleurs du Mal* ne sont qu'une *élucubration malsaine*; et cependant, par nature, leur auteur était un *poète aimable*, comme Moschus, Catulle, Rémi Belleau. Seulement, dans un flacon délicatement ciselé, au lieu d'enfermer un parfum voluptueux, il s'est amusé à verser *une goutte de poison distillé dans une officine de rhétorique*. Son talent fait de mysticisme et d'obscénité n'accroîtra pas dans l'avenir le nombre de ses admirateurs, et il paraîtra bien petit à côté de maîtres comme Victor Hugo, Lamartine, Musset et... Pierre Dupont. En résumé, son meilleur titre de gloire est d'avoir trouvé des thèmes étranges pour *renouveler la poésie légère*[1]. »

Au milieu de cette indifférence pour l'écrivain disparu, ou de ces critiques extravagantes sur son œuvre, il n'est guère qu'une feuille qui sérieusement lui rende hommage. Dans le *Figaro* du 10 septembre, M. Nadar, qui avait connu Baudelaire vers 1843 ou 1844, montra la perte que venait de subir la littérature en la personne de son ami, et il proclama le mérite du poète méconnu. Il indiquait en même temps quelques traits fort justes de son caractère : son horreur de la popularité, son mépris pour l'émotion dans l'art, pour le sentimentalisme, son goût pour les bizarres et les incompris, comme Manet ou Richard Wagner : qualités ou défauts — selon le point de vue auquel on se place — qui, avec bien d'autres, furent poussés chez lui jusqu'au degré d'acuité le plus extrême, et qui l'empêcheront, quoi qu'il arrive et quoi qu'on dise, d'élargir jamais beaucoup le cercle de ses admirateurs.

Du reste, en dehors de la rareté, de l'infréquence des pensées et des sensations dont il s'est constitué l'interprète, on doit noter une autre cause, plus profonde, du discrédit qui l'a frappé : c'est la complexité de sa nature et par contre-coup la com-

---

[1]. *Le Nain Jaune*, 5 septembre 1867 (l'article est signé X.).

plexité de son œuvre, accentuée parfois à un tel point, que les propositions les plus contradictoires se heurtent souvent à quelques pages d'intervalle.

Il n'arriva jamais, comme Lamartine, comme M. Leconte de Lisle, comme M. Théodore de Banville, à vivre dans l'immuable contemplation d'une idée qui se déroule éternellement la même, avec des habitudes de style à peu près identiques. Il ne fut pas, comme Victor Hugo, comme Alfred de Musset, comme Théophile Gautier une âme évoluant à travers une série de manières différentes, et modifiant à chaque période ses pensées et leur forme. C'est plutôt un composé de cinq ou six individualités diverses qui tiennent la parole les unes après les autres, sans ordre logique, au hasard de l'inspiration momentanée, sans que chacune d'elle prenne soin de ce qui a été dit précédemment. Avec sa grande prétention de bannir la spontanéité irraisonnée du domaine de l'art, et de composer ses poésies comme un géomètre déduit ses théorèmes, par l'effet d'une volonté bien consciente, cet écrivain fut en réalité le plus soumis de tous aux caprices fantasques de ses multiples imaginations. Il oubliait dans la chaleur de l'enthousiasme, ou sous la pression d'une amitié particulière, ou pour tout autre motif, ses théories les plus énergiquement soutenues; et si on l'a accusé d'être vague, obscur, de ne pas savoir ce qu'il voulait lui-même, il est certain que ses propres divergences donnaient une apparence de raison à ces allégations défavorables.

Nous trouverons bien sans doute en lui de grands traits de caractère qui demeurent permanents; mais, dès qu'on descend aux détails, on est forcé, en résumant l'homme et la doctrine, de tenir pour non avenues une foule d'opinions émises, et qui détonnent dans l'ensemble de ses ouvrages au point qu'on hésite presque à le reconnaître comme leur auteur.

Son esthétique n'est pas fixe. — Est-il à ranger parmi les adeptes de l'art pour l'art? Fut-il avant tout un poète, un adorateur du Beau, en dehors de toutes considérations étrangères? Oui, assurément. Ses écrits ses professions de foi littéraires, le témoignage de ses amis semblent l'affirmer à l'unanimité. « Le principe de la poésie, dit-il, est strictement et simplement l'aspiration humaine vers une beauté supérieure... Si le poète a poursuivi un but moral, il a diminué sa force poétique. » Et, parlant de Victor Hugo, — pour lequel d'ailleurs son enthousiasme resta toujours médiocre, — il va jusqu'à déclarer que « parmi notre race antipoétique, il serait moins admiré s'il était parfait, et qu'il n'a pu se faire pardonner tout son génie lyrique qu'en introduisant de force et brutalement dans ses vers ce qu'Edgar Poë considérait comme l'hérésie moderne capitale, — *l'enseignement* [1]. » — Cependant nous arrivons à l'étude sur Pierre Dupont, et là, — par un effet peut-être inconscient de camaraderie, — l'auteur émet devant nous, d'un ton tranchant, des opinions dans le genre de celles-ci : « La puérile utopie de l'école de l'art pour l'art, en excluant la morale et souvent même la passion, était nécessairement stérile. Elle se mettait en flagrante contravention avec le génie de l'humanité. Au nom des principes supérieurs qui constituent la vie universelle, nous avons le droit de la déclarer coupable d'hétérodoxie. » Et il ajoute, cinquante lignes plus loin : « La question un jour fut vidée, et *l'art fut désormais inséparable de la morale et de l'utilité* [2]. » Il n'y a pas plus d'ambiguïté dans un sens que dans l'autre. User de l'art comme d'un moyen d'enseignement : hérésie. Le mettre en dehors de toute idée de moralisation : hétérodoxie. Quelle était donc la pensée vraie et définitive de Baudelaire? Nous la connaissons bien. Mais où la chercher si l'on prend au pied de la lettre chacune de ses déclarations?

Considéré en tant qu'artiste pur, il modifie sans cesse son genre et sa manière. — Est-ce un adepte de l'antiquité grecque? un amoureux du moyen âge?

---

1. Notes nouvelles sur Edgard Poë, en tête de la traduction des *Nouvelles Histoires extraordinaires*.
2. *L'Art romantique*, ch. IX.

un moderniste ? Se plaît-il dans le monde du fantastique comme Hoffmann, ou dans les sphères de l'idée pure comme M. Leconte de Lisle ? s'il ne se rattache à personne, a-t-il du moins un domaine qui lui soit propre ? Ordinairement les écrivains, par l'ensemble de leurs procédés, par les sujets qu'ils ont choisis, par les goûts qu'ils ont manifestés, peuvent se ramener à une formule assez simple et se résumer dans leurs grandes lignes. L'auteur des *Fleurs du Mal* lui-même n'échappe pas à cette loi fatale. Mais combien de fois le voit-on se déjuger et se modifier ? — Certains passages de son œuvre le feraient ranger parmi les plastiques :

> J'aime le souvenir de ces époques nues
> Dont Phœbus se plaisait à dorer les statues [1].

Il poussa même l'amour des formes jusqu'à leur sacrifier l'expression du sentiment ; un des premiers, il soutint la théorie de l'impassibilité ; il déclara que « la sensibilité du cœur n'est pas absolument favorable au travail poétique, et qu'elle peut même nuire en ce cas [2] ».

Son sonnet à la Beauté, en quelques vers d'une ampleur splendide, la dépeignait froide, immuable, sereine, sorte de divinité éternelle, se complaisant en

---

1. *Les Fleurs du Mal*, pièce v.
2. *L'Art romantique : Théophile Gautier*, § 3.

sa propre contemplation, et planant au-dessus des passions, des joies et des douleurs de l'homme :

> Je suis belle, ô mortels, comme un rêve de pierre,
> Et mon sein, où chacun s'est meurtri tour à tour,
> Est fait pour inspirer au poète un amour
> Éternel et muet ainsi que la matière.
>
> Je trône dans l'azur comme un sphinx incompris ;
> J'unis un cœur de neige à la blancheur des cygnes ;
> *Je hais le mouvement qui déplace les lignes ;*
> *Et jamais je ne pleure, et jamais je ne ris* [1].

Cependant, qu'on tourne la page, et, à la place de cette calme statue où se résume toute beauté, nous allons rencontrer le rêve de types étranges comme lady Macbeth, comme *la Nuit* de Michel Ange, de types monstrueux même comme *la Géante*. Le poète se laissera aller peu à peu à chercher ses sujets en dehors du monde véritable ; tout au moins, il se plaira à exagérer jusqu'à l'outrance, à concevoir les fantaisies les plus tourmentées, et ce sera même une de ses tendances habituelles. Ce qui ne l'empêche pas de poser des principes que n'eussent pas désavoués plus tard M. Émile Zola et son école : « L'héroïsme de la vie moderne nous entoure et nous presse... L'habit noir et la redingote ont leur beauté poétique, qui est l'expression de l'âme publique... Les héros de l'*Iliade* ne vont qu'à votre

---

1. *Les Fleurs du Mal*, pièce XVIII.

cheville, ô Vautrin, ô Rastignac, ô Birotteau !... Celui-là sera le peintre, le vrai peintre, qui saura arracher à la vie actuelle son côté épique, et nous faire voir et comprendre combien nous sommes grands et poétiques dans nos cravates et nos bottes vernies [1]. » Se douterait-on que l'homme à qui l'on doit ces professions de foi moderniste est le même qui, parlant de son idéal avait dit :

> Ce ne seront jamais ces beautés de vignettes,
> *Produits avariés, nés d'un siècle vaurien,*
> Ces pieds à brodequins, ces doigts à castagnettes,
> Qui sauront satisfaire un cœur comme le mien [2].

Ici, comme toujours, il se sentait tourmenté d'aspirations immenses, qui se reflètent dans ses vers avec une énergie parfois terrible. Seulement il ne savait pas, et il est parfois difficile pour le lecteur de savoir ce à quoi il aspirait.

Ses théories sur l'amour, sur les femmes, se transforment selon les variations perpétuelles de sa passion ou de sa pensée. — Promenant sa fantaisie de la plus basse prostituée jusqu'au type de la maîtresse le plus pur qui se puisse concevoir; poussant l'exotisme jusqu'à la Malabaraise, jusqu'à la négresse; tantôt amoureux de l'étrange ou du monstrueux, comme nous l'avons vu; tantôt en

---

1. Curiosités esthétiques : *Salon de 1845*, ch. VII, et *Salon de 1846*, ch. XVIII.
2. *Les Fleurs du Mal,* pièce XIX.

quête de filles fardées, aux lèvres rougies par le carmin et aux yeux avivés par le *kohol*; tantôt épris de ces charmes « inconnus aux peuples anciens[1] »,

> Les visages rongés par les chancres du cœur,
> Et comme qui dirait les beautés de langueur[2]

tantôt enfin hanté par le souvenir de la statuaire grecque, le poète, ou bien demande à l'amour de lui donner des sensations violemment et affreusement dramatiques, mêlées de mysticisme chrétien et excitées encore par un besoin de contraste que nous examinerons, et il se représente l'Éros antique sous l'aspect « d'un démon aux yeux cernés par la débauche et l'insomnie, traînant comme un spectre ou un galérien des chaînes bruyantes à ses chevilles, et secouant d'une main une fiole de poison, de l'autre le poignard sanglant du crime[3] ». Ou bien il cherche dans l'union qui l'attache à une maîtresse une sorte de bonheur tranquille :

> Je hais la passion et l'esprit me fait mal ;
> Aimons-nous doucement...[4].

Et il y poursuit ce genre d'affection calme que contiendrait le cœur d'une sœur ou d'une mère :

---

1. *Les Fleurs du Mal*, pièce v.
2. *Ibid.*, pièce v.
3. *Curiosités esthétiques : Salon de 1859*, ch. VI.
4. *Les Fleurs du Mal*, pièce LXVI.

> Et pourtant, aimez-moi, tendre cœur! soyez mère,
> Même pour un ingrat, même pour un méchant;
> Amante ou sœur, soyez la douceur éphémère
> D'un glorieux automne ou d'un soleil couchant [1].

Ou bien enfin il tâche d'y puiser l'oubli, d'y rencontrer un avant-goût du néant que, semblable à tous les hommes de son siècle, il a parfois souhaité à ses heures funèbres, et il avoue qu'il

> A cherché dans l'amour un sommeil oublieux [2],

sans se soucier de la qualité réelle des sentiments auxquels il ne demandait que le repos. Trop heureux s'il parvenait à « s'enivrer d'un mensonge [3] » qui rendît

> L'univers moins hideux et les instants moins lourds [4],

et qui lui permit d'échapper à la monotone platitude de l'existence humaine.

Fuir le banal dans la vie et dans l'art! c'est en effet le premier principe de sa vie et de son art. Il dédaignait la foule et ses suffrages; il n'aimait et ne recherchait que les plus subtils abstracteurs de quintessence; il professait cette doctrine, si souvent répudiée, que le goût et le sens littéraires

---

1. *Les Fleurs du Mal*, pièce LVII.
2. *Ibid.*, pièce CXXXVIII.
3. *Ibid.*, pièce XLI.
4. *Ibid.*, pièce XXII.

peuvent s'acquérir seulement par des études et une expérience fort longues, et que, dans les choses de l'esthétique, les grands courants d'enthousiasme se portent rarement vers les œuvres les plus élevées. « Les gens comme moi veulent que les affaires d'art se traitent entre aristocrates, et croient que c'est la rareté des élus qui fait le paradis[1]. » Mais ceci ne le détourne nullement de commencer ses Salons de 1845 et de 1846 par des adresses aux *bourgeois*, qui, en 1846 principalement, montent au plus lyrique des dithyrambes : « Vous êtes la majorité — nombre et intelligence ; — donc, vous êtes la force, qui est la justice ; tout livre qui ne s'adresse pas à la majorité — nombre et intelligence — est un sot livre. » Et cette apologie se prolonge pendant plusieurs pages, et Baudelaire ne cache pas une des causes de son estime pour le bourgeois ; il voit en lui l'homme qui détient l'argent et qui paye.

On trouve ainsi parfois chez cet artiste, si sincèrement épris du beau, des traces d'un bon sens pratique jusqu'à la vulgarité. Ses *Conseils aux jeunes littérateurs*[2] ne roulent que sur des questions de ménage, d'organisation intérieure, et distillent une sagesse presque répugnante ; on souffre de

---

1. *Curiosités esthétiques: Salon de 1859*, ch. v.
2. *L'Art romantique*, ch. xii.

voir l'auteur des *Fleurs du Mal* préconiser la poésie comme un des genres qui rapportent le plus, et qui donnent des intérêts, tardifs souvent, en revanche très gros. Était-ce son idée vraie ? D'une façon générale, non. Mais par un besoin de réaction contre lui-même, il faut qu'il s'inflige des démentis, quel que soit le sujet qu'il traite. Il a à peine employé quelques mois de sa vie à s'occuper de politique, et il a trouvé le moyen de formuler deux déclarations sur le même point, diamétralement opposées l'une à l'autre.

En 1846, considérant les républicains comme des utilitaires, ennemis de tout art, « bourreaux de Vénus et d'Apollon [1], » il les avait désignés aux colères de la force armée, et il avouait que rien n'était plus doux à son cœur que de leur voir « crosser religieusement les omoplates [1] ». En 1848, exalté par les allures dramatiques de la révolution, il se posait, dans un journal qu'il dirigea deux jours, en montagnard intransigeant : il chantait l'Assemblée nationale, poursuivait de ses malédictions le roi détrôné, et son enthousiasme aboutissait à cette exclamation : « Honte à qui n'est pas bon républicain ! Il n'est pas de ce siècle [2]. »

---

1. *Curiosités esthétiques : Salon de 1846*, ch. XVII.
2. *Le Salut public,* journal politique fondé par Baudelaire au moment de la révolution de 1848, et qui n'eut que deux numéros (27 et 28 février).

On réunirait ainsi des exemples indéfiniment, si ceux-ci ne suffisaient à montrer chez le poète cette fluctuation caractéristique, qui lui a valu partout, même parmi les lettrés, de si nombreux adversaires. Fut-elle toujours inconsciente? C'est peu probable. Quelle en était alors la cause? On peut la placer dans ce besoin à demi avoué de jouer perpétuellement un rôle, de se promener à travers la vie comme un comédien sur les planches, prenant tantôt un masque et tantôt un autre, et ne se révélant presque jamais sous son aspect personnel et véritable. Mais il est un autre motif plus profond, plus sérieux et plus curieux, et où gît, selon toute probabilité, la principale solution du problème.

Par ce désordre de l'esprit, oscillant éternellement sur place, sans un but précis vers lequel on le voie se diriger d'une manière définitive, Baudelaire apparaît comme une des images les mieux achevées, un des types les plus complets de la société contemporaine, avec ses hésitations, ses tristesses, ses douleurs, ses aspirations vagues et ses vices. L'homme d'aujourd'hui n'a plus d'idéal religieux; ni d'idéal artistique ou littéraire; ni d'idéal politique. Sa vitalité n'est pas éteinte cependant, et l'on est surpris parfois de sa force de résistance; mais dépourvu d'aliments à l'activité désintéressée de son âme, il se tourne au hasard de chaque jour vers des buts renouvelés sans cesse, s'usant lui-même à ce labeur stérile, affolé comme la boussole que sollicitent en même temps des aimants opposés.

Notons que la France, depuis un siècle, a, par treize fois, changé sa forme gouvernementale, et cela sans qu'on puisse savoir encore si son dernier *avatar* réalise mieux que les autres ses *desiderata* suprêmes. La quantité des religions, importées ou inventées dans les cent ans qui auront suivi la Révolution, dépasse tout ce qu'on pourrait rêver du peuple le plus théologien du monde ; et, de tous ces cultes, il n'en est pas un qui, jusqu'à présent, en dehors du cercle de ses adeptes, ait pu passer pour autre chose qu'une manifestation plus ou moins curieuse de la pensée philosophique. Quant à la littérature et aux arts, ils ont engendré des écoles qu'il est inutile d'essayer de compter ; ils ont produit d'innombrables personnalités de natures diverses, dont quelques-unes apportaient dans leur œuvre des facultés géniales : presque toutes ont eu le temps de naître, de vivre et de disparaître en quelques années ; presque toutes ont passé, avant même que la génération d'où elles étaient sorties fût rentrée dans la tombe.

On devine ce que peut devenir la pensée humaine au milieu de ce chaos. Si l'homme, — comme le maître des *Fleurs du Mal*, — est artiste et poète, s'il a reçu du ciel un don de sensibilité qui en fait

presque un sujet pathologique, ces troubles de l'âme
sociale deviennent en lui logiquement plus aigus
et plus visibles encore. Dès lors, que l'on conçoive
un état d'agitation incessante et indéterminée, coupée d'heures de spleen et de découragement, tandis
que les facultés cérébrales s'usent jusqu'à se briser
sous le poids de ce labeur stérile, on se sera représenté ce que fut, dans sa triste vérité, la vie intérieure
de Charles Baudelaire.

II

Ce ne serait assez cependant pour attacher nos
esprits, que cette prédisposition négative à l'indétermination, et, avec quelque talent que le poète
en ait chanté les douleurs, son génie se recommande par d'autres traits qu'une marque d'impuissance. En l'observant de près, on découvre, sous
cette enveloppe d'un impulsif incompréhensible et
décousu, quelques idées générales très vastes et un
peu vagues peut-être, mais qui l'ont dominé
constamment et dont il fut un des premiers révélateurs. C'est par elles qu'il a affirmé sa personnalité et on peut supposer qu'il en eut conscience
en lisant les huit derniers vers qui ferment le
volume des *Fleurs du Mal*, et qui semblent placés
là en forme de conclusion et de résumé.

6.

O Mort, vieux capitaine, il est temps ! levons l'ancre !
Ce pays nous ennuie, ô Mort ! Appareillons !
Si le ciel et la mer sont noirs comme de l'encre,
Nos cœurs que tu connais sont remplis de rayons !

Verse-nous ton poison pour qu'il nous réconforte !
Nous voulons, tant ce feu nous brûle le cerveau,
Plonger au fond du gouffre, Enfer ou Ciel, qu'importe ?
Au fond de l'inconnu pour trouver du *nouveau*[1].

Il a souligné dans le texte le mot *nouveau*. D'autres artistes se sont faits les chanteurs de la nature ou de l'humanité, de la Beauté plastique ou de la Beauté morale, de l'amour terrestre ou de l'amour divin. Quant à Baudelaire, le but suprême qu'il indique, le seul vers lequel il ait tendu avec une énergie continuelle et absorbante, ce fut cette abstraction où il faisait tenir tout ce qui n'est pas humain, terrestre, réel, déjà vu et déjà senti. Pour assouvir son impossible désir, non seulement il avait peiné sur des sujets étranges qu'il traitait avec des procédés de style jusque alors à peu près inconnus, mais il avait épuisé sa vie et sa santé à courir hors des chemins battus, cherchant le singulier et le factice jusque dans les détails de sa toilette.

De sa bizarrerie d'allures, de son originalité qu'il reconnaissait voulue et laborieusement acquise,

---

1. *Les Fleurs du Mal*, pièce CLI.

on a conclu d'ordinaire à un immense souci d'attirer l'attention, de *poser*. Il est possible, en effet, qu'en de rares circonstances cet homme si parfaitement correct ait éprouvé le besoin d'étonner *le profane vulgaire* par ses excentricités; ç'avait été jugé de bon ton par les romantiques de 1830 ; quoiqu'il s'en défendît parfois, il avait été un de leurs continuateurs, et en dehors de sa causticité naturelle, il avait pu hériter d'eux quelques habitudes puériles. Mais n'est-ce pas en somme un jugement bien osé, porté sur l'écrivain qui fut peut-être de tous ceux de notre siècle le moins occupé de la réclame et le plus dédaigneux du succès? Il est infiniment plus vraisemblable, et plus conforme à son caractère, d'admettre qu'il essayait en sa personne la réalisation de ce type qu'il eût voulu rencontrer chez les autres, et que, s'il se faisait original, c'était bien plutôt pour sa satisfaction intime que pour provoquer l'horreur admirative de ses contemporains : il jouait, pour son plus grand plaisir, une pièce, où il était à la fois acteur et spectateur; il aimait à se contempler lui-même dès qu'il cessait d'être homme selon la nature, d'être par conséquent habitant de ce monde qui l'ennuyait, et d'où, en dernière ressource, il demandait à la mort de l'arracher.

Avant d'invoquer ce sinistre auxiliaire, il avait erré dans toutes les directions; il s'était épris de tous les chercheurs du rare, de l'inconnu, de l'idéal ; et ce n'est qu'après avoir vérifié la vanité de ses efforts qu'il avait mis son dernier espoir d'assouvissement dans l'au-delà du tombeau.

Il s'était passionné pour *l'artificiel,* cette suprême étape de l'esprit blasé qui, las de voir ce qui a été déjà vu et ce qui se verra éternellement, travaille, selon la définition très juste de Théophile Gautier, à « une création due tout entière à l'art et d'où la nature est complètement absente[1] ». Conception critiquable, et cependant de l'idéalisme le plus quintessencié, dès qu'on l'entend comme l'entendait Baudelaire. Son artificiel — cela va sans dire — n'a rien à voir avec les procédés de l'industrie, grâce auxquels le papier de couleur ou le carton pâte comprimé peuvent donner l'illusion plus ou moins parfaite d'une touffe de fleurs ou d'une colonne de marbre ; mais on peut lui trouver un équivalent dans le génie fantaisiste de la Chine ou du Japon — civilisations très vieilles — qui ont enfanté en peinture et en sculpture ces monstres aux formes absolument chimériques, ces arbres, ces fleuves, ces ciels dont les teintes n'ont plus aucun rapport avec les combinaisons pourtant si variées du monde réel. Or, il y a un abîme entre les deux genres : le premier, bas et vul-

---

1. Notice sur Baudelaire placée en tête des *Fleurs du Mal.*

gaire, ne peut convenir qu'à des bourgeoisies éprises de luxe à bon marché : le second, d'un raffinement si compliqué, ne surgira que du cerveau des races très savantes.

Il conduit par malheur ses adeptes à l'usage des moyens matériels qui élèvent ces fantasmagories de l'imagination ; il leur apprend le culte de l'opium, du haschisch, du vin, de ce vin « fils aîné du Soleil »,

> Qui sait revêtir le plus sordide bouge
> D'un luxe miraculeux [1],

et qui transporte le chiffonnier abject ou l'assassin bourrelé de remords vers les sphères de joie, de lumière et de gloire, dans lesquelles on n'entend que les clameurs des fêtes, ou les marches triomphales des guerriers vainqueurs, au milieu d'une apothéose féérique [2].

L'amoureux de l'art factice ira plus loin encore : non content d'avoir construit des univers fantaisistes à côté du nôtre, il voudra détruire le réel, tout au moins le modifier autant qu'il le pourra dans le sens de ses principes. Il déclarera avec l'auteur des *Fleurs du Mal* que « la femme est dans son droit, et même qu'elle accomplit une espèce de devoir en s'ap-

---

1. *Les Fleurs du Mal*, pièce L.
2. *Ibid.*: le *Vin des Chiffonniers*, — le *Vin de l'assassin*, pièces CXXIX et CXXX.

pliquant à paraître magique et surnaturelle... Elle doit se dorer pour être adorée [1]. » On lira dans les fragments de confidences intitulés : *Mon cœur mis à nu* des phrases comme celles-ci : « L'esprit de tout commerçant est complètement vicié. Le commerce est *naturel*, donc il est *infâme*. » Et quelques pages plus haut : « La femme est *naturelle*, c'est-à-dire abominable [2]. » Partant de ces idées, Baudelaire écrit sa théorie du maquillage [3] qu'il montre destiné, non pas à corriger les rides d'un visage flétri et à le faire rivaliser avec la jeunesse, mais à donner à la beauté le charme de l'extraordinaire, l'attrait des choses contre nature.

Avant de raisonner cette sensation singulière, il en avait indiqué un exemple frappant, dans sa première œuvre imprimée, un court roman, où sans doute il posa lui-même pour certains traits du caractère du héros, Samuel Cramer. Il y a dans *la Fanfarlo* une scène d'alcôve en deux ou trois pages grosses de révélations psychologiques. Au moment où la danseuse a ramené chez elle le jeune homme qui la courtise, après qu'elle a laissé glisser ses derniers voiles, et quand elle va s'abandonner, tout à coup, celui-ci, nullement impressionné par l'érotisme du lieu et de la situation, est pris d'un caprice

---

[1]. *L'Art romantique*, ch. III, § 11.
[2]. Eugène Crépet, *Charles Baudelaire : Mon cœur mis à nu*, §§ 4 et 62.

subit, « comme un enfant gâté, » et il repousse la courtisane en criant : « Je veux Colombine, avec son maillot, ses jupes de gaze, son corsage de saltimbanque, ses paillettes de clinquant et son rouge. » Et le narrateur ajoute immédiatement : « A ce trait caractéristique j'ai reconnu Samuel. Il aimera toujours le rouge et la céruse, le chrysocale et les oripeaux de toutes sortes... *Il repeindrait volontiers les arbres et le ciel*[1]. »

De là chez Baudelaire ces axiomes si peu conformes à l'enseignement que nous avons reçu jusqu'à ce jour : « Le beau est toujours bizarre... Plus l'âme est ambitieuse et délicate, plus les rêves l'éloignent du possible[2]. » De là aussi sa préférence en faveur de la peinture contre la sculpture, qui se rattache de trop près au monde réel, et qui n'a pas devant soi un champ illimité pour les outrances du fantastique. De là enfin sa passion fougueuse pour les individualités qui ont tenté de mettre en pratique sa philosophie de l'artificiel.

Il adorait Hoffmann ; il a traduit et étudié Edgar Poë avec le respect et la dévotion qu'un moine mystique du moyen âge pouvait apporter à transcrire les livres saints. Il s'était pris d'enthousiasme

---

1. *La Fanfarlo*, roman imprimé à la suite des *Petits poëmes en prose* et des *Paradis artificiels*.
2. *Curiosités esthétiques : Exposition universelle de 1855*; ch. 1er.

pour le docteur de Quincey, cet Anglais qui a chanté les vertus du « juste et subtil opium » et qui avait savouré les délices du poison, au point de l'absorber, sous la forme liquide, par jour et pendant plusieurs années, jusqu'à concurrence de huit mille gouttes [1]. Ces existences doubles, où d'ordinaire un roman vrai de misère et de désespoir se déroule parallèlement à une série de splendides romans factices, le séduisaient par leur originalité. Devant leurs œuvres heurtées, presque diaboliques, troublantes par le brouillard d'hallucination qui les enveloppe, il admirait l'artiste et il aimait l'homme, avec une sorte de commisération pour les souffrances qu'il devinait.

Ce sentiment de pitié sympathique, il l'a poussé plus loin encore, dans un sujet assez scabreux ; il a consacré quelques-unes de ses strophes les plus belles à celles qu'il nomme *Femmes damnées*, à ces prêtresses des amours unisexuelles, que la morale indulgente de la Grèce avait jadis acceptées sans horreur. Mais là où l'antiquité, et Théophile Gautier plus tard, ne virent qu'une question de plastique ; où d'autres écrivains, comme Catulle Mendès, trouvèrent une sorte de poésie née de la sensation matérielle poussée au suprême degré, Baudelaire apporta des idées d'un ordre différent :

---

[1]. *Les Paradis artificiels: Un Mangeur d'Opium*, ch. v.

il reprit pour les filles de Lesbos la thèse qu'avait soutenue jadis Alfred de Musset en faveur de don Juan ; il en fit des affamées d'idéal, poursuivant à travers les aventures de la vie une insaisissable chimère :

> O vierges, ô démons, ô monstres, ô martyres,
> *De la réalité grands esprits contempteurs,*
> *Chercheuses d'infini,* dévotes et satyres,
> Tantôt pleines de cris, tantôt pleines de pleurs,
>
> Vous que dans notre enfer mon âme a poursuivies,
> *Pauvres sœurs, je vous aime* autant que je vous plains,
> Pour vos mornes désirs, vos soifs inassouvies,
> Et les urnes d'amour dont vos grands cœurs sont pleins[1] !

S'il les a aimées, ces passionnelles maladives, c'est qu'elles étaient, dans leur genre, des êtres hors nature, comme Edgard Poë, comme de Quincey, comme lui-même : s'il les a plaintes, s'il les a appelées « ses sœurs », c'est qu'il reconnaissait, ou croyait reconnaître en elles un symbole de ses propres aspirations vers l'impossible, et que les soifs amoureuses ou artistiques qui ont brûlé son cœur ne furent jamais plus assouvies que les inapaisables désirs des grandes dépravées.

1. *Les Fleurs du Mal,* pièce CXXXVI.

III

Voilà donc, dans la substitution du monde supranaturel au monde de la réalité, un des moyens par où Baudelaire tente sa conquête du *nouveau*. Admissible ou condamnable, nous n'avons à envisager son système que comme une manifestation de sa pensée, sans nous occuper de savoir à quelles conséquences il pourrait aboutir, ni quel destin lui est réservé dans notre civilisation et au milieu de notre race. Étant donné notre tempérament essentiellement exact, il est peu probable qu'on le voie d'ici longtemps se répandre en dehors des rares raffinés ; et quel que soit notre besoin de sensations inédites, devrait-il même s'exaspérer encore, c'est sans doute par des procédés d'un autre ordre qu'il cherchera à se satisfaire. L'expérience en indique un déjà ; *les Fleurs du Mal* et les *Poëmes en prose* en donnent un exemple. Bien plus, on peut prétendre que presque toute la littérature européenne, celle au moins sortie de Shakespeare au xixe siècle, en offre un spécimen très sensible, et qu'elle y a trouvé des effets à peu près inconnus jusqu'alors.

Quand l'humanité a épuisé le nombre des sujets simples qui se présentent spontanément à son esprit, quand elle en a parcouru le cycle avec toutes les modifications de style que peut y apporter la différence des époques, il va de soi que ses sensations s'émoussent, et qu'elle finit par s'ennuyer dans son âge mûr de ce qui avait charmé sa jeunesse. Changeante et progressive, douée d'intelligence et de mémoire, un jour est arrivé où elle a eu goûté ce que pouvait lui fournir le monde extérieur, inerte et immuable. Dès lors, que lui reste-t-il ? ou bien, comme le poète que nous étudions, s'abandonner complètement au vol de son imagination, se perdre dans les créations fantaisistes et vivre dans l'artificiel ; ou bien reprendre les éléments qu'elle rencontre toujours au sein de la nature et sur lesquels elle s'est blasée par l'usage, et les forcer à lui procurer des sensations neuves en les combinant les uns avec les autres, en rapprochant surtout les contraires les plus extrêmes de manière qu'ils ne forment plus qu'une unité, en employant en un mot les effets de contraste, les *antithèses*.

C'est ce que faisait déjà Shakespeare, dans son style et dans la conception de ses caractères, mélangeant chez Shylock les sublimités de l'amour paternel aux grotesques sordidités de l'avarice. C'est ce que feront après lui Gœthe et Schiller et tous les écrivains russes. C'est ce que fera principalement en France Victor Hugo avec une netteté trop apparente pour qu'il soit utile d'y insister. On retrou=

verait même le procédé jusque dans la musique ou dans la peinture modernes, avec le heurt brutal des sonorités ou des colorations qui, au premier abord, déconcerte peut-être, mais qui frappe forcément l'esprit.

Dès 1827, dans la préface de *Cromwell*, Victor Hugo avait déjà observé d'une façon assez rudimentaire ce phénomène de l'art. Poussé par une vague intuition des besoins psychologiques de l'homme au xixe siècle, il avait développé sa théorie fameuse du grotesque mêlé au sublime ; il voyait dans cette formule l'avenir de la littérature ; il la pratiquait dans ses propres ouvrages, et, pour en démontrer l'excellence, il avait essayé d'en établir la genèse historique et philosophique. Selon lui, elle découlait logiquement d'une religion comme le christianisme, qui avait séparé radicalement le créateur de la créature, l'esprit de la matière, l'âme du corps ; il supposait que la pensée humaine, habituée à un incessant dualisme universel, l'avait transporté dans les œuvres de son imagination, et s'était accoutumée à les concevoir doubles, à les composer sous deux aspects, l'un grotesque et hideux, l'autre tragique et sublime. Explication ingénieuse, trop ingénieuse même, d'un fait pourtant exact ! Les chansons de gestes, conçues et composées aux heures de splendeur et de force du sentiment chrétien, ne contiennent pas trace de ce mode de composition ;

il grandit au contraire, il domine, au moment où la religion du Christ semble perdre sa prépondérance incontestée. C'est qu'alors l'artiste sent le besoin d'employer des secousses plus violentes pour frapper des cerveaux engourdis. La sensibilité presque éteinte se réveille à être tiraillée brusquement d'un extrême jusqu'à l'autre ; et c'est assurément une impression fort neuve et peu banale qu'on dut éprouver devant ces types et ces sujets étranges chers au romantisme, et qui ne sont que des amalgames plus ou moins savants des éléments les plus contradictoires. Quelques-uns protestèrent, on sait avec quelle indignation, contre les effets d'une loi inéluctable des civilisations vieillies. Leur voix resta sans écho ; et, en dépit de la vérité humaine outrageusement violée, la victoire demeura aux mains des novateurs.

Mais, mieux que les hommes de 1830, Baudelaire avait compris le procédé qu'ils avaient employé et qui leur avait réussi. Armé d'un sens philosophique que ne posséda jamais Victor Hugo, il avait indiqué, bien plus simplement, que « le mélange du grotesque et du tragique est agréable à l'esprit, comme les discordances aux oreilles blasées [1] ». A son tour, il usa du système, selon une méthode semblable, et en l'accentuant encore davantage.

---

1. Eugène Crépet, *Charles Baudelaire : Fusées*, § 21.

N'ayant écrit ni grands drames ni épopées romanesques, ce fut dans ses courts poèmes qu'il eut à condenser ses oppositions. Il ne pouvait créer des effets de contraste ni entre plusieurs caractères ni dans les différentes manifestations d'un seul. C'était dans un portrait, dans la peinture d'un paysage, d'une ville ou d'un intérieur, dans l'expression d'une idée, d'une sensation ou d'un sentiment qu'il devait réunir ces notes violemment heurtées d'où jaillit chez le lecteur la curiosité et qui forcent son attention à s'émouvoir.

Tantôt, comme dans la première pièce qui ouvre le volume des *Fleurs du Mal*, il termine une sombre et douloureuse élégie par une plaisanterie ironique, une sorte de gaminerie ; et, après avoir compté devant nous tous les vices, toutes les laideurs, toutes les tristesses de la nature humaine, il nous prend à partie et tourne court sur ce vers adressé au lecteur :

Hypocrite lecteur ! — mon semblable — mon frère [1] !

Tantôt, au milieu des pensées ou des descriptions les plus élevées, il jette une idée ou une image vulgaire. Devant la voûte du ciel, il songe que nul n'a jamais échappé à l'angoisse qu'éveille la contemplation de l'infini, et il trouve des accents qui n'eussent pas déparé *l'Espoir en Dieu*

1. *Les Fleurs du Mal*, préface.

d'Alfred de Musset. Les alexandrins se déroulent, amples et majestueux :

> Partout l'homme subit la terreur du mystère,
> Et ne regarde en haut qu'avec un œil tremblant.

On s'attend à une péroraison qui soit proportionnée au sujet; on tombe sur cette exclamation qui finit la pièce :

> Le ciel, *couvercle noir de la grande marmite*
> Où bout l'imperceptible et vaste Humanité[1].

S'il chante un hymne au soleil, et s'il énumère ses bienfaits, il met une préméditation visible à rapprocher dans une seule phrase deux vers presque comiques de deux autres où la poésie éclate dans sa grâce la plus pure :

> C'est lui qui rajeunit les porteurs de béquilles
> Et les rend gais et doux comme des jeunes filles,
> Et commande aux moissons de croître et de mûrir
> Pour le cœur immortel qui toujours veut fleurir[2].

Parfois même le poète n'a pas besoin d'un quatrain pour placer son effet. D'un hémistiche à l'autre, il heurte deux épithètes qui jurent étrangement quand on les applique au même sujet; et, parlant

---

1. *Les Fleurs du Mal*, pièce LXXXVII.
2. *Ibid.*, pièce CIX.

du crépuscule qui descend sur la terre, il écrit :

Voici le soir *charmant, ami du criminel* [1].

Mais le procédé qui lui est le plus habituel et qu'on rencontre à chaque page, c'est d'accoler brusquement, sans préparation ni transition, une idée ou une image horrible, répugnante, immonde, aux conceptions les plus poétiques et les plus idéalistes de sa pensée.

Quand il reprend le vieux thème des amours du poète avec la Muse, et quand il félicite son ami, M. Théodore de Banville, de la maîtrise avec laquelle, adolescent encore, il a su conquérir les faveurs de la déesse, à quoi va-t-il le comparer ? A « un jeune ruffian terrassant sa maîtresse [2] ». Quand il chante ses propres passions et l'ardeur de ses caresses sur un corps qui s'abandonne, il débute avec une sorte de sensualisme oriental qui pourrait rappeler le *Cantique des Cantiques* :

> Je t'adore à l'égal de la voûte nocturne,
> O vase de tristesse, ô grande taciturne...

Pendant six vers, sur les dix qui forment la pièce, la même note se prolonge. Puis, subitement, le ton

---

1. *Les Fleurs du Mal*, pièce CXIX.
2. *Ibid.*, pièce XVI.

change, sans qu'on puisse s'en expliquer le motif autrement que par le besoin de corser l'idée d'un contraste, et nous avons ceci :

> Je m'avance à l'attaque et *je grimpe aux assauts*,
> Comme *après un cadavre un chœur de vermisseaux*,
> Et je chéris, ô *bête implacable et cruelle!*
> Jusqu'à cette froideur par où tu m'es plus belle [1].

Ces citations pourraient se passer de commentaires plus amples, et la méthode de composition employée par Baudelaire s'y révèle déjà avec une irréfutable netteté. Pourtant, il y a mieux ; et, avant d'en finir sur cette question, on ne saurait oublier une de ses pages les plus célèbres, et où il a poussé son système jusqu'aux dernières conséquences.

Qu'est-ce que le poème intitulé *la Charogne* [2] ? — Le sujet n'en est ni très compliqué ni très neuf. Il se résume en une phrase : malgré la destruction universellement inévitable, quelque chose de divin dans nos amours restera immuable et éternel. Tous les lyriques de tous les temps ont traité ce thème avec plus ou moins de bonheur, et, d'ordinaire, ils ont porté l'effort principal de leur lyrisme sur le spectacle de la vie immortelle et de l'union sans fin des amants. Scrupuleusement, ils ont écarté les

---

1. *Les Fleurs du Mal*, pièce xxv.
2. *Ibid.*, pièce xxx.

tableaux pénibles ou douloureux ; s'ils ont effleuré l'image de la mort, c'est avec des précautions infinies, et dans des termes qui ne pouvaient détourner la pensée du sentiment de béatitude absolue qu'ils cherchaient à faire naître. — Un artiste de notre époque reprend cette donnée, toujours belle et pure, mais usée et banale en tant qu'idée ; s'il veut encore qu'elle frappe les esprits, ce sera évidemment par une forme nouvelle que pourra seulement se racheter l'inanité du fond. Et nous aurons alors cette étrange déclaration du poète à sa maîtresse, un jour qu'il la promène à son bras, à travers la campagne, « un beau matin d'été si doux ».

Au détour d'un sentier, ils aperçoivent une charogne ; l'image de la mort, avec ses plus hideuses conséquences, n'est pas dissimulée ici ; plus des deux tiers du poème sont consacrés à décrire le cadavre en putréfaction, le soleil qui le chauffe, la puanteur qu'il exhale, les mouches et les vers qui bruissent dans ces lambeaux de chair morte, et la chienne inquiète qui en ronge les ossements.

Ce n'est pas tout : le poète songe au destin identique qui attend la femme qu'il aime ; il sait que son corps sera un jour semblable « à cette ordure, à cette horrible infection » ; on se demande déjà s'il ne va pas recommencer ses abominables peintures.

Et observons que ce long étalage d'horreurs n'a

d'autre but que de faire antithèse à la pensée idéale resserrée dans les deux derniers vers :

> Je garderai la forme et l'essence divine
> De nos amours décomposés.

C'est l'emploi fréquent des procédés de ce genre qui a fait classer Baudelaire, par M. J.-J. Weiss, parmi les adeptes de ce qu'il dénomme la *littérature brutale*[1] ; c'est leur outrance qui a soulevé chez le critique des doutes sérieux sur la sincérité de leur auteur.

La bonne foi cependant peut-elle être soupçonnée quand on voit le même système répandu, avec plus ou moins de persistance, chez tous les artistes modernes ?

Peut-elle être soupçonnée surtout chez Baudelaire, et malgré le témoignage de sa vie et de ses actes ?

Jeune et inconnu, du temps où il faisait mettre des vitres opaques à la partie inférieure de ses fenêtres, de manière à ne pouvoir porter ses regards que sur les mouvements capricieux des nuages dans l'immensité bleue, ce contemplateur du ciel possédait une étagère où pourrissaient dans des bocaux, avec une odeur infecte, des vipères, crapauds, scorpions, tous les reptiles, tous les êtres les plus répugnants de la

---

1. *Essais sur l'histoire de la littérature française*, Ire partie, ch. IV.

nature[1]. N'était-ce pas, à huis clos, sans souci de l'opinon publique, une sorte de pendant réel à sa fiction de *la Charogne*? Enfin, cette théorie des contrastes, elle n'a pas envahi seulement le domaine des arts ; l'humanité contemporaine s'en est imprégnée dans toutes ses fibres et l'a transportée dans toutes les manifestations de son existence ; la littérature et les mœurs nous la montrent appliquée d'une manière très visible au sentiment de l'amour, tel que l'a compris notre siècle ; et alors elle s'appelle le *sadisme*, — à condition toutefois d'élever à une acception psychologique ce terme qui, dans le langage courant, ne désigne qu'un état de fureur maniaque, un simple cas de pathologie cérébrale.

IV

Ce n'est pas que l'idée de mêler une sensation douloureuse à une sensation de volupté, des blessures sanglantes aux caresses, le spectacle de la mort à l'accomplissement de l'acte d'où découle la vie universelle, soit absolument particulière à Baudelaire et à notre époque. Par sa nature antithétique, elle a séduit les civilisations vieillissantes, et

---

1. Cette anecdote est tirée d'une brochure anonyme, intitulée : *Charles Baudelaire, Souvenirs, Correspondances, Bibliographie, suivie de pièces inédites.*

on la voit qui plane sur les grandes décadences de l'Asie ou sur la longue orgie de la période impériale à Rome. M. Ernest Renan l'a retrouvée dans les sauvages distractions de Néron, et le fils d'Agrippine ne fut certes pas le seul César dont les plaisirs aient été teints de sang [1]. Mais il faut passer par-dessus le moyen âge et arriver aux dernières années pour la découvrir qui s'infiltre partout, soit dans les œuvres d'imagination, soit dans les mœurs, dans les actions et dans les pensées les plus ordinaires de l'existence. Si elle abandonne au milieu de nous son terrible aspect de furie meurtrière accompagnée de débauches grandioses, elle s'étend en revanche avec beaucoup plus de fréquence ; elle n'est plus l'apanage de quelques individualités rares à qui un pouvoir despotique ou des richesses sans borne ont permis d'épuiser rapidement les voluptés terrestres ; elle s'est démocratisée, perdant de sa force à mesure qu'elle se répandait, et une analyse un peu subtile parviendrait presque toujours à la dégager de nos amours dans une proportion plus ou moins appréciable.

La pensée chrétienne, d'une part, de la béatitude dans le martyre, la croyance, d'autre part, à l'infamie, voire même à la damnation éternelle née des joies de la chair devaient lui offrir des sources

---

1. Ernest Renan, *l'Antéchrist*, ch. VII.

nouvelles d'épouvantables sensations et contribuer à l'asseoir dans nos mœurs. Pour le croyant, accoupler l'idée d'une jouissance essentiellement fugitive et l'idée de douleurs atroces et sans fin, c'était réaliser l'antithèse la mieux déterminée qui se puisse concevoir. M. J.-K. Huysmans l'a si bien compris qu'il a fait tenir le sadisme entier dans ce mode unique [1], ce qui est une erreur d'une façon générale, ce que dément d'une manière complète l'étude historique et philosophique de notre siècle.

Chez le maître des *Fleurs du Mal* en particulier — et nous aurons pourtant à examiner sa doctrine du satanisme — la théorie de M. Huysmans ne se justifie qu'imparfaitement. Si le souci des peines infernales l'occupe quelquefois, ce n'est guère aux heures du plaisir. Son sadisme, dont M. Paul Bourget a montré çà et là les marques indéniables [2], n'est que superficiellement mélangé de foi religieuse et de théologie. Il en donnait lui-même un jour une définition plus rationnelle et plus large, en disant : « Cruauté et volupté, sensations identiques, comme l'extrême chaud et l'extrême froid [3]. »

Ce qu'il faut admettre, c'est qu'il a cherché

1. *A Rebours*, ch. XII.
2. *Essais de psychologie contemporaine, Charles Baudelaire*, ch. Ier.
3. Eugène Crépet, *Charles Baudelaire: Mon cœur mis à nu*, § 17.

l'idéal dans l'amour, comme il l'avait cherché dans l'art, hors de la nature, hors de la réalité. Nous avons vu déjà sa pitié indulgente pour les *Femmes damnées*. Hanté par l'obsession d'une plastique absolue, et surtout adversaire acharné de l'utilitarisme, nous le verrons plein d'horreur devant l'amour considéré, selon les lois éternellement banales du monde, comme un agent de reproduction. La maternité, loin de l'attendrir, lui répugne; l'enfant le dégoûte. Il n'y voit que les « hideurs de la fécondité[1] ». Il songe que « tout rêve, quelque idéal qu'il soit, se retrouve avec un poupard glouton suspendu au sein[2] ». Quand, dans la *Fanfarlo*, il se peint sous le nom de Samuel Cramer, c'est par des aversions de ce genre qu'il se caractérise : « Ses sens se satisfaisaient surtout par l'admiration et l'appétit du Beau ; il considérait *la reproduction comme un vice de l'amour*, la grossesse comme une maladie d'araignée. Il a écrit quelque part : *Les anges sont hermaphrodites et stériles.* »

Aussi, de même qu'il avait appliqué son système des contrastes à aiguiser les sensations artistiques, il l'emploiera comme excitant des sensations amoureuses, et il s'efforcera de joindre aux tableaux du plaisir les tableaux de la douleur, des

---

1. *Les Fleurs du Mal*, pièce v.
2. *La Fanfarlo*.

cruautés, des blessures. Il appellera la volupté, « la torture des âmes[1] ». Il parlera de mêler « l'amour avec la barbarie[2] », et ses rêveries, moitié érotiques, moitié mystiques, se berceront à la pensée de prendre les sept péchés capitaux comme sept poignards pour les tourner vers sa maîtresse, « sa madone » et

   ... Les planter dans son cœur pantelant,
  Dans son cœur sanglotant,
comme
      dans son cœur ruisselant[3].

Nous retrouverons cette pointe de sadisme dans le personnage de *Mademoiselle Bistouri*, la singulière fille qui, éprise d'un carabin, désirerait le voir venir chez elle avec sa trousse et son tablier, et souhaiterait qu'il y eût « même un peu de sang dessus[4] ». Nous la retrouverons surtout dans l'admirable poème de *la Martyre*[5], si savamment combiné d'un bout à l'autre, depuis la description du boudoir voluptueux et sanglant où s'étale le corps d'une femme nue et décapitée, jusqu'à ce détail d'une jarretière et d'un bas de soie aux coins brodés d'or qui sont restés attachés à la jambe de la victime.

1. *Les Fleurs du Mal*, pièce LXXXVII.
2. *Ibid.*, pièce LVIII.
3. *Les Fleurs du Mal*, pièce LVIII.
4. *Petits poèmes en prose*, pièce XLVIII.
5. *Les Fleurs du Mal*, pièce CXXXV.

V

Malheureusement, des imaginations de ce genre, dans l'amour ou dans l'art, ne secouent pas impunément l'âme qui les enfante ; ce n'est pas en vain que « l'on cultive son hystérie avec jouissance et terreur [1] ». Au milieu des fièvres de la vie et de la pensée pour atteindre un idéal irréalisable, l'esprit subit de brusques temps d'arrêt, des heures où le doute et le découragement l'étreignent devant la certitude de ne jamais atteindre le but qu'il a rêvé ; l'épuisement corporel se joint au désespoir mental ; les méditations métaphysiques surexcitent le cerveau et exaspèrent le système nerveux. A ces causes, s'ajoute la fatigue des races anciennes ; et l'ennui apparaît — l'ennui que Baudelaire a peint dès le début de son volume sous des couleurs si terribles, le monstre qu'il considère comme le plus sinistre parmi tous ceux qui hantent notre pensée [2].

Parfois il prend en nous l'aspect d'une mélancolie torpide, indifférente, inguérissable ; « fruit de la morne incuriosité [3] », il s'appelle le *spleen* ; il

---

1. Eugène Crépet, *Charles Baudelaire : Mon cœur mis à nu*, § 72.
2. *Les Fleurs du Mal*, préface.
3. *Ibid.*, pièce LXXVIII.

inspire ces grandes et tristes œuvres, plaintes douloureuses que l'humanité exhale à travers les âges en se pleurant elle-même, et qu'elle a répétées avec plus d'amertume encore en notre siècle pour aboutir à la théorie du suicide et à la recherche du néant. Depuis Chateaubriand tous les poètes ont chanté ce lourd engourdissement de l'âme, et un tiers peut-être des *Fleurs du Mal* est consacré à en peindre les nuances et à en accentuer la désolation.

Mais parfois aussi, au lieu d'aboutir à la sombre quiétude, pleine d'indulgence et de pitié universelle au lieu d'arriver au morne détachement de toute passion et de toute pensée, le désespoir se tourne en colère et en révolte; à la place de René, de Childe-Harold ou d'Obermann, nous trouvons les misanthropes et les blasphémateurs, Manfred, Antony, Didier, déversant le trop-plein de leur fureur sans objet sur des personnalités vagues et abstraites, comme l'humanité, Dieu ou le Destin, sans que d'ailleurs cette haine se manifeste par d'autres voies que des tirades dédaigneuses ou des imprécations sacrilèges. Vienne un jour où ces hommes au cœur ulcéré par la vie ne se contenteront plus de l'ironie, des malédictions ou des menaces pour apaiser leurs indéfinissables rancunes, nous les verrons passer des paroles aux actes, et, après avoir souhaité à tout ce qui les entoure la douleur, la destruction et la mort, faire porter sur un être quelconque, le premier venu, le plus inoffensif, le poids des sourdes irritations et des besoins de vengeance qu'ils ont amoncelé dans leur sein. Et nous aurons la cruauté sans motifs pour l'unique joie de voir souffrir; l'apologie du vice et du crime pour le plaisir de renverser toute morale et toute religion; la recherche de la plus basse débauche, moins pour satisfaire les sens que pour jouir de son propre abaissement. Ce sera l'amour du mal pour le mal, sentiment rare sans doute, mais non pas si exceptionnel ni si inexplicable qu'on le suppose.

Faut-il des exemples — sinon dans la réalité où la preuve serait difficile à établir, au moins dans la littérature ? — Nous en avons un d'abord chez le poète de génie qui, il y a trois siècles, avait déjà pressenti toute la psychologie moderne, et qui a créé le premier type des héros *splénétiques* si fréquemment renouvelés plus tard. Le caractère d'Hamlet contient une nuance de méchanceté froide qui se comprendrait à l'égard du roi ou de la reine, qu'on s'explique à peine contre Polonius, Rosencrantz et Guildenstern qu'il tue ou qu'il envoie à la mort avec une indifférence pleine de désinvolture [1], et que l'on ne s'explique plus du tout dès qu'il s'adresse à Ophélie. Les brutalités qu'il lui jette au visage dans le fameux duo [2], les paroles

---

1. *Hamlet*, acte III, sc. IV, et acte V, sc. II.
2. *Ibid.*, id., sc. I.

obscènes qu'en souriant il lui chuchote à l'oreille avant la représentation du *Meurtre de Gonzague* [1] n'ont évidemment d'autre cause que la secrète satisfaction de torturer son cœur et de ternir sa pureté de vierge. De nos jours doit-on voir de simples boutades dans cet aphorisme de Prosper Mérimée : « Rien de plus commun que de faire le mal pour le plaisir de le faire [2] » ; ou dans cette confidence de Gustave Flaubert : « Si jamais je prends une part active au monde ce sera comme penseur et démoralisateur [3] ».

En tout cas, l'indication de ce lugubre penchant reparaît à peu près identique chez les romanciers slaves, et une page des confidences de Tolstoï l'étale avec une effrayante précision de termes : « Je comprends très bien les crimes les plus atroces, commis sans but, sans désir de nuire, *comme cela*, par curiosité, par besoin inconscient d'action... Je comprends l'enfant inexpérimenté qui, sans hésitation, sans peur, avec un sourire, allume et souffle le feu sous sa propre maison où dorment ses frères, son père, sa mère, tous ceux qu'il aime tendrement. Sous l'influence de cette éclipse temporaire de la pensée, — je dirais presque de cette distraction, —

---

1. *Hamlet*, acte III, sc. II.
2. Prosper Mérimée, *Lettres à une Inconnue*, lettre II.
3. Gustave Flaubert, *Correspondance : Iʳᵉ série*, lettre à Ernest Chevalier (24 février 1839).

un jeune paysan de dix-sept ans contemple le tranchant fraîchement aiguisé d'une hache, sous le banc où dort son vieux père; soudain, il brandit la hache et regarde avec une curiosité hébétée comment le sang coule sur le banc de la tête fendue. Dans le même état, un homme trouve quelque jouissance à dévisager quelque personnage considérable, entouré du respect de tous, et à penser : si j'allais à lui et que je le prisse par le nez, en lui disant : — Eh ! mon bon, viens-tu? »

M. Melchior de Vogüé, qui a déjà cité ce fragment dans ses belles études sur *le Roman russe*, appelle ceci d'un nom intraduisible dans notre langue, l'*otchaïanié*[1], et il y voit la maladie nationale des Slaves.

Leur est-elle à ce point réservée? Oui, par sa généralité, puisqu'elle semble être descendue jusqu'au moujick à demi sauvage.

Mais, en l'espèce, elle avait été constatée en France avant que l'auteur de *la Guerre et la Paix* y fût encore connu, et Baudelaire l'avait donnée comme une des formes les plus habituelles du désespoir et du découragement.

Rappelons-nous, dès le début des *Fleurs du Mal*, la description de l'ennui, et comment, au milieu de sa plus molle paresse, le « monstre délicat »

---

1. M. Melchior de Vogüé, *le Roman russe*, ch. VI, § 1er.

mêle à ses mélancoliques pensées l'image de scènes sanglantes :

> ... L'œil chargé d'un pleur involontaire,
> Il rêve d'échafauds en fumant son houka[1].

Plus loin l'auteur, s'adressant à une femme, lui dira :

> L'Ennui rend ton âme cruelle[2].

Et dans les *Poèmes en prose* il reprendra la peinture du même sentiment avec une épouvantable énergie, comme dans la pièce intitulée : *Assommons les pauvres*[3], où il déclare s'être amusé à rouer de coups de poing et de coups de canne un misérable mendiant qui lui demandait l'aumône. Il mettra « la volupté unique et suprême de l'amour dans la certitude de faire le mal. *L'homme et la femme savent, de naissance, que dans le mal se trouve la volupté*[4]. » Mais, sur ce sujet, les pages qu'il faut citer, entre toutes, c'est le conte du *Mauvais Vitrier*. Détail curieux ! certaines lignes se rapprochent à tel point du texte de Tolstoï que l'on jurerait qu'un des deux écrivains s'est inspiré de l'autre, si l'on n'avait l'assurance qu'ils s'ignoraient absolument.

---

1. *Les Fleurs du Mal*, préface.
2. Id., pièce XXVI.
3. *Petits Poèmes en prose*, pièce XLIX.
4. Eugène Crépet, *Charles Baudelaire : Fusées*, § 3.

Un de mes amis, — raconte Baudelaire, — le plus inoffensif rêveur qui ait existé, a mis une fois le feu à une forêt, pour voir, disait-il, si le feu prenait avec avec autant de facilité qu'on l'affirme généralement. Dix fois de suite l'expérience manqua ; mais à la onzième, elle réussit beaucoup trop bien. — Un autre allumera un cigare à côté d'un tonneau de poudre, *pour voir, pour savoir, pour tenter la destinée*, pour se contraindre lui-même à faire preuve d'énergie, pour faire le joueur, pour connaître les plaisirs de l'anxiété, pour rien, par caprice, par désœuvrement... Un autre, timide à ce point qu'il baisse les yeux même devant les regards des hommes, à ce point qu'il lui faut rassembler toute sa pauvre volonté pour entrer dans un café ou passer devant le bureau d'un théâtre, où les contrôleurs lui paraissent investis de la majesté de Minos, d'Éaque et de Rhadamante, sautera brusquement au cou d'un vieillard qui passe à côté de lui et l'embrassera avec enthousiasme devant la foule étonnée.

Et le poète complète ces réflexions par le récit de son aventure personnelle, un jour qu'il entend dans la rue un vitrier. Subitement, sans savoir pourquoi, il se sent pris à son égard d'une « haine aussi soudaine que despotique ». Il l'appelle en se réjouissant de ce que la montée de l'escalier va briser une partie des verres que le malheureux porte sur ses épaules. Il le reçoit par des railleries et des injures, le repousse brutalement, jette sur sa marchandise un pot de fleurs qui achève de la mettre en pièces ; et, ivre de joie à la pensée de cette ruine, il tombe lui-même dans une sorte de crise nerveuse, coupée par des cris d'aliéné.

Tout en exposant le fait, Baudelaire en cherche l'explication. Subsidiairement, il attribue bien ce monstrueux état mental « à l'ennui et à la rêverie ». Mais, à son sens, — il le dit d'ailleurs formellement — la véritable responsabilité en est « aux démons malicieux qui se glissent en nous, et nous font accomplir, à notre insu, leurs plus absurdes volontés [1] ». L'âme est sous l'influence d'un pouvoir diabolique.

La théorie semble bizarre : elle reparaît pourtant sans cesse dans l'œuvre que nous étudions. Même dans les articles de philosophie ou de critique, on lit rarement dix pages sans que l'attention soit attirée par ces mots : le Diable, le Démon, Satan, le Malin, les Puissances infernales, l'Esprit du Mal. Faut-il en conclure que l'auteur, retournant à la vieille théologie du moyen âge, admettait l'existence matérielle d'un être malfaisant en rébellion permanente contre Dieu et ses anges ? Malgré ses affirmations publiquement étalées, malgré une curieuse lettre intime, encore inédite, qu'il adressait à Toussenel, et où il lui reprochait d'avoir attaqué la doctrine du satanisme chez Joseph de Maistre, une foi aussi strictement orthodoxe est bien un peu surprenante

---

1. Toutes ces citations sont empruntées au poème du *Mauvais Vitrier* (*Petits Poèmes en prose*, pièce xi).

dans le cœur de l'homme qui a composé les *Fleurs du Mal*. Faut-il alors prétendre qu'il n'a usé du catholicisme qu'en artiste et en rhéteur? Pas davantage. La vérité est que sa philosophie satanique fut composée de ces deux éléments; que pour lui le démon n'a jamais été qu'un symbole, mais un symbole réel, la représentation de ce besoin du mal qu'il a raconté en même temps que Tolstoï, dont il n'ignorait pas l'horreur, et dont il resta cependant perpétuellement l'esclave.

VI

Considéré tel que nous avons tenté de le peindre, Baudelaire sera sans doute l'objet de jugements divers, non seulement au point de vue de la morale, mais au point de vue de l'art. Ce qu'on ne doit pas lui refuser, — qu'on l'aime ou non, — c'est d'avoir possédé le caractère peut-être le plus original qu'ait produit notre époque. Admirablement organisé comme poète, passionné et irrésolu de tempérament, cherchant de préférence, pour exercer ses qualités d'analyste, les phénomènes les plus rares, hanté d'aspirations immenses vers l'idéal et vers l'infini qu'il tenta d'atteindre par des procédés invraisemblables, il laisse une œuvre bizarre, souvent obscure, mais suggestive entre toutes. Ceux de nos descendants qui étudieront notre siècle, s'arrêteront devant ce singulier artiste qui a, pour ainsi dire, gardé le monopole de certaines idées et de certains sentiments, inobservés ou négligés par les autres écrivains. Déjà M. Paul Bourget l'a donné comme le représentant d'une forme spéciale de la psychologie contemporaine; et rien ne serait plus juste, si, en raison d'une thèse préconçue, le critique ne concluait peut-être trop hardiment à son pessimisme. Malgré plusieurs invocations au néant, Baudelaire fut en somme si peu pessimiste, au sens étroit du mot, il considérait si peu l'essence même de la vie comme mauvaise, qu'à l'heure où il invoquait la mort, ce n'était pas pour lui demander le repos et l'oubli, mais pour réclamer un nouveau champ d'activité cérébrale, des idées, des sensations, des spectacles nouveaux. Il eut bien sans doute ses heures de mélancolie et de lassitude :

> Loin des sépultures célèbres,
> Vers un cimetière isolé,
> Mon cœur, comme un tambour voilé,
> Va battant des marches funèbres [1].

Il eut les tristesses, les dégoûts, les révoltes d'un

---

1. *Les Fleurs du Mal*, pièce XI.

être égaré dans un monde pour lequel il n'était pas fait, et loin duquel il a cherché, durant sa vie entière, à prendre son essor. Mais quand il n'est pas sous l'empire d'une de ses crises de douleur aiguë et de colère nerveuse, nous ne le voyons pas adepte d'une philosophie nihiliste; et on se le représente plus volontiers ici-bas avec l'aspect d'un de ces Bohémiens qu'il a dépeints errant dans la campagne, et qui, tout en poursuivant le long des routes leur éternel voyage,

> Promènent sur le ciel des yeux appesantis
> Par le *morne regret des chimères absentes* [1].

1. *Les Fleurs du Mal*, pièce XIII.

LES FRÈRES DE GONCOURT

I. — Caractère indéterminé de leur talent.
II. — Absence de *personnalité*.
III. — Leur nervosisme. — Théorie de la sensibilité dans la production artistique.
IV. — Leur collaboration et ses résultats.
V. — Questions de style.
VI. — *Idées et Sensations*. — *Le Journal*.
VII. — Les deux hommes et leur œuvre.

I

Quand on veut se former sur les frères de Goncourt une opinion et la formuler ; quand on a achevé de relire entièrement l'œuvre considérable qu'ils laissent derrière eux — romans, théâtre, mémoires, études historiques et esthétiques ; — quand on a tout examiné et tout revu, plein d'un soin sincère et scrupuleux, sans préjugés enthousiastes, comme sans parti pris de dénigrement, en définitive l'impression générale n'est pas franche, et, après avoir passé par les sensations les plus variées, on demeure troublé, hésitant avant d'oser se prononcer sur le compte de ces singuliers artistes.

Que si, faute d'avoir pu tirer de soi-même une

appréciation satisfaisante, on cherche chez les critiques — littérateurs ou poètes — un jugement précis qui résume les idées un peu vagues et flottantes suggérées par les auteurs de *Renée Mauperin*, on ne parvient qu'à accentuer encore ses doutes devant la multiplicité des avis les plus divers. Des écoles diamétralement opposées se sont réclamées des deux maîtres. Par contre, dans tous les camps, ils ont rencontré des adversaires. Des hommes de la plus haute valeur et de la plus incontestable compétence se sont trouvés sur leurs ouvrages en absolue contradiction. Et la thèse de chacun paraît également défendable. A côté de M. Émile Zola [1] qui, non sans raison, salue en eux les révélateurs du roman moderne, les précurseurs immédiats du naturalisme, nous verrons M. Barbey d'Aurevilly [2] qui, très judicieusement, rend un arrêt sévère sur leurs procédés habituels de composition et de style.

Il y a plus : en dehors des rares fanatiques intransigeants qui se sont groupés autour de leur système, les disciples, les amis dévoués même se montrent indécis. On trouve des restrictions chez Sainte-Beuve, chez Théophile Gautier, chez Paul de Saint-Victor. Dans

---

1. *Les Romanciers naturalistes* : *Edmond et Jules de Goncourt.*

2. *Les Œuvres et les Hommes*, IV° partie : *les Romanciers MM. Edm. et J. de Goncourt.* M. Barbey d'Aurevilly les appelle « les frères Franconi de la langue caparaçonnée et empanachée ».

ses *Essais de psychologie contemporaine* [1], M. Paul Bourget, après avoir constaté combien de résistance ils avaient rencontré chez les meilleurs esprits, confessait ses propres fluctuations, révoltes d'abord, adoration exagérée ensuite, avant qu'il eût enfin compris leur théorie d'art d'une façon plus nette — et en même temps plus froide, ajoute-t-il aussitôt. Récemment, un autre admirateur, M. Jules Lemaître, allait jusqu'à se demander si leur œuvre était durable, et si l'on ne devait pas la considérer seulement comme « une brillante erreur littéraire [2] ». A quels motifs donc attribuer cette indétermination presque générale qui n'est certes pas de l'indifférence, et encore moins de l'aversion ?

Faut-il y voir le résultat d'une originalité très tranchée qui, dès le début de leur carrière, les classait, en dehors et bien loin de toute école déjà connue, dans un genre absolument inédit et spécial ? Non, sans doute. Que leur qualité de révolutionnaires ait tenu la grande foule éloignée de leurs écrits, rien de plus évident. Qu'elle ait même contribué à dérouter momentanément les lecteurs les plus délicats et les plus sagaces, c'est possible. Mais si l'on s'explique ainsi les antipathies acerbes ou la

---

1. *Nouveaux Essais de psychologie contemporaine : MM. Edmond et Jules de Goncourt*, § 3.
2. *Les Contemporains*, IIIe série, Edmond et Jules de Goncourt, ch. v.

froideur dédaigneuse qu'ils ont dû subir avec tant d'autres novateurs, il reste toujours à découvrir l'origine de certaines réticences qu'on ajoute inconsciemment aux éloges, et dont ne se sont pas abstenus les partisans les plus sincères. On s'est inquiété de n'avoir pu démêler soi-même son propre sentiment, net et exact, sur le mérite de MM. de Goncourt : on se demande, en somme, combien on en pourrait compter qui sachent précisément ce qu'ils pensent des deux artistes, et qui soient en état de déduire les motifs de leur jugement.

Nous chercherons donc avant tout la cause, ou plutôt les causes multiples de cette indécision à leur égard, et ce sera, à la vérité, une assez longue et difficile étude. Bien qu'ils aient laissé des quantités énormes de documents sur leur vie et sur leur caractère, ils ne se connaissaient pas eux-mêmes, et on les voit parfois dans leurs *Mémoires*, quand ils regardent au fond de leur âme, s'étonner de ce qu'ils trouvent et ne point se comprendre. Mais si ardue que soit la tâche de déchiffrer l'énigme de ces hommes, aux organisations extraordinairement constituées, contournées et compliquées à l'infini, en raison même de leur étrangeté, ils méritent qu'on tente de les saisir dans quelques replis mystérieux de leurs êtres, et nous essayerons de les expliquer en partie, puisqu'il est à peu près impossible de les peindre en entier.

II

Le premier trait dont sera frappé celui qui observe l'ensemble de leur œuvre, c'est le manque absolu d'unité, ou, pour parler plus exactement, le défaut complet de *personnalité*.

Avant d'aller plus loin et d'examiner les causes et les effets de cette particularité psychologique, il n'est pas inutile de définir le terme; d'autant plus que, dans son acception ordinaire, il ne renferme pas exactement le sens où nous l'employons ici. D'une façon courante, il implique l'idée de la présence plus ou moins visible de l'auteur dans son œuvre, du caractère plus ou moins autobiographique qu'il donne à ses productions, ou simplement même de l'emploi fréquent de la première personne dans la forme de ses récits. On dira que Byron est *personnel,* parce que sous les dénominations diverses des héros qu'il a chantés, on découvre toujours une individualité identique, soumise à des élans nerveux, à des amours, à des colères, à des aventures à peu près semblables, et que cette individualité n'a pas d'autre modèle que le poète lui-même, qu'il s'appelle *Lara, le Corsaire* ou *Manfred.* On considérera par contre Shakespeare comme *impersonnel,* sous prétexte qu'il a su faire mouvoir dans ses drames un nombre infini de types divers, d'une vérité humaine aussi absolue les uns que les autres, et tous indépendants, semble-t-il, dans leurs actes et dans leurs passions, des actes et des passions de l'auteur.

Distinction purement illusoire, d'ailleurs, complètement futile, et qui ne repose que sur une apparence ! Elle a pour origine ce préjugé que certains écrivains, rebelles à l'observation du monde extérieur et toujours repliés sur eux-mêmes, ne tirent que de leur propre fond la substance de leurs écrits tandis que des écrivains d'un autre ordre, frappés d'une façon habituelle par les phénomènes de la vie ambiante, peuvent les reproduire dans leur intégrité parfaite, sans jamais se laisser ni voir ni deviner, en s'abstrayant de leurs créations jusque dans les détails les plus infimes. Ce qui est déjà singulièrement douteux en théorie. Ce qui l'est encore bien davantage dans la réalité historique, car des artistes comme Shakespeare, comme Balzac ou comme Flaubert se sont si profondément mêlés à leur œuvre qu'ils y ont toujours laissé des parcelles d'eux-mêmes, qu'on y retrouve leur âme et leur pensée, leur conception de la vie et leur manière de la sentir.

Du reste, que le fait soit possible ou non, qu'il soit vrai ou faux, peu importe en ce qui concerne les deux maîtres que nous examinons aujourd'hui.

Tandis que chez les auteurs précités, le débat ne roule que sur cette question de savoir jusqu'à quel degré l'individualité de l'homme a pénétré dans les ouvrages de l'écrivain, mais sans que jamais on nie ou qu'on mette seulement en discussion cette individualité elle-même, ce que nous refusons ici à MM. de Goncourt, c'est le caractère spécial, la forme particulière de l'esprit, cet ensemble de qualités ou de défauts par lesquels, selon le langage didactique, chacun de nous est et n'est pas un autre. Quand on les a étudiés, non pas uniquement dans leurs écrits, mais encore dans leurs confidences et dans leurs souvenirs, on les voit flottants, inconsistants, sans cesse modifiés par les sensations extérieures qui les dominent, et que, eux, ils ne dominent jamais, en un mot, à peu près dénués de toute existence propre. Leur *moi* ne persiste pas ; et cela grâce à leur tempérament physiologique, qu'ils ont d'ailleurs toujours développé, au lieu de le combattre autant qu'il était en leur pouvoir ; grâce aussi à leur méthode de travail, à leur collaboration.

III

C'est trop peu dire que les deux frères furent des névrosés ; ils apparaissent à notre époque comme l'incarnation même de la *névropathie*, pour user d'un terme qu'ils appliquent à un de leurs héros, ce *Charles Demailly*, en qui ils se sont représentés, et autour duquel ils ont groupé tous les hommes de lettres de leur entourage. Issus, d'après leur aveu, « d'une famille où s'étaient croisées les délicatesses maladives de deux races », ils avaient réuni et condensé en eux toutes les sensitivités morbides d'une longue suite d'ancêtres, et ils en étaient arrivés à « une perception aiguë, presque douloureuse des choses et de la vie ». Les exemples qu'ils donnent de leur extrême impressionnabilité sont innombrables :

Un regard, un son de voix, un geste leur parlaient... Il suffisait d'une nuance, d'une forme, de la couleur d'un papier, de l'étoffe d'un meuble pour les toucher agréablement ou désagréablement[1].

Les émotions de l'âme prenaient dans ces tempéraments hyperesthésiés une intensité si furieuse qu'elles réagissaient immédiatement sur leurs organismes, et y déterminaient presque toujours des désordres pathologiques. A l'époque de la puberté, et sous l'influence mystérieuse des spectacles de la nature, M. Edmond de Goncourt — le moins mal équilibré cependant des deux frères — a raconté comment il s'était senti souffrir dans sa chair des troubles de

1. *Charles Demailly*, ch. XVI

son imagination[1]. De même nous voyons Jules de Goncourt, brisé par des douleurs de foie, à la suite d'un article brutalement hostile où il a été appelé « le sergent Bertrand de l'histoire[2] ». De même encore, au moment où tous deux prépareront leur roman de *Sœur Philomène*, et chercheront dans les hôpitaux de Paris les documents nécessaires à leur travail, la vue et la fréquentation matérielles des hideuses misères humaines, l'aspect de la maladie et des plaies sanglantes, tout l'appareil funèbre de la souffrance et de l'agonie leur causeront un ébranlement qui, au bout de quelques semaines, aura brisé leurs forces, à tel point que « le moindre bruit, une fourchette qui tombe, leur donnera un tressaillement par tout le corps et une impatience presque colère[3] ».

En dehors de ces manifestations purement physiques, leur état se révèle par des crises morales, habituelles à ceux-là seulement chez qui le système nerveux a pris une prépondérance anormale. Ils ont quelque chose qui rappelle les étrangetés observées par la médecine chez les jeunes filles ou les jeunes femmes, et les confidences qu'ils ont laissées sur leurs mélancolies ou leurs joies, sur leurs ardeurs fébriles ou leurs dégoûts soudains, confondus en un

---

1. *Journal des Goncourt*, t. Ier (5 novembre 1855).
2. *Ibid.*, t. Ier (11 juin 1857).
3. *Ibid.*, t. Ier (26 décembre 1860).

mélange à peu près incohérent, les montrent encore et toujours soumis à ces maladies obscures que la science contemporaine commence à analyser.

Eux, dont le penchant fut artistique, — presque jusqu'à la monomanie, — ils ont, à certaines heures, une recherche du bas et du vulgaire où s'accusent les brusques écarts de cerveaux déréglés, que gouvernent tour à tour, et d'un extrême à l'autre, les influences les plus diverses, excepté toutefois la logique et la raison. Leur instinct les pousse vers l'idéalisme, vers la fantaisie lyrique comme l'avait comprise Henri Heine. « Saint Henri-Heine [1] ! » diront-ils dans leur admiration. Ils débutent par des études sur un siècle spirituel et léger, dont ils recherchent avec amour les côtés mondains les plus frivoles. En 1856, ils rapportent d'un voyage d'Italie un volume dans le genre des *Reisebilder*, mais tellement échevelé qu'ils le brûlent sans oser en rien publier qu'un court fragment dans l'*Artiste*. Un peu après, ils raillent le réalisme dans *Charles Demailly* [2], et ils l'attaquent dans un autre ouvrage comme une abdication esthétique, dès qu'il s'étale « tout vert, tout cru, tout brut [3] ». Ils défendent

---

1. *Lettres de Jules de Goncourt*, Lettre à Aurélien Scholl (Hiver de 1855).

2. *Charles Demailly*, ch. VII et XVII.

3. *La révolution dans les mœurs : Des lettres et des arts au XIX siècle* (E. Dentu, édit., 1854).

l'art pour l'art, la moralité du beau ; ils parsèment leurs écrits d'étincelants morceaux de prose, et, en ces dernières années, alors que M. Edmond de Goncourt est embrigadé pourtant dans un cénacle qui ne se recommande pas de l'auteur de *l'Intermezzo*, on le voit parfois revenir à ses premières inspirations et créer, dans le personnage de la Tompkins [1], un pendant au Fortunio de Théophile Gautier. Il ne nie pas d'ailleurs, lui, le *romancier expérimental*, le collectionneur de *documents humains* son goût « pour les livres des écrivains à l'imagination déréglée, aux concepts extravagants, aux idées singulières, pour les livres un peu fous, ces livres où, selon Montaigne, l'esprit, faisant le cheval échappé, enfante des chimères » [2]. Et la mort de lord Annandale, dans *la Faustin*, est peut-être un peu le produit de cette disposition fort rare chez les adeptes de l'école naturaliste. Seulement, à la suite de ces envolées poétiques et capricieuses, ils aimeront parfois à s'abaisser en proportion des hauteurs où ils s'étaient élevés. Sans bien s'expliquer ce phénomène, ils l'avaient d'ailleurs senti et noté dans un court alinéa de leur *Journal*, quand ils déclaraient que « l'homme a besoin de dépenser, à certaines heures, des grossièretés de langue, et

---

1. Dans le roman intitulé *les Frères Zemganno*.
2. Édouard de Goncourt, *la Maison d'un artiste*, t. II *Cabinet de travail*.

surtout l'homme de lettres, le brasseur de nuages[1] ». Pour être plus vrais, ils auraient pu dire que souvent, après avoir surmené leurs cerveaux à le pousser dans une tension inouïe vers le monde idéal, les artistes impondérés de leur catégorie recherchent le hideux et l'ignoble ; et l'on voit ainsi des fils délicats et musqués du XVIIIe siècle se plaire aux monographies d'une servante hystérique ou d'une prostituée de bas étage, écrire *Germinie Lacerteux* ou *la Fille Élisa*.

Ces revirements subits et absolus, dont nous citons un exemple dans la marche de leur pensée, nous pourrions en citer mille, et nous les retrouvons dans leur caractère, dans leur âme, dans chaque fait de leur développement intellectuel ou moral. Après avoir composé un ouvrage au milieu d'une sorte de fièvre qui les use mais qui les soutient, ils le prennent tout à coup en horreur dès qu'ils l'ont fini, dès que la fièvre est tombée[2].

Leur ardeur au plaisir monte rapidement jusqu'à un maximum d'intensité, pour faire place sans transition à la satiété et à la lassitude. A peine sont-ils satisfaits, qu'il ne reste plus dans leur souvenir qu'un immense sentiment d'ennui.

Une semaine d'amour nous en dégoûte pour trois

---

1. *Journal des Goncourt*, t. Ier (27 mai 1858).
2. *Ibid.*, t. Ier (27 janvier 1859).

mois. Nous sortons de l'amour avec un abattement de l'âme, un affadissement de tout l'être, une prostration du désir, une tristesse vague, informulée, sans bornes. Notre corps et notre esprit ont des lendemains d'un gris que je ne puis dire, et où la vie me semble plate comme un vin éventé [1].

La nature les avait ainsi créés avec une sensibilité extraordinairement aiguë qui les a faits variables à l'infini; ils vont encore travailler toute leur existence à entretenir cet état primitif, et à surexciter en eux ces facultés nerveuses.

En dehors des entraves qu'elles avaient mises au développement de leur talent, et dont ils se sont peu rendu compte, ils en avaient pourtant souffert. On en voit la preuve par les exemples particuliers déjà cités : nous en recueillerons un aveu plus général dans cette phrase où l'un d'eux se compare à « une sorte d'écorché moral et sensitif, blessé à la moindre impression, sans défense, sans enveloppe, tout saignant [2] ».

Nous en trouvons surtout la certitude tragique dans la fin prématurée de Jules de Goncourt, après la secousse terrible que lui causa l'échec de *Madame Gervaisais*.

Mais en même temps que leur nervosité les épui-

1. *Journal des Goncourt*, t. Ier (août 1855).
2. *Idées et Sensations*, p. 181. (Chaque fois que nous aurons à citer un fragment d'*Idées et Sensations*, il est entendu que nous prenons le numéro de la page dans l'édition Charpentier.)

sait et les tuait, elle les rendait admirablement réceptifs aux plus infimes détails de la vie extérieure; elle leur permettait d'amasser pour leur travail une quantité immense de matériaux, des intrigues de romans, des traits de caractère ou de mœurs, des anecdotes, des sujets de descriptions à l'infini, quelque chose comme les milliers de croquis rapides que saisirait au passage un peintre habile. A première vue ils possédaient le don le plus précieux que le ciel puisse octroyer à des poètes et à des artistes, et ils le possédaient avec précision et profondeur. Leur plus grand soin dès lors ne devait plus tendre qu'à s'entretenir et à se perfectionner dans leur prédisposition native. C'est ce qu'ils crurent, et c'est ce qu'ils firent.

Ils crurent, — avec bien d'autres, — que, chez un écrivain, le génie est fait pour la meilleure part des mouvements de son âme. Ils se figurèrent que la puissance de réaliser en une œuvre concrète ce qu'on a éprouvé est proportionnelle à l'intensité de l'impression perçue, et que la passion violente ou la délicatesse raffinée qu'on met dans un livre correspondent aux violences ou aux raffinements du cœur. C'est un peu la même pensée qui dictait à Juvénal son fameux aphorisme :

Facit indignatio versum[1],

---

1. *Satire I*, vers 79.

et à Horace l'hémistiche que Boileau a traduit dans son axiome en douze syllabes :

Pour me tirer des pleurs, il faut que vous pleuriez[1].

C'est en somme l'opinion presque universellement admise, et que, devant les élégies d'un poète, nous avons tous entendue se traduire par des exclamations dans le genre de celle-ci : « Comme il devait souffrir pour avoir su peindre aussi tragiquement la souffrance ! »

Théophile Gautier avait déjà protesté contre cette théorie, née d'une confusion entre la faculté de sentir, qui procède des nerfs et du cœur, et la faculté d'engendrer, qui procède du cerveau et de l'intelligence. Il avait nié que jamais l'artiste écrivît sous le coup de l'enthousiasme, de l'amour, de la haine ou de la douleur, et il le montrait, au contraire, au moment de la composition, uniquement occupé par la recherche de mots ou de tours de phrases qui rendissent sa pensée exacte, absorbé par le seul effort d'une sorte de travail mécanique[2]. Après lui, avec une logique très subtile et très serrée, M. Alexandre Dumas fils avait déve-

---

1. *Art poétique*, chant III.
2. C'est Gautier qui comparait l'écrivain, arrangeant ses mots, à un joaillier qui sertit des pierres précieuses, sans qu'intervienne dans son travail aucune excitation violente. La même théorie a été reprise par Baudelaire et par M. Théodore de Banville.

loppé la même thèse, et, faisant allusion à Molière ou à Shakespeare peignant les tortures de la jalousie ou de l'amour, il avait dit : « Ces hommes-là n'ont même pas souffert, dans la vraie acception du mot. Quand on souffre véritablement, on se tait; quand on souffre trop, on se tue; mais celui qui peut donner une forme littéraire à sa douleur, qui peut la soumettre à un rythme harmonieux, qui la discute rationnellement, qui la rature, qui la nuance, qui la ponctue, qui lui adjoint la satire, l'observation, la gaieté pour la mettre en équilibre, qui la fait interpréter par des comédiens, imprimer par un éditeur, vendre par un libraire et lire par tout le monde, celui-là n'a pas souffert. *Il a bien vu ce qu'il a senti, et il a bien traduit ce qu'il a vu*[1]. »

Sauf quelque exagération nécessaire pour faire ressortir l'idée, on ne saurait dire mieux et plus juste que l'auteur de *Mademoiselle de Maupin* ou celui de *la Dame aux Camélias*. Quiconque se trouve sous le coup d'une sensation un peu vive, — quelle qu'elle soit, — ne songera guère à aligner des alexandrins ou à polir des périodes en prose. Quiconque possède la force et la liberté d'esprit indispensables pour composer un poème, un roman ou un drame, aura, pour le moins, cessé de sentir

---

1. Alexandre Dumas fils, préface de *Diane de Lys*, Théâtre complet, t. Ier.

ce qu'il dépeint, et ne l'éprouvera plus que par souvenir. Quand Musset écrit *les Nuits*, il y a beau temps que la liaison, dont il est sorti tout meurtri, est terminée et remplacée par d'autres. Quand Victor Hugo, en strophes admirables, raconte la mort de sa fille, l'angoisse première s'est déjà apaisée. Il le dit lui-même :

> ...Je fus comme fou dans le premier moment,
> Hélas ! et je pleurai trois jours amèrement[1],

et ce n'est pas alors, sans doute, qu'il aurait pu créer son ode *A Villequier*. D'une façon plus générale, et en laissant de côté des exemples aussi violents, on peut soutenir que toute émotion, en dehors de l'excitation intellectuelle, ne sera jamais un auxiliaire au travail de l'artiste, cette émotion fût-elle causée par les douleurs les plus atroces ou simplement par le plaisir de contempler un paysage pittoresque.

Une école a surgi cependant, en cette seconde moitié du siècle, qui, dans le but d'obtenir la réalité vraie, de saisir la nature et l'humanité vivantes, a tenté de reproduire les phénomènes extérieurs aussitôt qu'ils étaient perçus, avec la netteté immédiate d'un miroir renvoyant une image. L'*impressionisme*, — son nom l'indique, — ne demandait à

---

1. *Les Contemplations*, liv. IV, pièce IV. — Victor Hugo écrivit l'ode *A Villequier* quatre ans après la mort de sa fille.

ses adeptes que la capacité de recevoir les *impressions* multiples qui doivent successivement nous frapper, et de les matérialiser aussitôt sous une forme tangible, sans faire de choix préalable, sans les ranger dans un ordre harmonique, sans les soumettre à cette gestation cérébrale plus ou moins longue pendant laquelle l'auteur, s'il possède la flamme mystérieuse, imprime à son œuvre sa marque géniale et personnelle. Le seul effort intellectuel auquel fut astreint l'artiste, consistait à savoir construire une phrase, s'il était écrivain, ou à connaître le maniement des couleurs, s'il était peintre; la faculté qu'entre toutes il lui fallait tâcher de développer en lui, c'était une sensitivité très intense, très juste et très prompte qui lui permît de ne perdre aucun détail du monde extérieur.

Si nous faisons allusion à cette théorie assez étrange, ce n'est pas que, par elle-même, elle semble jamais appelée à produire de bien merveilleux résultats; mais elle s'est infiltrée dans le *naturalisme* contemporain; quelques hommes de talent ont cru devoir en user pour rajeunir les vieilles formules esthétiques; et puis, surtout, elle plane sur l'œuvre entier de MM. de Goncourt qui, s'ils ne lui ont pas donné sa dénomination, l'ont du moins appliquée pour la première fois d'une manière continue; et l'ont appliquée, chose bizarre! avec le vague instinct qu'elle était défectueuse, mais entraînés, presque malgré eux, par les nécessités d'un tempérament anormal.

Ils devinent bien la différence radicale qui sépare chez l'artiste les facultés sensitives des facultés productives.

Ce sont deux cœurs, diront-ils, que le cœur de l'homme et le cœur de l'écrivain [1].

Ils ont même l'intuition d'une antinomie possible entre les unes et les autres.

Écrire une chose est peut-être le contraire de la rêver [2].

Et cette vérité qu'ils soupçonnaient, elle leur avait été dite par leurs amis d'une façon qui, au moins un jour, les avait frappés suffisamment pour qu'ils en aient consigné le souvenir dans leur autobiographie romanesque, dans *Charles Demailly*. Au milieu du flot de conseils que Boisroger (lisez M. Théodore de Banville) débite dans un désordre amusant et spirituel à l'adresse des jeunes gens qui tentent la carrière des lettres, nous relevons ce passage, à première vue paradoxal, au fond singulièrement sage et d'une psychologie très exacte :

On ne conçoit bien que dans le silence, et comme dans le sommeil de l'activité des choses et des faits

1. *Idées et Sensations*, p. 125.
2. *Ibid.*, p. 111.

autour de soi. *Les émotions sont contraires à la gestation de l'imagination.* Il faut des jours réguliers, calmes, un état bourgeois de tout l'être, un recueillement d'épicier, pour mettre au jour du grand, du tourmenté, du nerveux, du poignant, du dramatique. *Les gens qui se dépensent dans la passion, dans le mouvement nerveux, ne feront jamais un livre de passion.* C'est l'histoire des hommes d'esprit qui causent : ils se ruinent[1].

La thèse est au moins spécieuse. Par malheur, quand on a été mis au monde au milieu d'une société caduque et lasse, où la force imaginative et la puissance créatrice sont à peu près perdues; quand soi-même, fils d'une race épuisée, on ne vit plus que par les nerfs et qu'on se reconnaît, comme Demailly, uniquement composé « de lymphe et de fibres molles[2] », on se trouve fatalement amené — et c'est le cas des deux frères — à chercher dans le coup de fouet continuel des émotions le seul stimulant par lequel on subsiste.

Autrefois peut-être, diront-ils, *il y a eu des gens assez forts pour tirer d'eux-mêmes la fièvre de leur œuvre;* de ces hommes, véritables microcosmes, portant tout en eux, et dont le feu était un feu divin, brûlant de soi, *sans que rien du dehors ne le nourrît et ne l'avivât.* Peut-être encore, même dans ce temps-ci, vous en trouverez quelques-uns assez fortement taillés pour se suffire, se soutenir, s'accoucher seuls, et vivre dans la solitude de

---

1. *Charles Demailly*, ch. XXVII. — La même citation se retrouve dans le *Journal*, t. 1ᵉʳ (17 mai 1857).

quelque grande chose. *Mais nous ne sommes pas de ceux-là, et ceux-là ne sont pas de leur siècle*[1].

D'où cette conclusion à peu près catégorique :

Pour l'expansion, la circulation, la mise en train des facultés créatrices, nous croyons nécessaire à l'hygiène des idées un régime excitant, irritant [2].

Ce régime, MM. de Goncourt en ont usé toute leur vie, et usé jusqu'à l'excès. Faut-il les en louer ou les en blâmer? Ni l'un ni l'autre, d'abord parce que critiques ou éloges seraient également vains, et ensuite parce qu'il est assez puéril, quand un homme laisse une œuvre, d'aller lui chercher chicane sur les procédés qu'il a employés, et sans lesquels peut-être il n'aurait rien produit. La constatation du fait étant établie, nous n'avons plus qu'à tâcher d'en découvrir les conséquences : or, ici, on doit le reconnaître, elles paraissent désastreuses.

A force de s'exciter, de s'irriter, à force d'aviver sans cesse en eux leur sensibilité naturelle, les auteurs de *Renée Mauperin* avaient fini par ne plus pouvoir goûter une heure de calme relatif. Qu'ils le voulussent ou non, l'impression la plus légère remuait instantanément les fibres les plus profondes de leur être, et continuellement ébranlé par les émotions de toutes sortes, tristes ou joyeuses, qu'il

1. *Charles Demailly*, ch. XXIX.
2. *Ibid.*, ch. XXIX.

recevait du dehors, leur cerveau devenait incapable de s'astreindre à un travail suivi ; modifié au hasard de la vie de chaque jour, il enfantait parfois, entre deux secousses, un très court morceau : sans souci des transitions, le chapitre s'ajoutait aux précédents chapitres ; il était plus ou moins digne d'intérêt, selon la valeur du phénomène qui l'avait inspiré ; presque toujours on aurait pu le supprimer sans nuire au développement et à l'équilibre général de l'œuvre.

IV

Et ce n'est pas tout. Chacun d'eux devinait en soi de si faibles ressources, et se sentait si peu de spontanéité individuelle, que, dès le début, ils furent tout naturellement conduits à se soutenir l'un l'autre. Il ne leur semblait pas qu'ils pussent se gêner ; et nous leur devons ce phénomène, unique dans l'histoire des lettres, d'hommes se syndiquant, non pas sur un point particulier, mais avec l'intention d'édifier une œuvre entière, et, qui mieux est, une œuvre d'art. Le fait paraît n'avoir été remarqué par personne, ou du moins on n'y a pas attaché d'importance : peut-être cependant n'est-il pas indigne d'attention, et mérite-t-il qu'on l'examine avec quelque soin.

Non pas que le mode de travail, qui consiste pour deux écrivains à associer deux intelligences qui essayent de se compléter, leur soit absolument spécial ; non pas même qu'il soit très exceptionnel à notre époque de production hâtive et de formidable consommation, où les cerveaux surmenés éprouvent le besoin de s'entr'aider dans leur énorme besogne et où nous voyons la collaboration envahir le domaine du roman et surtout celui du théâtre ; mais il est certain que si elle a parfaitement réussi en ce qui concerne les questions de métier, le fini de la fabrication, elle n'a encore produit, au point de vue esthétique pur, que les plus pitoyables résultats. En dehors des Goncourt, aucune création littéraire réelle et durable, aucun grand monument de la pensée humaine ne paraît avoir jamais pu sortir d'une de ces genèses multiples. Ils sont les seuls dont la tentative semble avoir abouti.

Les motifs de l'infériorité incontestable qui s'attache à ce procédé de composition se comprennent d'ailleurs presque instinctivement, sans qu'il soit nécessaire de les analyser. Dès 1838, dans un de ses feuilletons dramatiques, Théophile Gautier les avait fait ressortir en quelques lignes parfaitement justes et sages, si justes et si sages qu'on ne voit guère par quels arguments son opinion pourrait se réfuter : « La collaboration, dit-il, pour une œuvre de l'intelligence, est quelque chose d'incompréhensible, et dont il ne peut résulter que des produits hybrides et monstrueux, en admettant même que les collaborateurs accouplés soient des gens d'esprit... *Le génie est essentiellement solitaire... C'est une erreur de croire que l'esprit d'un homme puisse s'augmenter de l'esprit d'un autre:* l'esprit est, comme l'expérience, une chose d'usage tout à fait personnel et qu'on ne peut transmettre ; la collaboration suppose, d'ailleurs, une critique anticipée et réciproque de chaque auteur ; toute idée est discutée aussitôt qu'elle est éclose ; et le raisonnement lui arrache presque toujours le duvet de l'aile, avant qu'il soit passé à l'état de plume, en sorte que l'idée retombe à terre au lieu de s'élever au ciel ; heureuse encore celle à qui l'on ne coupe pas du même coup l'aile et le pied, et qui peut marcher si elle ne peut plus voler[1]. »

Il est vrai que, dans la préface placée en tête du *Journal*, M. Edmond de Goncourt répond implicitement à la thèse soutenue par Théophile Gautier, et qu'il essaye d'établir entre les évolutions de son âme et de l'âme de son frère un parallélisme tellement absolu qu'elles arrivent à se confondre en une sorte d'unité. La collaboration n'est plus dès lors le rapprochement de deux intelligences, de deux forces

---

1. Théophile Gautier, *Histoire de l'art dramatique en France*, t. Ier, ch. VII.

dont chacune apporte son contingent à l'œuvre
commune ; c'est le travail d'une seule intelligence,
d'une seule force agissant en même temps et de la
même manière par deux cerveaux indistincts, adéquats, construits sur un moule mathématiquement
semblable :

Ce journal est la confession de deux vies inséparées
dans le plaisir, le labeur, la peine ; de *deux pensées
jumelles* ; de deux esprits recevant du contact des
hommes et des choses des impressions si semblables, si
identiques, si homogènes, que cette confession peut être
considérée comme l'expansion d'un seul *moi* et d'un
seul *je*.

Et pour corroborer leur affirmation, MM. de Goncourt rappellent autre part un fait personnel assez
curieux en soi, mais intéressant surtout pour l'étude
psychologique de cette âme géminée. Nous savons
que leur façon d'écrire consistait à méditer et à
arrêter ensemble le sujet d'un chapitre, pour l'exécuter divisément et refondre ensuite leurs premiers
essais en une épreuve définitive aussi parfaite qu'ils
pouvaient la concevoir. Or, ils étaient parvenus,
prétendent-ils, à une telle communion que des
phrases presque semblables surgissaient parfois naturellement sous leurs plumes pour rendre l'anecdote, la dissertation philosophique, la description
de paysage ou le tableau de mœurs qu'ils s'étaient
donné pour tâche d'exprimer ; une seule inspira-

tion les conduisait tous les deux en même temps.

Sans examen plus ample, si cette spontanéité simultanée n'est pas absolument exceptionnelle, et s'il n'y a pas là en outre le simple résultat d'un long labeur préparatoire, nous nous trouvons en présence d'une anomalie si invraisemblable que la raison se refuse à l'accepter ; selon la logique pure, l'allégation formulée en tête du *Journal* est inexacte ; cette absorption réciproque de deux intelligences l'une par l'autre n'est pas seulement extraordinaire ; elle est inadmissible. En réalité, d'ailleurs, elle n'a jamais existé et M. Edmond de Goncourt lui-même le laisse assez clairement entendre, dans une note relative à *Henriette Maréchal*, où il reconnaît que, si la pièce n'étale pas complètement sur les planches sa vie et celle de son frère, « elle apporte tout le temps leurs attitudes morales... Elle donne au public la note du scepticisme blagueur du vieux, et de l'appassionnement un peu ingénu de l'adolescent[1]. » Il est encore plus explicite dans la lettre qu'il adressait à M. Émile Zola, au lendemain du grand deuil de sa vie, et où il établit en termes très nets les divergences du tempérament de chaque collaborateur :

Je suis un mélancolique, un rêvasseur, tandis que

---

1. *Lettres de Jules de Goncourt*, Lettre à Flaubert (21 décembre 1865), Note de M. Edmond de Goncourt.

lui était fait de gaieté, de vivacité d'esprit, de logique, d'ironie.

Et il ajoute une phrase qui ébranle en partie la thèse soutenue par M. Paul Bourget dans ses *Essais de psychologie contemporaine* :

Moi, j'étais collectionneur ; j'étais souvent distrait de mon métier par une babiole, par une bêtise ; lui, beaucoup moins passionné pour la possession des choses d'art, était surtout collectionneur par déférence pour ce que j'aimais, par une touchante immolation à mes désirs [1].

De ceci, il ressort déjà que les deux frères ne se ressemblaient ni par les goûts, ni par le caractère, si tant est qu'on puisse leur attribuer des goûts et un caractère fixes. Quand on les examine minutieusement, il semble qu'on arrive à reconstituer à peu près la part de chacun, et on se représente assez bien Jules de Goncourt comme une nature artistique, sensible à la forme et à la couleur des choses, épris de fantaisie et de lyrisme, poète en résumé, tandis que M. Edmond de Goncourt, organisation plutôt scientifique, plus froide et plus pénétrante, attiré plus volontiers par les thèses esthétiques, les études de mœurs et les questions sociales, apte à recueillir les manifestations de l'âme humaine

---

1. Lettre citée par M. Henry Céard dans sa préface aux *Lettres de Jules de Goncourt*.

comme il recueillait les eaux-fortes ou les dessins du xviiie siècle, M. Edmond de Goncourt paraît avoir été moins un artiste et un poète qu'un analyste et un psychologue. Leurs premiers débuts en littérature, composés séparément, et dont rien n'a jamais été publié, indiquent déjà par leurs titres seuls des tendances diverses : pendant que l'un enfante un drame en cinq actes et en vers, l'autre élabore un lourd volume d'érudition sur *les Châteaux de la France au moyen âge* [1]. Somme toute, quoique à la longue ils aient évidemment fini par influer l'un sur l'autre, et par se prêter mutuellement partie de leurs qualités et de leurs défauts, quoiqu'ils se soient très profondément et très souvent modifiés, on pourrait jusqu'à un certain point les comprendre dans la classification philosophique, où Balzac faisait rentrer tous les hommes de lettres de notre siècle ; et tandis que le plus jeune serait un *écrivain d'images*, l'aîné, par ses prédispositions naturelles et par ses aspirations, se rangerait plutôt du côté de ceux que le grand romancier appelait les *écrivains d'idées*.

De la combinaison des deux, il y avait donc à première vue, de quoi tirer une unité qui approchât de la perfection, de quoi faire jaillir des œuvres où se fussent reflétées les deux principales faces du

---

1. **Préface** du *Théâtre*, Edmond de Goncourt (mai 1879).

génie humain. En théorie, MM. de Goncourt, par le fait seul de leur collaboration, devaient se trouver possesseurs d'un merveilleux outil. En pratique, il n'en fut rien ; et les qualités spéciales à chacun, mélangées sans être confondues, se heurtèrent en une opposition déplaisante plus souvent qu'elles ne purent se soutenir et s'harmoniser.

Quand on lit un de leurs romans, on ne sait jamais au juste si l'on est en présence d'un ouvrage de plastique et de couleur, ou d'une peinture de mœurs ou d'une thèse sociale. Les tendances descriptives et pittoresques de Jules de Goncourt nuisent évidemment aux études psychologiques et morales de son frère en les surchargeant de développements parasites et de longueurs inutiles; par contre, ses qualités d'artiste et de poète, sinon très puissant au moins très délicat, se trouvent étouffées par un esprit plus exact qui les astreint parfois à une besogne pour laquelle elles ne sont point faites. Ils se contrarient l'un l'autre de la sorte, n'arrivent dans aucun sens à créer un livre uni, fort et complet, et nous laissent toujours incertains des sensations ou des pensées qu'ils ont cherché à éveiller en nous.

Ainsi, avec leur tempérament morbide, avec leurs procédés de conception et de travail, ni unité ni fixité, ni consistance possible. Leur nom n'évoque pour la pensée ni un type ni une personnalité définissables.

En dehors de la préoccupation anxieuse de fuir le banal, il n'y a pas, sous la masse de leurs écrits, cette base commune d'inspiration aussi générale et et large qu'on voudra, mais cependant réelle, qui constitue l'homme et qui le distingue d'une machine, d'un appareil photographique. En définitive, vus d'ensemble, ils apparaissent simplement comme une série de soubresauts psychologiques, d'idées, de sensations, d'accidents, de phénomènes capricieux, qui se suivent en désordre, selon l'enchaînement que leur donne le hasard.

La vraie critique applicable à leur œuvre consisterait en une suite d'annotations, aussi indépendantes les unes des autres que les diverses pages qui leur serviraient de fondement.

V

Sur un point cependant MM. de Goncourt semblent avoir accusé leur personnalité, et s'être montrés créateurs, au lieu de refléter comme toujours les hommes ou les choses du dehors. Ils ont inventé une forme de style très étrange, très peu en harmonie sans doute avec nos traditions littéraires, mais qui leur appartient bien en propre sans qu'ils l'aient reçue d'aucun maître, et à qui ils ont imprimé leur cachet reconnaissable entre tous. En raison même de son caractère spécial, elle a été déjà l'objet de controverses sans fin, où ont été commentés, analysés, mis en lumière, ses qualités et ses défauts; les discussions néanmoins ne paraissent pas près d'être closes, chacun s'enfermant dans une théorie absolue, hors de laquelle on ne veut rien admettre.

M. Edmond de Goncourt, dans la préface de son dernier roman, a très justement réagi contre cette déplorable tendance critique qui emprisonne chaque auteur dans un certain nombre d'axiomes fixes, indiscutables, issus, semble-t-il, d'une sorte d'inspiration supérieure; et proclamant la relativité du beau dans le style — comme en toutes choses — il a indiqué pour but à l'écrivain, non pas l'observation méticuleuse de règles conçues au cerveau des grammairiens, mais au contraire la préoccupation plus haute de quitter la voie banale déjà frayée par les prédécesseurs; la recherche de l'originalité, le souci de ne pas réduire l'art à une éternelle copie de ses manifestations antérieures. Pour lui, évidemment, toute imitation est condamnée d'avance et les pires erreurs restent préférables aux pastiches les mieux exécutés.

Tâchons d'écrire bien, dit-il, d'écrire médiocrement, d'écrire mal même plutôt que de ne pas écrire du tout; mais qu'il soit bien entendu qu'il n'existe pas un patron de style unique, ainsi que l'enseignent les professeurs de *l'éternel Beau*; mais que le style de La Bruyère, le style de

Bossuet, le style de Saint-Simon, le style de Bernardin de Saint-Pierre, le style de Diderot, tout divers et dissemblables qu'ils soient, sont des styles d'égale valeur, des styles d'écrivains parfaits. Et peut-être l'espèce d'hésitation du monde lettré à accorder à Balzac la place due à l'immense grand homme, vient-elle de ce qu'il n'est point un écrivain qui ait un style personnel[1].

Or, qu'ils aient *écrit* bien, médiocrement ou mal, MM. de Goncourt ont *écrit* ; leur langue n'est point la prose banale qui traîne sous toutes les plumes ; on peut les accuser de rechercher l'expression des nuances jusqu'à l'obscurité, d'être tombés dans le maniérisme sous prétexte de fuir le vulgaire, d'avoir manqué de fermeté dans les contours, comme si, à force de ciseler leurs périodes, ils avaient fini par en émousser les arêtes vives sous la masse des ornementations. Sur ce dernier point principalement, ils avaient compris d'instinct leur infériorité, et s'étaient astreints à une étude approfondie de Tacite pour donner quelque vigueur à leur phrase, « un peu molle, un peu fluente[2] ». Malgré ces imperfections — peut-être même à cause de ces imperfections — ils attirent les raffinés de littérature, blasés sur la correction majestueuse et sévère de l'époque classique ; si leur manière d'é-

---

1. Préface de *Chérie*.
2. Edmond de Goncourt : *La Maison d'un Artiste*, t. II, — *Cabinet de travail*.

crire n'a pas cette pureté que possédaient nos maîtres du xviie siècle, elle a par contre l'éclat du coloris, l'harmonie du rythme, la richesse et la variété de l'épithète, et puis une certaine poésie d'une mièvrerie précieuse et contournée, qui n'est pas faite pour déplaire à tous, et qui disparaîtrait forcément avec une contexture de style plus solide et plus serrée.

Le genre qu'ils ont créé n'est donc pas inadmissible : loin de là ; et ce n'est que justice de lui reconnaître d'incomparables mérites. Est-ce à dire qu'il faille l'applaudir sans réserves? Malheureusement, non. Fût-il excellent, inattaquable en soi, il pécherait encore par la façon dont il a été employé ; et nous remarquons là une preuve nouvelle des déplorables résultats auxquels ont été conduits les deux frères par leur mode de travail.

Que l'idée naisse de la perfection du style, comme l'ont soutenu Gustave Flaubert et Théophile Gautier[1], ou bien au contraire que la force du sentiment ou de la pensée parvienne à soutenir la trame des phrases chez des hommes fort peu experts dans les questions du métier, — et ce fut le cas de Lamartine et d'Alfred de Musset, — nous n'en trouvons pas moins chez tout écrivain véritable une connexité intime, un rapport absolu entre la

---

1. *Journal des Goncourt*, t. Ier (3 janvier 1857).

forme et le fond. Séparés souvent d'une façon abstraite pour les besoins d'une discussion, ils demeurent inséparables, indistincts dans la réalité, et ne procèdent pas d'une double opération de l'intelligence. Ou bien, si par hasard le fait se produit, l'œuvre ainsi engendrée garde de son origine une tare inévitable, et ne laisse jamais au lecteur qu'une impression douteuse et incomplète.

C'est ce dont MM. de Goncourt sont précisément un exemple. Obligés par la collaboration à discuter au préalable le choix de leur sujet et la manière de le traiter, ils ne pouvaient l'écrire qu'après l'avoir composé entièrement jusque en ses plus infimes détails; alors commençait pour eux la seconde partie de la besogne, tout à fait indépendante de la première.

Aussitôt le canevas achevé, ils y appliquaient avec plus ou moins d'adresse un style souvent prodigieux par ses nuances ou ses effets de couleur, mais qui ne fait pas corps avec la trame elle-même, et que l'on sent toujours rapporté. L'idée ainsi se rencontre parfois *sous* la phrase; elle n'est jamais *dans* la phrase.

L'une et l'autre, examinées séparément révéleraient-elles un incomparable mérite, il leur manquerait encore la qualité suprême de se compléter, de former un tout harmonieux, un ensemble puissant, impeccable, définitif; mais bien plus: ni l'une ni l'autre ne pouvait *a priori* atteindre à la perfection ; car l'idée qui a été conçue sous une forme misérablement inférieure n'a pas elle-même sa valeur absolue, et la phrase qui ne jaillit pas spontanément de l'idée, et qui se fabrique après coup, a perdu, en quelque sorte, toute vie et toute sincérité, et ne présente plus qu'un arrangement de mots factice et vide.

Parlant du poète, M. Théodore de Banville dit « *qu'il pense en vers*, et n'a qu'à transcrire ce qui lui est dicté, tandis que l'homme qui n'est pas poète pense en prose, et ne peut que *traduire en vers* ce qu'il a pensé en prose. Aussi ses vers n'ont-ils jamais plus de mérite que n'en a une version anglaise ou italienne écrite par un Français, la grammaire sous ses yeux et le dictionnaire à la main[1]. » Pour compléter sa théorie, l'auteur des *Odes funambulesques* eût pu ajouter que le véritable écrivain pense en style littéraire, et conçoit par un seul effort célébral le fond et la forme de son œuvre ; sinon il exécute sur sa propre donnée le travail d'un enfant sur la *matière* de narration ou de discours que lui a fournie son maître ; il se réduit, comme MM. de Goncourt, à n'être qu'un traducteur, un rhéteur plus ou moins habile ; et sa rhétorique, si belle qu'on la suppose, ne saurait jamais atteindre

---

[1]. *Petit Traité de Poésie française*, ch. III.

de résultat plus haut que de faire illusion pour un moment et d'éblouir par son brillant superficiel.

II

Et pourtant, malgré ces tares innombrables, il émane des écrits des deux frères une impression esthétique réelle, dès l'instant où l'on a pu s'abstraire d'une composition en tous points vicieuse. En dépit des critiques profondes que la raison suscite contre leur œuvre, elle captive par un certain attrait; elle pénètre par un charme qui ne s'explique qu'imparfaitement. On y devine, plus qu'on n'y découvre, une valeur cachée supérieure aux apparences; et pour que leur supériorité se dévoile, il faut arriver à des volumes conçus et exécutés dans des conditions spéciales, où tout ce qui constitue leur tempérament artistique, loin de pouvoir leur être une entrave, se tourne au contraire en qualités précieuses.

Dès qu'ils abandonnent les travaux de longue haleine qui exigent une unité et une persistance d'inspiration incompatibles avec leur instabilité nerveuse; dès qu'ils se contentent d'exécuter une série de courts fragments, reflets immédiats d'une impression momentanée, et où la personnalité de l'auteur n'a pas à s'affirmer d'une manière continûment identique; dès qu'il ne leur faut déployer aucune force productive; dès qu'ils n'ont rien à imaginer, rien à combiner, rien à équilibrer, aucun ordre à établir, presque pas de choix à faire; dès que leur collaboration devient à peu près illusoire, en raison de la brièveté et de la spontanéité fatale de chacun des sujets qu'ils traitent; quand, en un mot, ils mettent seulement en jeu les facultés réceptives, à l'exclusion des autres, comme leur sensibilité a été aiguisée jusqu'à un degré de finesse anormale, il triomphent dans un genre peut-être secondaire, mais qui, cependant, a produit des chefs-d'œuvre; ils écrivent le *Journal*, ils écrivent *Idées et Sensations,* les seuls volumes absolument hors ligne qu'à notre avis ils aient jamais donnés.

On y retrouve bien encore, — moins accentuées, il est vrai, — les faiblesses qui déparent les autres ouvrages; nous pourrions même y voir une confirmation particulière de la théorie générale que nous avons soutenue. Mais l'effet d'ensemble atteint en définitive est exquis, parfois puissant, souvent très profond et très suggestif. C'est là que nous rencontrerons les descriptions fantaisistes, les tableaux, les paysages les plus parfaits, comme ce « grand enterrement de Watteau par le carnaval de Venise aux dépens de la sérénissime république[1] »; comme cette pièce en dix lignes, d'une douceur mélancolique attirante, et qu'on pourrait intituler *le Ballet des âmes mortes*[2], comme cette vue de Paris à l'heure du crépuscule[3], comme tant d'autres morceaux qu'il serait trop long de citer, des merveilles de délicatesse et de grâce, des poèmes en prose d'une pureté incomparable. — Si nous laissons de côté les virtuosités de plastique et de coloration, c'est là aussi que la pensée obscure, incompréhensible ailleurs, peut-être même absente, se révèle subitement avec une intensité et une hauteur philosophiques qui étonnent d'autant plus qu'on ne les attendait pas chez ces habiles ciseleurs, chez ces écrivains que Théophile Gautier paraissait avoir qualifiés d'une façon juste et complète, en les appelant « les graveurs sur pierre fine de la prose[4] ». — Mais c'est là surtout qu'apparaît, beaucoup mieux que dans *Charles Demailly*, l'histoire des deux auteurs, de leur entourage et de leur temps.

---

1. *Idées et Sensations*, p. 31. — C'est ce même morceau auquel nous avons fait allusion plus haut, et que les deux frères publièrent d'abord dans *l'Artiste*, à leur retour d'Italie, en 1856.

2. *Idées et Sensations*, p. 19. — Nous rappelons, une fois pour toutes, que la plupart des fragments tirés d'*Idées et Sensations* pourraient se retrouver dans le *Journal*.

3. *Idées et Sensations*, p. 178.

4. Edmond de Goncourt, *la Maison d'un Artiste*, t. II; *Second étage*.

Natures esthétiques, nous l'avons vu, jusqu'à concevoir la contemplation désintéressée de la beauté comme but unique et dernier de toute existence humaine, peu préoccupés, semble-t-il, de satisfactions ambitieuses, de richesses, d'amour même, dédaigneux de la politique « qui commence à M. Prudhomme pour finir à don Basile [1] », MM. de Goncourt s'étaient, dès leur jeunesse, renfermés dans un domaine exclusif, se vouant, avec un soin jaloux, à la religion de l'art, sous les innombrables variétés de ses formes. Non seulement ils lui avaient consacré leur entière activité cérébrale, mais encore, pour que rien jamais ne les détournât, ils lui avaient subordonné leurs plaisirs, leurs relations mondaines, les moindres habitudes matérielles de chaque jour. Ils vivaient dans un amoncellement de bibelots et de dessins, ne se reposant guère de leur énorme labeur que par la conversation d'amis, peintres, romanciers et poètes, ou bien par des voyages aux principales galeries de tableaux des grandes villes d'Europe, ou bien encore par la lente confection de leur musée personnel, de cette maison qu'ils ont décrite amoureusement comme une partie d'eux-mêmes, et dans laquelle le survivant des deux frères, avec

---

1. Cette boutade fut, paraît-il, prononcée par M. Edmond de Goncourt chez M. Philippe Burty.

une fière noblesse épicurienne, avoue qu'il se prépare « au milieu d'élégances, à accueillir la mort en délicat [1] ».

Par le fait seul d'une pareille spécialisation, ils devaient arriver et ils arrivèrent logiquement à aiguiser les susceptibilités de leur goût, au point de ne plus pouvoir se plaire qu'à certaines œuvres et à certaines écoles, aux nouveautés quintessenciées des décadences, ou, par contre-coup, aux imperfections naïves des civilisations naissantes. Ils posèrent en axiome que le rare en tout est presque toujours le beau [2] ; et, au nom de cette formule, repoussèrent l'antiquité [3], firent un crime à Molière de son bon sens et de sa raison pratique, méconnurent Raphaël dont ils méprisaient la sérénité robuste, et à qui ils reprochaient d'avoir, dans ses madones, réalisé « le programme que le gros public des fidèles se fait de la mère de Dieu [4] ». Dès lors, répudiant comme vulgaire tout ce qui leur paraissait rentrer dans la règle établie, dans le type équilibré des époques classiques, ce fut vers les modernes, vers les écrivains

---

1. *La Maison d'un Artiste*, t. II ; — *la Chambre à coucher*.
2. « L'épithète rare, voilà la marque de l'écrivain... Il y a un Beau, un Beau ennuyeux, qui ressemble à un pensum du Beau... Il n'y a de bon que les choses exquises. » *(Idées et Sensations.)*
3. *Idées et Sensations*, p. 53 en 198.
4. *Ibid.*, p. 46.

et peintres du xviiie siècle, ou vers les primitifs de la Renaissance italienne et les exotiques de l'Extrême-Orient que se porta leur admiration illimitée: ce fut auprès d'eux qu'ils cherchèrent des inspirateurs.

Ce choix de modèles peut sembler singulier; Sainte-Beuve l'avait déjà noté comme dangereux, et il n'envisageait qu'avec défiance l'éducation qui devait en résulter pour l'esprit [1]. Du reste, — sans entrer dans aucune discussion sur ce point, — nous n'avons à considérer ces préférences que comme des symptômes caractéristiques, comme des documents pour l'étude que nous esquissons des deux hommes.

Le souci de l'inédit et de l'inconnu, qui hantait leurs esprits, ne les amenait pas seulement à cette assimilation du rare et du beau que nous avons citée; ils voulaient encore que l'art, pour être parfait, restât « la parure d'une aristocratie [2] », et ne fût souillé par aucun contact, par aucune admiration vulgaire. « Le beau, déclarent-ils formellement, est ce qui paraît abominable aux yeux sans éducation. Le beau, est ce que votre maîtresse et votre servante trouvent, d'instinct, affreux [3] ». D'autre part, ils reprochent à d'Alem-

---

1. *Nouveaux Lundis*, t. X. (14 mai 1866).
2. *La révolution dans les mœurs. Des lettres et des arts au XIXe siècle.*
3. *Idées et Sensations*, p. 70.

bert comme « une des plus grandes sottises qu'on ait pu dire » son aphorisme : « Malheur aux productions de l'art dont toute la beauté n'est que pour les artistes [1] », et, à ce sujet, se font de nouveau relever par Sainte-Beuve, écrivain beaucoup moins intransigeant, et qui, à la fin de sa carrière, se laissait volontiers effrayer par les allures qu'il voyait prendre aux lettres françaises sous l'impulsion des novateurs, fussent-ils de ses amis, comme MM. de Goncourt.

Ceux-là, il est vrai, avaient poussé l'horreur de la loi commune plus loin que tous les autres, jusqu'à avouer qu'ils souffraient de toute régularité dans la vie réelle. L'organisation précise et un peu monotone des sociétés contemporaines les exaspérait aussi bien que la médiocrité de conception ou de style dans un ouvrage d'imagination. Volontiers, ils auraient demandé aux hommes et aux choses des spectacles plus tourmentés, plus romanesques, plus excentriques.

Ce qui me dégoûte, c'est qu'il n'y a plus d'extravagance dans les choses du monde. Les événements sont raisonnables. Il ne surgit plus quelque grand toqué de gloire ou foi, qui brouille un peu la terre et tracasse son temps à coup d'imprévu. Non, tout est soumis à un bon sens bourgeois, à l'équilibre des budgets. Il n'y a plus de fou, même parmi les rois [2].

1. *Idées et Sensations*, p. 118.
2. *Ibid.*, p. 95.

Et, poursuivant leur pensée, ils se laissent aller à une sympathie qu'ils ne dissimulent pas pour tout ce qui échappe aux formes habituelles de l'existence, pour tout ce qui est en dehors de la loi, en dehors de la mesure admise, en dehors des conventions établies :

Ces filles ne me sont point déplaisantes; elles tranchent sur la monotonie, la correction, l'ordre de la société, sur la sagesse et la règle. Elles mettent un peu de folie dans le monde; elles soufflètent le billet de banque sur les deux joues; elles sont le caprice lâché, nu, libre et vainqueur dans le monde des notaires et des épiciers de morale à faux poids [1].

Curieuse apothéose de la courtisane chez des hommes qui, plus tard, devaient essayer de se poser en réformateurs, en « médecins [2] » des plaies sociales! Ils ne songeaient guère, quand ils écrivaient cette phrase, qu'un jour ils prétendraient « imposer au roman les études et les devoirs de la science, » pour le transformer en un « plaidoyer » et parler ainsi « au cœur et à l'émotion de nos législateurs [2] ». Deux fois irréguliers et isolés eux-mêmes, — d'abord comme artistes dans la grande foule humaine, et ensuite comme novateurs dans le monde des artistes, — leur nervosité douloureusement aigrie les poussait à des boutades amères,

---

1. *Idées et Sensations*, p. 200.
2. Préfaces de *Germinie Lacerteux* et de *la Fille Élisa*.

souvent plus intéressantes au point de vue philosophique que toute la philosophie où ils voulurent se guinder dans leurs derniers ouvrages.

Chez eux, en effet, quand on rencontre une idée juste et forte, elle est rarement le résultat du labeur réfléchi, de la méditation scientifique, de l'observation froide et prolongée d'un phénomène naturel ou psychique, toutes opérations mentales auxquelles répugne leur tempérament, tel que nous l'avons montré. Mais parfois ce même tempérament leur fait trouver par une brusque intuition ce que d'autres ne doivent qu'aux recherches raisonnées et aux études pénibles ; et c'est ce qui explique comment leurs travaux de longue haleine laissent voir fréquemment si peu de consistance, tandis que, dans *Idées et Sensations*, on s'arrête malgré soi devant d'innombrables passages, très courts, jetés au hasard, sans ordre, sans suite, sans preuves à l'appui, tels que les a inspirés « le tact sensitif de l'impressionnabilité[1] ». A force de sentir avec délicatesse, MM. de Goncourt parviennent à saisir le *vrai*, sans presque qu'ils aient besoin de penser : ce que d'autres démontrent, ils le devinent.

Ils devinent le déterminisme du monde, et quelques-unes des lois brutales qui le dirigent, non point par la lente expérience des faits, accumulés

---

[1] Edmond et Jules de Goncourt, *Charles Demailly*, ch. XVI.

et coordonnés, mais par la répercussion très vive dans leur âme de cette brutalité latente sous l'apparence des choses. Tandis que Jean-Jacques Rousseau, avec tous les artistes, tous les poètes, sauf Lucrèce dans l'antiquité, considère la nature comme la source première du beau et du bien, parce qu'il n'en perçoit jamais que la forme superficielle, MM. de Goncourt, doués de sens mieux affinés, pénètrent plus loin, et sous l'enveloppe extérieure, et ils nous indiquent vaguement ce qu'ils ont reconnu, — et ce qu'a formulé nettement la science moderne, — l'immoralité de la vie universelle, le néant de l'individu devant l'espèce, l'écrasement des faibles par les forts, tout l'opposé de l'idéal vers lequel a sans cesse tendu l'homme :

La Nature ne fait point meilleur. Elle est une leçon d'endurcissement. L'humanité se désapprendrait si elle n'avait sous les yeux que ce spectacle de fatalité, ce *circulus* de dévorement où tout est à la force, où il n'est d'autre justice que la nécessité; où du plus petit au plus grand des animaux, du plus noble au plus vil, la vie de l'un vit de la mort de l'autre [1].

A tout moment cette vision revient devant leurs yeux de la cruauté ou de la hideur des lois ou des choses éternelles ; ils en parlent avec insistance comme d'une obsession qui les hante :

1. *Idées et Sensations*, p. 81.

La Nature pour moi est ennemie... Ce qu'on appelle la nature m'apparaît comme un bourreau et un tortureur... Rien n'est moins poétique que la Nature [1].

Et à ce dernier article, d'aspect si paradoxal pour des artistes, ils ajoutent aussitôt l'explication philosophique sans doute exacte :

C'est l'homme qui a mis, sur toute cette misère et ce cynisme de matière, le voile, l'image, le symbole, la spiritualité ennoblissante [2].

Dès lors, on comprend qu'ils n'admirent un paysage que dans sa représentation esthétique, par la plume de l'écrivain ou par le pinceau du peintre, et pour l'amour seul des formes et des couleurs ; dès qu'ils se trouvent en présence de la réalité, ils perçoivent d'instinct, sous la surface harmonieuse, l'irréconciliable adversaire contre lequel l'humanité entre en lutte dès qu'elle commence à sortir de la barbarie la plus bestiale, et dont elle s'éloigne progressivement en raison directe de sa civilisation. MM. de Goncourt, à plusieurs reprises, et sans qu'ils s'en doutent peut-être, côtoient la singulière doctrine métaphysique qu'a développée Proudhon sur l'antithèse absolue de l'homme et de la nature ; s'ils n'assimilent pas ce dernier terme à la divinité, comme l'a fait l'auteur des *Contradictions économiques*, ils

---

1. *Idées et Sensations*, p. 27, 113 et 58.
2. *Ibid.*, p. 58.

arrivent à peu près à une conclusion semblable, quand ils se déclarent gênés « devant la végétation des forêts, comme devant l'ennemi, devant l'*œuvre de Dieu*[1] ». Notons d'ailleurs que, dans le passage cité plus haut : « Ce qu'on appelle la Nature m'apparaît comme un bourreau et un tortureur », la version primitive et non imprimée d'abord, contenait ces mots : « Dieu m'apparaît comme un bourreau et un tortureur. »

Si l'acuité des sensations leur a révélé aussi profondément quelques mystérieux aspects de l'univers, ils ont deviné, avec une perspicacité non moins extraordinaire, les règles qui conduisent les évolutions des sociétés civilisées. Là encore, sans savoir, sans raisonner, sans étudier, ils voient juste et loin. Ils ont vu, dès 1860, les approches de ce socialisme d'État qui semble aujourd'hui sourdre de toutes parts en Europe, et qui nous prépare peut-être pour l'avenir « une tyrannie bien autre que celle d'un Louis XIV[3] ». Ils ont vu les dangers de l'instruction universelle[4], et, sur ce point, où on les accuserait volontiers de parti pris rétrograde, ils se rencontrent, par une coïncidence bizarre, avec un des philosophes économistes les plus avancés et les

---

1. *Journal des Goncourt*, t. Ier (23 mai 1857).
2. *Ibid.*, t. II (19 juin 1863).
3. *Ibid.*, t. Ier (18 novembre 1860.)
4. *Idées et Sensations*, p. 177.

plus sérieux de notre époque : « La diffusion du socialisme, dit M. E. de Laveleye, est prodigieusement favorisée par la presse et par l'école. L'instruction offerte et même imposée à tous, les écoles partout ouvertes, et le livre, la brochure, le journal à bon marché répandent partout les idées de réformes radicales [1]. » D'où cette théorie, horrible mais logique, que le seul remède au péril serait de supprimer d'abord l'enseignement primaire. Ils ont vu enfin l'épuisement des races actuelles et l'invasion barbare menaçante au-dessus de nos têtes, aussi fatale à présent que fut celle où s'effondra l'empire romain au IVe siècle de l'ère chrétienne. Un jour viendra peut-être où quelque historien exhumera, pour la qualifier de prophétique, la phrase qu'écrivaient les deux frères, longtemps avant que se fût ouverte la période des revendications à main armée.

La sauvagerie est nécessaire, tous les quatre ou cinq cents ans, pour revivifier le monde. Le monde mourrait de civilisation. Autrefois en Europe, quand une vieille population d'une aimable contrée était convenablement anémiée, il lui tombait du Nord sur le dos des bougres de six pieds qui refaçonnaient la race. Maintenant qu'il n'y a plus de sauvages en Europe, ce sont les ouvriers qui feront cet ouvrage-là dans une cinquantaine d'années. *On appellera ça la révolution sociale* [2].

1. E. de Laveleye, *Socialisme contemporain*, Introduction.
2. *Journal des Goncourt*, t. Ier (2 septembre 1855).

Nous ne pouvons multiplier les exemples ; un quart du *Journal* ou presque tout *Idées et Sensations* y passeraient et devraient être cités encore. Il ne faut que feuilleter au hasard ces volumes : presque à chaque page on y rencontrera des aperçus d'une vérité intense ou d'une merveilleuse finesse sur tout ce qui peut attirer l'attention d'intelligences élevées, les questions de la destinée humaine, les problèmes psychologiques de notre époque, l'amour, les femmes, mille autres sujets divers, sauf toutefois ceux qui concernent la politique, et qui, soit par mépris, soit par ignorance, ne sont pas même indiqués.

Si d'ailleurs nous nous sommes arrêtés devant quelques fragments, c'est moins encore pour leur importance intrinsèque que pour la démonstration de la thèse que nous avons posée sur la manière dont s'effectue le travail de la pensée chez les deux frères. Intentionnellement, nous avons choisi nos preuves dans un ordre d'idées qui ne leur était pas habituel, afin qu'apparut avec plus de netteté ce phénomène d'une sensitivité divinatoire, indépendante de toute science, de toute logique, de tout labeur cérébral, et qui semble, en somme, le seul trait caractéristique de leur nature.

VII

Ainsi envisagés, plutôt dans ce qu'ils ont été que dans ce qu'ils ont créé, MM. de Goncourt prennent un aspect infiniment plus curieux et plus digne d'être observé.

A l'encontre de ce qui se passe ordinairement pour les artistes, on les apprécie d'autant mieux qu'on les voit de plus près. Chez eux, l'écrivain fut supérieur aux écrits : l'étude de l'homme présente plus d'intérêt et donne des résultats plus féconds que l'étude du livre ; autant qu'on peut sans trop d'audace prophétiser en pareille matière, leur nom surnagera dans l'histoire, alors que le titre d'aucun de leurs ouvrages n'échappera à l'indifférence prochaine.

Parmi les rares auteurs antiques qu'ils paraissent avoir goûtés, il n'en est qu'un à qui ils aient consacré quelques lignes admiratives : c'est Lucien.

Sans essayer d'établir entre eux et le spirituel sceptique du vieux monde en décadence un parallèle qu'aucune ressemblance ne justifie, on se demande cependant si leur destinée ne sera pas ce qu'a été la sienne au milieu de nous. « De ce Grec de la fin de la Grèce et du crépuscule de l'Olympe [1] », comme ils disent, il n'y a ni un volume, ni un chapitre, ni une page qui ait subsisté à travers les siècles, pas un fragment qui, par son mérite propre, ait survécu de générations en générations, pas une pensée qui soit citée encore. Mais il évoque à nos yeux tout un aspect de l'esprit humain à une période particulière des annales du monde; il en incarne un mode spécial; et c'est lui-même, beaucoup plus que ses *Dialogues des Morts*, *des Dieux* ou *des Courtisanes*, qui force l'attention de la postérité.

On peut présumer qu'une fortune à peu près identique sera réservée par l'avenir à MM. de Goncourt. Nos descendants verront en eux la représentation d'un certain état mental qui, s'il n'a pas pénétré dans les masses profondes, s'est à coup sûr assez largement répandu chez l'aristocratie intellectuelle de notre temps. Aussi, sans avoir jamais pu créer, comme l'ont fait à profusion Shakespeare, Molière ou Balzac, le moindre *type* vivant et durable, parce qu'ils se sont dépeints eux-mêmes, ils en laissent un cependant derrière eux, un type de poète étrange, fugace, tourmenté, composite et inquiétant entre tous pour les destinées de l'intelli-

---

[1] *Idées et Sensations*, p. 172.

gence humaine, quand on songe que, — si toutefois nous avons bien compris ces deux hommes admirablement doués, — le développement exagéré de la sensibilité artistique les a menés tout droit à l'impuissance dans l'art.

M. LECONTE DE LISLE

I. — L'œuvre et son aspect général.
II. — Les prédispositions métaphysiques et les premières influences de jeunesse.
III. — Influence du génie hindou. — Le bouddhisme chez M. Leconte de Lisle.
IV. — Théorie de la pluralité des *moi* dans l'individu. — Influence du génie grec.
V. — L'impassibilité. — La poésie supra-humaine et la science moderne.

I

Parmi les écrivains de notre siècle, M. Leconte de Lisle est de ceux qui ont mis le soin le plus jaloux à se tenir constamment à l'abri des regards et des indiscrétions du public ; il a à peine donné çà et là quelques fragments relatifs à des événements modernes, ou quelques aveux très vagues et très chargés de réticences sur ses douleurs, ses aspirations et ses amours ; il n'a voulu laisser voir ni ses procédés de travail, ni les premiers essais du début, ni les inévitables hésitations de la maturité ; mais il a au contraire présenté une œuvre tout d'un bloc, homogène d'un bout à l'autre dans le fond et dans la forme, à peu près invariable dans sa majestueuse sérénité. C'est dire que, malgré une apparence facile, on ne le comprend pas *entièrement* sans études et sans efforts soutenus ; et encore reste-t-il toujours un doute sur les intentions véritables et exactes et sur la nature de ce créateur, qui s'est si complètement détaché de sa création.

Dans le cas actuel même, la théorie si féconde que Montesquieu a ébauchée sur l'influence des milieux [1], et que M. Taine a reprise plus tard après qu'elle eut passé par l'Allemagne [2], la théorie sur qui repose la critique moderne ne se trouve qu'à moitié justifiée ; depuis bientôt quarante ans, le cerveau du poète semble n'avoir subi de l'extérieur aucune transformation visible, et on dirait qu'il a vécu en dehors du monde réel. Un groupe circonscrit d'idées, profondes il est vrai, mais toujours identiques à elles-mêmes, reviennent toujours exprimées avec une netteté parfaite, et sans qu'il nous ait été accordé d'assister à leur genèse. Un style prosodique et une science du rythme incomparables éclatent dès les premiers morceaux, mais sans se modifier dans la plus légère mesure, en bien ou en mal, jusqu'aux der-

---

1. Montesquieu, *Esprit des lois*, livres XIV, XV, XVI, XVII, XVIII.
2. Herder, *Philosophie de l'Histoire de l'humanité*.

niers : *Çunaçepa* n'est pas inférieur à l'apothéose de *Mouça-al-Kébyr*, ni la tragédie d'*Hélène* au drame des *Érinnyes* ; le nihilisme ne se révèle pas avec moins d'amertume dans les pièces qui ouvrent les *Poèmes antiques* que dans celles qui ferment les *Poèmes tragiques* ; et pourtant, quoique nous ne possédions pas de dates précises, quelques-unes furent composées, selon toute vraisemblance, à des intervalles très éloignés, et devraient porter la marque des oscillations ordinaires chez tout artiste en une aussi longue période : celui-ci, par un rare privilège, semble ne les avoir pas subies.

Si l'on admet donc que le climat de sa patrie, son entourage, son éducation, ses amitiés littéraires ne furent pas sans action sur son développement intellectuel, il faut séparer bien nettement l'époque où le poète se cherche lui-même de celle où il est en pleine possession de son génie, et reconnaître d'abord qu'une prédisposition de naissance le désignait sans doute dès sa première heure aux destinées qu'il a accomplies plus tard. Les causes externes n'ont guère rien changé aux forces latentes chez l'homme, mais elles les ont mises en mouvement et les ont aidées à se produire. Elles ne les ont pas créées, mais elles les ont fait éclore. Une fois qu'elles sont écloses, toute évolution cesse, et une inspiration uniforme préside à la confection lente d'une des œuvres les plus simplistes que présente l'histoire des lettres, et des plus mystérieuses en même temps.

II

Le futur auteur de *Kaïn* naquit sous le soleil des contrées équatoriales, dans cette île de la Réunion, perdue au milieu de l'océan Indien, trois fois plus éloignée de l'Europe à cette époque qu'elle ne l'est aujourd'hui, et séparée du monde civilisé par des milliers de kilomètres et des mois de navigation. Enfant d'abord, adolescent ensuite, il contempla dans les étroites limites de sa terre natale le spectacle habituel de la plus admirable nature qu'ait enfantée notre globe, et qui alors n'avait pas encore été déshonorée par les prétendus travaux de maladroits défricheurs. Il eut sous les yeux les végétations robustes des régions chaudes, les inextricables forêts sauvages accrochées au flanc des montagnes ou pressées entre les parois des vallées profondes. Il connut les grands sommets aux neiges presque éternelles d'où descendaient les eaux des torrents, et, à côté, les cratères élevés, aux gueules béantes, éclairant les nuits de leurs incessantes éruptions. Plusieurs fois, sans doute, il assista à quelques-uns des effroyables cyclones qui sont la terreur et la ruine de ces pays, et il perçut, avant l'âge où l'on raisonne, la sensation obscure des invincibles forces qui étreignent l'homme ici-bas et qui pèsent sur sa destinée. Mais, plus que ces tableaux pittoresques ou dramatiques, ce qui dut influer sur la direction de son esprit, ce fut la situation même du morceau de rocher où il vécut sa jeunesse, perpétuellement en face de deux immensités, l'immensité du ciel, l'immensité des flots. Il s'accoutuma à planer hors des réalités tangibles, hors de l'humanité et du théâtre de son existence, hors de la vie toujours agissante et mobile. Devant l'espace sans borne, devant la mer aux insondables horizons, son âme s'imprégna d'infini.

En une superbe pièce de vers qui, on se demande pourquoi, ne fut jamais rééditée, lui-même a dépeint ce phénomène psychologique avec des traits si explicites qu'ils valent, dans leur brièveté, les plus longues confessions.

> Je suis l'homme du calme et des visions chastes
>   L'air du ciel gonfle mes poumons.
> Dans un repli des mers éclatantes et vastes,
>   Dieu m'a fait naître au flanc des monts.
>
> Dès l'heure où j'ai marché sur mes splendides cimes
>   L'éternelle création
> A bercé ma jeunesse entre ses bras sublimes
>   Et dans sa contemplation.
>
> *La première rumeur qui me vint aux oreilles*
>   *Ne fut pas le sanglot humain,*

Et l'aube m'a nourri de ses larmes vermeilles
   Que ma lèvre but dans sa main.

Je me suis abreuvé dans l'urne universelle
   D'un amour immense et pieux ;
Car je viens du pays où tout chante et ruisselle,
   Flots des mers et rayons des cieux !

Le monde où j'ai vécu n'a point quelques coudées ;
   On ne le trouve en aucun lieu.
C'est l'empire infini des sereines idées,
   Et, calme, on y rencontre Dieu [1].

Que M. Leconte de Lisle ait ainsi rencontré Dieu, dans le sens ordinaire où nous entendons le mot, l'affirmation est peut-être contestable ; sauf en quelques cas très exceptionnels — quand il écrivit, par exemple, son *Chemin de la Croix* [2] — la religiosité ne semble l'avoir absorbé ni très longtemps ni très profondément. Mais ce qui ressort de son propre aveu, ce que nous avons à en retenir, c'est cet élan qui dès sa jeunesse le porta vers les sphères métaphysiques, vers le domaine *des idées*, hors de la région *des faits*, des sentiments ou des sensations. Il ignora l'homme en tant qu'individualité physique, active, passionnelle et pensante, et ne vit en lui qu'une forme plus ou moins esthétique de la substance universelle, forme transitoire et infime d'ailleurs, comparée à ce que notre

1. Cité par Staaf, *la Littérature française*, p. 815.
2. Année 1858, in-folio. — Imprimerie Bénard, sans nom d'éditeur.

esprit peut concevoir d'éternel et d'illimité. Il n'en parla que très rarement, très superficiellement et avec une sorte d'indifférence dédaigneuse ; à l'inverse du poète antique, tout ce qui touchait à l'humanité lui resta étranger d'une manière à peu près absolue, et n'apparut dans son œuvre que par hasard, comme un reflet de son caractère propre.

Il en résulte que nul tempérament moins que le sien ne fut apte au dramatique et au pathétique. Sauf dans les *Érinnyes*, où le texte d'Eschyle l'enlevait en dépit de lui-même, aucun des personnages qu'il a mis en scène n'est fait de chair et de sang et ne saurait exciter en nous ni terreur ni pitié : aucune de leurs émotions n'est assez violente pour se répandre hors de leurs cœurs jusqu'au nôtre. Ce sont d'admirables statues, — dieux ou héros, — par lesquelles le maître a voulu nous donner principalement une impression de beauté, et qu'il a douées d'une force vitale tout juste suffisante pour provoquer et expliquer les divers aspects de leurs impeccables attitudes. Niobé, assistant au meurtre de ses fils et de ses filles, ne pleure qu'autant qu'il est utile pour fournir à la statuaire le motif d'une grandiose image de marbre [1]. Les idylles, les églogues, les récits amoureux ont moins pour but de décrire l'amour que de peindre les formes harmonieuses de vierges

---

1. *Poèmes antiques*.

et d'éphèbes, qui passent au milieu de paysages presque divins. La joie, la tristesse, la volupté, la souffrance, la haine, — même dans *Kaïn* où vibre pourtant la révolte avec un réalisme d'une intensité sauvage, — tous ces mouvements de nos âmes, s'ils ne sont pas négligés par le poète, se trouvent transportés chez des êtres d'une essence étrangère, ultra-terrestre, purement idéale, et dont les passions immatérielles n'ont plus avec les nôtres que d'insaisissables rapports. Il semble que l'auteur soit toujours demeuré éloigné de la société de ses semblables, et qu'il ne les ait jamais connus. A vrai dire, ce fut un peu son cas.

L'humanité resta pour lui, jusqu'à l'âge de vingt ans, circonscrite à un groupement de commerçants et de planteurs, avec qui il ne dut jamais entrer en bien intime communion; leur civilisation offrait une maigre pâture à un esprit déjà hanté par la vision du sublime et possédé d'aspirations immenses. Leur contact, — s'il eut quelque effet sur l'adolescent, — n'aboutit sans doute qu'à développer cette aigreur hautaine et misanthropique, dont mille fragments plus tard accuseront la trace. Incompris et isolé dans un milieu pour lequel il n'avait pas été créé, perpétuellement forcé de refréner les bouillonnements d'une âme altière et dominatrice qu'il tenait de son père, il souffrit, et, par fierté, n'en voulut rien laisser voir. D'autres douleurs s'ajoutèrent aux tristesses de sa solitude morale et de son ambition inassouvie. Il en refoula l'expression jusqu'aux plus secrètes profondeurs de son être : jamais un mot ne lui échappa sur les terribles tragédies domestiques dont il fut témoin dans la maison familiale, et qui, il y a plusieurs mille ans, n'eussent pas été déplacées dans le palais d'Atrée. A peine, çà et là, fit-il une allusion ambiguë à un deuil de jeunesse, à un amour que la mort interrompit brusquement, si nous en croyons la dernière strophe du *Manchy* :

> Maintenant, dans le sable aride de nos grèves,
> Sous les chiendents, au bruit des mers,
> Tu reposes parmi les morts qui me sont chers,
> O charme de mes premiers rêves [1] !

Amour et deuils assez poignants pour que leur souvenir n'ait jamais complètement disparu de sa pensée, et pour qu'il en parlât encore dans son dernier volume, toujours en termes voilés, à la troisième personne, avec une sorte de pudeur de se laisser apercevoir lui-même :

> Et tu renais aussi, fantôme diaphane,
> Qui fis battre son cœur pour la première fois,
> Et, fleur cueillie avant que le soleil se fane,
> Ne parfumas qu'un jour l'ombre calme des bois.
>
> O chère Vision, toi qui répands encore,
> De la plage lointaine où tu dors à jamais,
> Comme un mélancolique et doux reflet d'aurore,
> Au fond d'un cœur obscur et glacé désormais !

1. *Poèmes barbares.*

Les ans n'ont pas pesé sur ta grâce immortelle,
La tombe bienheureuse a sauvé ta beauté :
Il te revoit, avec tes yeux divins, et telle
Que tu lui souriais en un monde enchanté.

Mais quand il s'en ira dans le muet mystère
Où tout ce qui vécut demeure enseveli,
Qui saura que ton âme a fleuri sur la terre,
O doux rêve promis à l'infaillible oubli [1] ?

Dès lors, sans chercher à pénétrer plus clairement cette mystérieuse passion, sans nous arrêter davantage aux circonstances diverses qui durent assombrir les débuts de la vie pour M. Leconte de Lisle, nous pouvons admettre comme certain que, dès sa première jeunesse, avant qu'il vînt en Europe, quelques-unes des fibres les plus sensibles de son cœur avaient été irrémédiablement atteintes, et qu'il portait déjà, dissimulés sous une résignation apparente, les germes de l'implacable désespoir épandu plus tard dans ses livres. Ce qu'il deviendra un jour se dessine ainsi peu à peu. A cette époque, il ne se connaît ni ne se possède encore. Son génie n'est qu'à l'état embryonnaire ; mais pourtant il existe. Il lui faudra une succession d'années et une série d'événements pour s'épanouir en sa pleine maturité.

Arrivé en France, le futur auteur des *Poèmes antiques* s'installa à Rennes, où il écrivit quelques vers dans les journaux de Bretagne, et étudia les langues

---

1. *Poèmes tragiques : l'Illusion suprême.*

étrangères, la philosophie, l'histoire surtout, sans but bien fixe d'ailleurs, accumulant pour l'avenir des matériaux, dont il ne pouvait guère pressentir l'usage. Son existence à ce moment, jusque vers 1850, s'écoule en une flânerie laborieuse, indécise, presque incohérente. Il s'absorbe dans les travaux les plus divers; il fréquente les personnalités aux esprits les plus disparates. Il voyage : nous le trouvons parcourant à pied, en compagnie de Théodore Rousseau, la vieille terre du druidisme, qui lui fournira, pour ses *Poèmes barbares*, le sujet de si grandioses descriptions. Puis, pris de nostalgie peut-être, deux ou trois fois il traverse les mers pour regagner son île natale. Il élit enfin domicile à Paris, où il se plonge dans le fouriérisme, collabore à la *Démocratie pacifique* que dirigeait Victor Considérant, et compose des odes à la gloire de la nouvelle doctrine [1]. C'est là qu'il découvrit sa voie véritable, si longtemps et si péniblement cherchée, et qui, selon toute vraisemblance, lui fut en grande partie révélée par le hasard d'une relation artistique.

III

Parmi les hommes qu'il rencontrait habituellement dans son entourage d'amis intellectuels, plu-

---

1. Entre autres, un *Hymne à Fourier*.

sieurs fois il eut occasion de voir et d'entendre un écrivain d'assez médiocre envergure, aujourd'hui complètement ignoré, et dont le nom, même à cette époque, n'avait pas franchi un cercle très restreint. Par sa valeur personnelle, Ferdinand de Lanoye était donc hors d'état d'exercer une action quelconque sur un grand esprit, encore hésitant, déjà formé néanmoins. Mais, élève de Burnouf, grâce à ses études sur l'Inde, grâce à l'enthousiasme avec lequel il les avait conduites, il détenait quelques-uns des secrets d'une civilisation immense, séparée de la nôtre par des divergences fondamentales, et qui pourtant, depuis un siècle, semble tendre à s'infiltrer peu à peu dans notre monde gréco-latin. Pour le poète qui nous occupe, cette civilisation fut la dernière éducatrice, la plus importante peut-être qui ait pesé sur son avenir philosophique et littéraire ; elle lui donna le sujet de plusieurs ouvrages que l'on ne compte pas parmi les moins élevés ; elle lui montra surtout la direction définitive où sa pensée, libre d'entraves, devait se développer et se mouvoir.

De toutes les races qui ont passé sur notre globe, il n'en est pas une chez qui le caractère et le tempérament métaphysiques aient pris, même pendant une époque de crise, cette prépondérance absorbante qu'ils gardent, d'une manière continue, chez les peuples hindous. Aussitôt qu'est écoulée la période primitive et symbolique des Védas, l'ancien groupe de pasteurs aryens, répandu dans la péninsule, commence une vie étrange, presque inexplicable pour nous, fils de l'Occident, d'autant plus incompréhensible que les annales du monde ne nous ont jamais fourni un second phénomène qui lui soit analogue. Des millions d'hommes, possédés d'une sorte de mysticisme, rebelles à toute notion de la réalité, se succèdent de siècle en siècle sans presque appartenir à l'existence terrestre ; ils flottent dans le domaine de la pure abstraction. Pour eux, le temps et l'espace sont abolis. Ils n'ont pas d'histoire : car leur esprit répugnerait à ce labeur de conserver une suite d'actions concrètes où ils ne voient que de vaines apparences. Ils n'ont pas de patrie : car la limitation territoriale, la constitution politique d'une nationalité échappent à leur entendement, et s'ils ont laissé à plusieurs reprises, presque sans résistance, envahir leur sol par des couches successives de conquérants étrangers, eux-mêmes n'ont jamais eu la pensée de s'approprier par la conquête des possessions qui leur étaient indifférentes. Dans leur organisme social, l'individu n'est rien : il se perd dans la caste, entité vague qui représente un des aspects, une des formes de l'humanité. De toutes les théogonies qu'ait enfantées ici-bas la pensée religieuse, la leur est peut-être celle qui résiste le plus complètement à l'anthropomorphisme. Enfin leur littérature, monstrueuse pour nos cerveaux par sa conception panthéistique, n'admet guère que l'épopée ou l'ode; sous le nom de théâtre, il faut entendre quelques poèmes dialogués où ne se trouvent ni intrigue ni science des caractères, mais où défilent, comme personnages, des types généraux toujours immuables : le roi, le guerrier, le brahmane. le marchand. Quand cette civilisation sera montée à son apogée dernier, quand se sera imposée la réforme du Bouddha, il n'y aura plus même ni caste, ni divinité, ni culte, ni art; toutes ces antiques abstractions, quintessenciées encore davantage, iront se fondre en une abstraction suprême, et l'univers, la *Maya*, apparaîtra comme le vide absolu, le néant, le *nirvâna*, terme infranchissable derrière lequel l'esprit ne peut plus rien concevoir. En cet abîme, la vie, l'action, la nature, la matière, la pensée, la mort ne sont que la succession infinie des apparences, des formes irréelles, des songes chimériques, des *idées*; l'homme qui sent, qui souffre, qui médite, qui espère, qui travaille, émerge un instant de rien pour retourner à rien, et se résume en un rêve engendrant d'autres rêves.

En dehors de la fascination esthétique, que ce formidable système du monde devait exercer sur une âme d'artiste, il faut considérer que M. Leconte de Lisle était poussé dans son orbite par plusieurs circonstances diverses. Le ciel de sa patrie, plus clément que celui de l'Inde, en avait cependant la clarté et la profondeur terrifiantes; des flots, que n'arrêtait aucun horizon, enveloppaient son île de leur éternelle houle; et nous avons pris note de l'impression que laissa sur son intelligence la vue de tels spectacles. Or, selon un historien moderne, des causes à peu près identiques présidèrent au développement et à la formation du génie hindou, si bien que, entre l'écrivain du xixe siècle et les mystiques d'il y a trois mille ans, un rapprochement semble presque fatal par une sorte de communauté d'origine : « L'immense mer, dit Edgar Quinet à propos des anciens patriarches védiques, l'immense mer s'étend, pour la première fois, sous le regard de l'homme; il boit avidement des yeux l'espace sans bornes; et à *la révélation par la lumière sur les hauts lieux* s'ajoute, près des golfes, *la révélation de l'infini par l'Océan.* La mer primitive, non encore profanée par la rame; un désert vivant, qui rejette lui-même toute souillure, que jamais nul voyageur n'a parcouru; un ciel terrestre qui se confond par delà tout l'horizon, avec l'incorruptible éther; un Être incommensurable, à l'haleine de géant, qui tour à tour gronde, murmure, se tait, se meut, s'inquiète, s'apaise, s'endort, et semble créer en rêvant. Quel mystère nouveau [1] ! » La méditation de ce mystère, qui fut sans doute la première étape philoso-

---

1. *Le Génie des Religions*, liv. III, ch. ii.

phique des sectateurs de Vichnou ou des disciples du Bouddha, n'avait pas moins vivement occupé le jeune créole de la Réunion ; tous devaient se rencontrer un jour au même point d'arrivée, d'autant plus que les conclusions désolantes auxquelles conduisait la doctrine de Çakya-Mouni n'étaient pas pour déplaire au poète contemporain. A l'heure de sa vie où il se trouvait alors, pauvre, inconnu, découragé, indéterminé dans son but, cette désespérante constatation de la vanité de toutes choses, cette recherche continue et savamment raisonnée du néant lui apparaissaient comme un sombre refuge à sa douleur ; la tristesse de l'ascète oriental correspondait à la sienne ; il goûta un plaisir amer à s'en pénétrer tout entier, et travailla ainsi à aigrir encore dans son âme le mal intérieur qui l'envahissait déjà.

Dès ce moment, du moins, la marche artistique à suivre lui était enfin tracée. La parole de ses ancêtres des rives du Gange avait forcé à jaillir de son esprit l'inspiration latente ; il n'avait plus qu'à la laisser librement agir pour édifier ses poèmes. Transformée par la différence des temps, des milieux, de toutes les circonstances ambiantes, elle allait faire éclore une œuvre extraordinaire, où des lecteurs superficiels n'ont vu parfois que des pastiches plus ou moins dissimulés, mais où un examen quelque peu attentif découvre une pensée forte et merveilleusement originale.

Les principes qu'accepte M. Leconte de Lisle pour base à sa philosophie, s'ils sont nouveaux pour nous peut-être, émanent pourtant d'une métaphysique conçue il y a plusieurs milliers d'années, et, suivant une méthode très exacte, il les déduit parallèlement à la plus ferme orthodoxie bouddhique. On peut les ramener au résumé que nous en avons donné déjà : Rien n'existe, tout est illusion et mensonge,

> ... Rien n'a de substance et de réalité ;
> Rien n'est vrai que l'unique et morne éternité :
> O Brahma ! *toute chose est le rêve d'un rêve* [1].

La même formule revient sans cesse sous la plume du maître, soit en des termes identiques, soit avec des variantes. Elle emplit non seulement toutes les pièces imitées de sujets hindous, mais on la retrouve dans les dernières strophes du fragment moderne intitulé *Midi* [2], on la retrouve dans *la Ravine Saint-Gilles*, dans *la Dernière Vision*, dans *l'Orbe d'or* [3], dans *Fiat Nox* [4], surtout dans les douze vers qui terminent les *Poèmes tragiques*, et qui donnent en un raccourci puissant un si formidable exposé de la Création :

1. *Poèmes antiques : la Vision de Brahma.*
2. *Ibid., Poésies diverses.*
3. *Poèmes barbares.*
4. *Poèmes tragiques.*

Maya! Maya! torrent des mobiles chimères,
Tu fais jaillir du cœur de l'homme universel
Les brèves voluptés et les haines amères,
Le monde obscur des sens et la splendeur du ciel.
Mais qu'est-ce que le cœur des hommes éphémères,
O Maya! sinon toi, le mirage immortel ?
Les siècles écoulés, les minutes prochaines,
S'abîment dans ton ombre en un même moment,
Avec nos cris, nos pleurs et le sang de nos veines;
Éclair, rêve sinistre, éternité qui ment,
La Vie antique est faite inépuisablement
Du tourbillon sans fin des apparences vaines [1].

N'est-ce là qu'un reflet exotique, amené par une sorte de dilettantisme bizarre? Faut-il ne voir dans ces descriptions que les jeux d'esprit d'un versificateur habile, séduit par le pittoresque oriental? Malgré les affirmations fournies par les critiques qui inclinent vers cette hypothèse, et quelle que soit la valeur de leurs motifs, un argument de logique pure, en dehors de toute question d'appréciation personnelle, vient prouver, semble-t-il, d'une irréfutable manière l'absolue sincérité de l'auteur. D'un bout à l'autre de ses ouvrages, — sauf en quelques points spéciaux que nous étudierons, — il suit trop strictement son système jusqu'aux extrêmes conséquences, il en possède trop bien, non seulement les aspects superficiels, mais aussi l'essence intime, pour qu'on puisse admettre une minute qu'il l'a adopté à titre

---

1. *Poèmes tragiques, la Maya.*

de simple curiosité littéraire. Un rhéteur, si prestigieuse que nous supposions sa rhétorique, ne tient guère contre un examen quelque peu approfondi ; sans conviction véritable, et grâce à une certaine dextérité de main, il arrive à emprunter les procédés de forme ; il n'empruntera jamais, sans y croire, le fonds même d'une doctrine.

Un des dogmes sur lesquels s'appuie celle-ci, c'est que la vie universelle ne se composant que d'un déroulement continu de représentations spécieuses, d'*idées* sans réalité positive, toutes ces représentations ou *idées* équivalent les unes aux autres devant le néant suprême ; l'homme, l'animal, la matière brute se rangent sur le même degré ; la moindre hiérarchie se trouve détruite dans le monde, et il n'est pas un être ou un objet qui possède des droits particuliers à la pitié, à l'amour, au respect plus étendu des croyants. Cette théorie d'égalité à outrance, qui eût pu séduire par son originalité un imitateur incrédule, mais qui alors eût été copiée servilement sur un mode didactique, M. Leconte de Lisle l'avait comprise, et il l'a fait passer dans ses écrits avec une spontanéité si vraie que le lien philosophique qui la rattache à l'Inde se montre à peine visible. Il ne la formule nulle part ; il l'observe presque partout. Tandis qu'il réduit la psychologie humaine à ses grandes manifestations générales, et qu'il ne lui donne par conséquent qu'un développement restreint, il communique au reste de la nature, bestiale, végétative ou même inerte, une acuité de pensées et de sentiments, où se révèle le panthéiste oriental. Sauf Alfred de Vigny peut-être, personne avant lui n'avait eu la vision aussi intense de cette âme simple mais vivante de la bête; personne n'avait parlé des amours, des rancunes, des terreurs, des mélancolies qui s'agitent ou qui sommeillent dans les cerveaux inférieurs. Le désespoir morne et la sourde fureur du vieux loup à qui l'on a égorgé sa femelle et ses petits, vibrent d'une émotion singulièrement plus fougueuse que les douleurs sculpturales des héros antiques ou barbares :

> ... L'angoisse étreint son cœur obscur,
> Un âpre frisson court le long de ses vertèbres.
> . . . .
> . . . .
> Il est seul désormais sur la neige livide.
> La faim, la soif, l'affût patient dans les bois,
> Le doux agneau qui bêle ou le cerf aux abois,
> Que lui fait tout cela puisque le monde est vide ?
> . . . .
> . . . .
> Sa langue fume et pend de sa gueule profonde.
> Sans lécher le sang noir qui s'égoutte du flanc,
> Il érige sa tête aiguë en grommelant;
> Et la haine, dans ses entrailles, brûle et gronde [1].

De même la tristesse poignante qui s'exhale de la

---

1. *Poèmes tragiques: l'Incantation du Loup.*

solitude nocturne acquiert une horreur tragique chez les chiens du Cap, hurlant au bord de la mer, sur la plage déserte [1]. De même, le regret de la terre natale, les appétits grossiers de la chair inassouvie, le sentiment audacieux de la force, n'ont pas d'expression littéraire plus puissante que dans les peintures des éléphants regagnant leur patrie [2], du requin errant à la recherche de sa proie [3], du lion et du jaguar à l'affût [4], ou du boa, qui, sur un îlot des fleuves d'Amérique,

> ... Se dresse du haut de son orgueil princier.
>
> Armuré de topaze et casqué d'émeraude,
> Comme une idole antique immobile en ses nœuds
> Tel, baigné de lumière, il rêve, dédaigneux
> Et splendide, et dardant sa prunelle qui rôde.
>
> Puis, quand l'ardeur céleste enveloppe à la fois
> Les nappes d'eau torride et la terre enflammée,
> Il plonge, et va chercher sa proie accoutumée,
> Le taureau, le jaguar, ou l'homme, au fond des bois [5].

Cette conscience que le poète a saisie chez les êtres rudimentaires, mais pourtant animés, il la découvre, nous l'avons dit, plus bas encore : il l'entend ou il la voit vaguement épandue à travers les éléments informes, se manifestant chez la forêt

---

1. *Poèmes barbares* : les *Hurleurs*.
2. *Ibid.*, les *Éléphants*.
3. *Poèmes tragiques* : Sacra fames.
4. *Poèmes barbares* : *l'Oasis, le Jaguar*.
5. *Poèmes tragiques* : *l'Aboma*.

vierge par l'aversion pour l'homme destructeur et la lutte contre ses conquêtes [1], émanant des astres suspendus dans l'infini, planant au-dessus de l'Océan, des « steppes de la mer », alors que

> ... Le ciel magnifique et les eaux vénérables
> Dorment dans la lumière et dans la majesté,
> Comme si la rumeur des vivants misérables
> N'avait troublé jamais *leur rêve illimité* [2].

Remarquons qu'en ces passages ce ne sont point des symbolismes qui vivent, comme ceux qu'avait enfantés par milliers le génie hellénique, et que les disciples de l'art grec, l'auteur des *Érinnyes* aussi bien que les autres, ont depuis adoptés quelquefois ; ce ne sont pas des divinités plus ou moins humaines qui se superposent à des forces ou à des formes de la nature, et qui deviennent à peu près indépendantes de leurs origines pour prendre les habitudes, les passions, l'intelligence, le langage humains. Le maître n'a jamais substitué son âme à l'âme de la création ; il ne lui a pas prêté des sentiments ou des paroles complexes qui ne pouvaient appartenir qu'à lui seul. Mais devinant ce qu'il y a d'*idée* dans l'attitude ou les cris inarticulés des monstres, dans les mouvements ou l'immobilité même des choses, il a cherché à traduire le rêve entier de la *Maya*, sous ses modes indéfi-

---

1. *Poèmes barbares* : La Forêt vierge.
2. *Poèmes tragiques* : Sacra fames.

niment multiples, au lieu de s'arrêter à l'un de ses aspects particuliers, son *moi* ou le *moi* de ses semblables. Il osait là une énorme entreprise, et il ne semble pas y avoir échoué, quoique, à vrai dire, l'immense ampleur donnée à son champ d'étude soit peut-être une des causes qui ont rendu son œuvre peu accessible à notre esprit. Sa psychologie s'est étendue dans un domaine tellement vaste qu'on a fini parfois par ne plus l'apercevoir, et que certains ont conclu de ce chef qu'elle n'existait pas. La simple vérité, c'est qu'elle a déconcerté les lecteurs en franchissant les limites habituelles qu'on lui assigne, et que, non contente de s'attacher à l'homme seulement, elle a essayé d'embrasser l'univers.

Que la tentative d'ailleurs ait réussi ou avorté d'une manière absolue, peu importe pour le moment. Nous ne voulons la considérer que comme une résultante du tempérament néo-asiatique qui constitue le caractère distinctif du poète. Jusqu'ici le génie hindou et le sien propre, sans se joindre complètement et s'identifier, tout en gardant au contraire chacun leur marque spéciale, ont suivi deux voies parallèles assez voisines l'une de l'autre. Ils se rapprocheront encore davantage sur la question du but final de la vie et des destinées qui nous attendent au lendemain de la mort. Leurs deux théories sur ce point vont se confondre dans la même formule, et l'on pressent ce qu'elle sera devant les prémisses posées : anéantissement irrémissible de l'être individuel, qui, apparu une seconde hors du vide, y rentre et s'y perd à jamais,

> Comme une goutte d'eau dans l'Océan immense [1].

Conclusion médiocrement nouvelle en soi, et qui, par conséquent, ne mériterait guère d'être notée, puisqu'elle est le dernier terme très connu d'une foule d'écoles philosophiques de l'antiquité ou de notre époque ; conclusion étrange néanmoins par les dispositions morales avec lesquelles elle a été envisagée des ascètes bouddhistes d'abord, de M. Leconte de Lisle ensuite. Pour des raisons nombreuses et assez obscures, — et malgré ce qui a pu être enseigné par les grands penseurs de notre monde européen avant ou après le christianisme, — l'homme de l'Occident aime la vie et aspire à la prolonger jusqu'aux limites éternelles ; l'homme de l'Orient la dédaigne ou la hait ; il la regarde s'éteindre avec indifférence, à moins qu'il ne s'efforce à hâter et à achever sa propre destruction. Depuis Achille, plus heureux de « cultiver la terre au service d'un homme pauvre que de régner sur les ombres de ceux qui ne sont plus [2] », jusqu'au Karl Moor de Schiller, insoucieux des

---

1. *Poèmes antiques : Çunaçépa*, chant V.
2. Homère, *Odyssée*, chant XI.

mystères futurs « pourvu que son *moi* lui reste fidèle [1] », tout individu de notre race ne veut pas mourir et s'accroche énergiquement à l'existence, préférant toujours, sauf exceptions rares, la misère, la douleur et le désespoir à l'hypothèse d'une dissolution totale de son individualité. Pour établir la profondeur de ce sentiment instinctif chez nous et chez nos ancêtres, aucune preuve n'est plus significative que le soin avec lequel Lucrèce, dans son *De Natura rerum*, s'attache à le combattre [2]; il lui oppose ses arguments les plus serrés; il réfute par avance les protestations qu'il devine implacables; encore ne donne-t-il sa conclusion à l'anéantissement que comme une fatalité qu'il faut admettre, sans joie peut-être, mais aussi sans tristesse, puisqu'elle nous assure la fin de toute souffrance, et surtout l'inconscience de tout regret. Chez Çakya-Mouni il n'en va pas de même; à ses yeux le *nirvâna* ne sera pas l'inévitable terme de l'âme, mais au contraire la récompense des seuls élus, l'asile de béatitude réservé aux observateurs scrupuleux de la Loi, après les longues épreuves et les pénibles initiations. Là où l'écrivain romain ne marche que contraint par la force des choses et avec la résignation sombre du sage, le croyant hindou s'élance avec l'enthousiasme du mystique,

1. Schiller, *les Brigands*, acte IV, sc. v.
2. Livre III.

comme à l'accomplissement de ses plus chères espérances. C'est donc bien un abîme qui sépare les deux civilisations, alors même qu'elles semblent se toucher. Avant que la soif du non-être ait commencé à passer de l'une dans l'autre, il faudra des siècles et des siècles, et, de nos jours seulement, nous aurons des poètes tels qu'Alfred de Vigny, pour proclamer l'existence « un accident douloureux entre deux sommeils infinis [1] »; des métaphysiciens tels que Schopenhauer, pour résumer leur système dans le mot *rien* [2]; des artistes tels que M. Leconte de Lisle, pour découvrir une source d'inspiration artistique dans les mornes déserts du *nihilisme*.

On sait combien sont clairsemés dans l'œuvre de celui-ci les fragments à forme personnelle; or, comme si toutes ses préoccupations intimes n'avaient été continuellement tournées que vers un objet unique, presque toujours chaque morceau se termine par un appel à l'immobilité et au vide du trépas, une invocation à « la nuit qui n'aura point d'aurore ».

> Et toi, divine Mort, où tout rentre et s'efface,
> Accueille tes enfants dans ton sein étoilé;
> Affranchis-nous du temps, du nombre et de l'espace,
> Et rends-nous le repos que la vie a troublé [3].

1. *Journal d'un poète : Poèmes à faire — Bisson.*
2. Dernières lignes de l'ouvrage intitulé : *le Monde considéré comme volonté et représentation.*
3. *Poèmes antiques :* Dies iræ.

Qu'aurions-nous à souhaiter ici-bas, auquel ne soit en effet préférable le calme du tombeau?

> La poussière humaine, en proie au temps rapide,
> Ses voluptés, ses pleurs, ses combats, ses remords,
> Les Dieux qu'elle a conçus et l'univers stupide
> Ne valent pas la paix impassible des morts [1].

Ceux-là seuls auraient atteint le suprême degré du bonheur, si, plus haut encore, ne se pouvait entrevoir un état de sommeil éternel, que n'interromprait pas même « l'accident douloureux » dont parle l'auteur d'*Éloa*, et si la joie de n'*être plus* ne devait pas venir après la possibilité de *n'avoir été jamais*. Déjà l'*Ecclésiaste* avait déclaré « les morts, qui sont morts depuis longtemps, plus heureux que les vivants demeurés vivants jusques ici. Mais plus heureux que les uns et les autres celui qui n'est pas arrivé dans cette vie [2]. » Ce cri d'une âme amèrement désenchantée, nous en entendrons l'écho moderne dans les strophes des *Poèmes barbares*, combiné avec un souffle panthéistique que le vieux roi d'Israël n'a pas connu et qu'il ne pouvait pas connaître :

> Nature ! Immensité si tranquille et si belle,
> Majestueux abîme où dort l'oubli sacré,
> Que ne me plongeais-tu dans ta paix immortelle
> Quand je n'avais encor ni souffert ni pleuré !

---

1. *Poèmes tragiques : l'Illusion suprême.*
2. *L'Ecclésiaste*, ch. IV.

. . . .
. . . .
Je n'aurais pas senti le poids des ans funèbres ;
Ni sombre, ni joyeux, ni vainqueur, ni vaincu,
J'aurais passé par la lumière et les ténèbres,
Aveugle comme un Dieu ; *je n'aurais pas vécu* [1].

Triste philosophie, qui ne naît pas chez le poète simplement de circonstances privées et spéciales, mais plutôt d'une conviction longuement mûrie et d'un sentiment profond ! Si l'existence soulève dans son cœur l'angoisse et le dégoût, il ne songe pas qu'à lui-même : il la hait et la maudit en soi, quand il la contemple répandue sur l'univers entier, comme un mal rongeur, hideux, et fatalement inguérissable.

L'irrévocable mort est un mensonge aussi.
Heureux qui d'un seul bond s'engloutirait en elle !

Moi, toujours, à jamais, *j'écoute, épouvanté,*
Dans l'ivresse et l'horreur de l'immortalité,
Le long rugissement de la Vie éternelle [2].

Aussi, en dehors des motifs que nous avons déjà fournis, s'il a volontiers dédaigné dans son œuvre l'élément humain, c'est qu'il trouvait sans doute chez l'homme une vitalité trop énergique, une intelligence trop individuelle pour qu'il n'éprouvât pas à son égard une irrésistible et insurmontable

1. *Poèmes barbares :* Ultra cœlos.
2. *Ibid. : l'Ecclésiaste.*

aversion; la brute dominée par de purs instincts, à peine séparée du *Grand Tout* dont elle est sortie hier et où elle paraît plus aisément prête à rentrer, la bête qui sent, qui aime et qui souffre assurément, mais qui semble végéter plutôt que vivre, se rapprochaient bien davantage du but qu'il avait rêvé pour tout être ici-bas, et en face duquel devaient s'effacer la beauté, la gloire et le génie. Devant le cercueil de Théophile Gautier, qu'il respecte et qu'il admire, son hommage n'est ni une parole de deuil ni un chant d'apothéose, et il ne trouve d'accents que pour dire l'hymne funèbre de l'obscurité, de l'inertie et de l'inconscience.

>Sur ton muet sépulcre et tes os consumés
>Qu'un autre verse ou non les pleurs accoutumés,
>Que ton siècle banal t'oublie ou te renomme,
>
>Moi je t'envie, au fond du tombeau calme et noir,
>D'être affranchi de vivre et de ne plus savoir
>*La honte de penser et l'horreur d'être un homme* [1].

Un écrivain qui en arrive là, s'il voulait pousser jusqu'au bout ses opinions, n'aurait plus, en bonne logique, d'autre ressource que le suicide, ou pour le moins l'abandon de toute activité, de toute visée ambitieuse, de tout souci esthétique même. L'auteur de *Baghavat* a sans doute plus d'une fois songé à cette question; et M. Jean Aicard affirme l'avoir

---

1. *Poèmes tragiques* : *A un Poète mort.*

entendu, en 1867, se demander à quoi tendait son effort poétique, puisque, au milieu de la vanité universelle, la poésie est bien une vanité aussi vaine que les autres [1]. Cependant, malgré l'exemple que lui fournissait l'Inde, dépourvue d'art et de littérature depuis la réforme bouddhique, il s'est arrêté à mi-chemin de sa doctrine; parvenu à un certain point de la route où il s'était engagé, nous le voyons retourner sur ses pas et se séparer des maîtres qu'il avait suivis jusqu'alors. Lui, qui avait prêché le détachement complet des choses du monde, et qui faisait profession de ne croire à rien, il s'attache à une œuvre de pensée et il croit à la beauté plastique. Étrange contradiction qui n'a pas laissé que de frapper parfois ses admirateurs, et qui faisait dire à M. Anatole France : « Ce philosophe ne sait s'il existe lui-même, mait il sait, à n'en point douter, que ses vers existent absolument [2]. »

IV

Pour expliquer des inconséquences de ce genre, une théorie a été présentée, dont, peu à peu, la science psychologique et la physiologie elle-même

---

1. *Le Figaro*, supplément littéraire (26 mars 1887).
2. Anatole France, *la Vie littéraire* : *M. Leconte de Lisle à l'Académie française*.

contribuent à établir la justesse. Si elle est admise, il faut considérer ce que nous appelons *l'individu*, non pas comme une entité simple, homogène, identique jusqu'en ses transformations, mais comme un agrégat de *moi*, de *sujets* quelquefois presque similaires, quelquefois très distincts les uns des autres, possédant chacun leur personnalité particulière, qui naît, qui se développe et qui meurt en un laps de temps plus ou moins considérable. L'expérience matérielle a déjà démontré d'une manière à peu près certaine le dualisme cérébral [1], et rien, selon la logique, ne s'oppose à ce que ce dédoublement de notre être ne soit encore poussé beaucoup plus avant en d'autres dédoublements successifs. Étudier un homme ne consiste plus dès lors à observer avec minutie son cerveau et son âme, mais bien *ses cerveaux* et *ses âmes*; à essayer de les dénombrer, à les analyser séparément, à les regarder agir de concert ou à tour de rôle, à noter leurs chocs ou leurs combinaisons, à tâcher de saisir enfin le lien souvent faible qui les rattache en faisceau. Nous avons été déjà amené à procéder de la sorte pour Théophile Gautier et surtout pour Baudelaire; pour Flaubert, devant un phénomène semblable, un semblable travail s'imposera; et, s'il a été impossible pour MM. de Goncourt, c'est que chez eux — comme

1. Voir dans la *Revue scientifique* (janvier 1884) un article de M. B. Ball sur *le Dualisme cérébral*.

on l'a vu — les *moi* sont à tel point multiples, éphémères et incohérents qu'on ne saurait ni les étreindre ni les classer selon une règle fixe. Dans le cas actuel, la tâche est beaucoup plus aisée, parce que le poète est beaucoup moins complexe ; ses trois volumes de vers révéleraient même un tempérament d'une unité presque absolue, si l'on s'en tenait à l'impression première, et si, d'autre part, des publications dissimulées et inconnues ne permettaient de découvrir, sous le rude manieur d'*idées*, grave, sombre et hautain, un ou plusieurs personnages d'un ordre bien différent. Le *sujet artiste*, ayant dominé et écrasé par sa splendeur ceux qui l'entouraient, a pu ainsi nous procurer l'illusion qu'il existait seul, et, à vrai dire, il est le seul réellement intéressant. — Mais, de sa prépondérance, faut-il conclure qu'il a irrémédiablement supprimé ses rivaux ?

Le propre des *Poèmes antiques, barbares* ou *tragiques* n'est assurément pas la naïveté de conception et de style, et l'on appliquerait volontiers à leur créateur le mot d'Auguste Barbier sur Michel-Ange : « On croirait qu'il n'a jamais ri [1] ». A côté du penseur nihiliste, il y a cependant un autre penseur d'une intelligence très moyenne celui-là, assez étroit dans ses utopies d'humanitairerie candide et de libéra-

---

1. *Il pianto : Michel-Ange.*

lisme intransigeant ; derrière le grand génie plastique, se cache pourtant un versificateur larmoyant et poncif, une sorte de faiseur de romances prétentieuses et sentimentales. On affirme que Walter Scott reste encore aujourd'hui pour le maître l'objet de lectures assidues. Si paradoxale que semble l'assertion, elle n'est sans doute pas très éloignée de la vérité, et, à l'influence du conteur écossais, peut-être faut-il même ajouter celle, plus lointaine, d'un écrivain qui eut son heure de gloire, qui fut sincèrement admiré de Chateaubriand et de Lamartine, et qui, lui aussi, était né à la Réunion : nous voulons dire Parny. M. Leconte de Lisle, — quand l'homme de génie sommeille, — aime les ballades pseudo-allemandes comme *les Elfes* ou *Christine* [1] ; les paysanneries amoureuses comme ses *Chansons écossaises* [2] ; les historiettes moitié musulmanes, moitié chevaleresques comme *la Fille de l'Émyr* [3]. Sa jeunesse est hantée par cet exotisme académique d'où étaient sortis au XVIIIᵉ siècle des ouvrages tels que *les Incas*, de Marmontel ; et il ne s'élève certes pas au-dessus de ses prédécesseurs dans quelques productions qu'ont publiées jadis d'infimes journaux de Bretagne, le *Foyer* ou le *Sifflet*. Il lui arrive même, selon les modes de la plus pure galanterie

---

1. *Poèmes barbares.*
2. A la suite des *Poèmes antiques.*
3. *Poèmes barbares.*

classique, de rimer des bouquets à Chloris, et jusque dans la première édition de ses poèmes, on s'arrête stupéfait devant des quatrains dans le genre de ceux-ci :

> Là-bas, sur la mer, comme l'hirondelle,
> Je voudrais m'enfuir, et plus loin encor !
> Mais j'ai beau vouloir, puisque la cruelle
> A lié mon cœur avec trois fils d'or.
>
> L'un est son regard, l'autre son sourire,
> Le troisième enfin est sa lèvre en fleur ;
> Mais je l'aime trop, c'est un vrai martyre :
> Avec trois fils d'or elle a pris mon cœur.
>
> Oh ! si je pouvais dénouer ma chaîne !
> Adieu ! pleurs, tourments, je prendrais l'essor.
> Mais non, non ! mieux vaut mourir à la peine,
> Que de vous briser, ô mes trois fils d'or [1] !

Admettra-t-on que des madrigaux élégiaques de cette banalité aient pu surgir du même cerveau qui a conçu et exécuté *Kaïn* ou *Khirôn*, et faut-il croire qu'une seule individualité, une cause unique aient abouti à des résultats aussi complètement disparates ?

Ceci, du reste, ne serait rien encore. Dans les faits de l'espèce que nous citons, il est permis de supposer des défaillances momentanées et exceptionnelles, sans qu'il soit besoin de recourir à des théo-

---

1. Cette pièce se trouve dans la première édition des *Poésies complètes* (Paris, Poulet-Malassis et de Broise, éditeurs, p. 274) ; elle est intitulée : *Tre fila d'oro*.

ries philosophiques assez subtiles et imparfaitement démontrées. Ce qui offre un caractère plus curieux, c'est de voir M. Leconte de Lisle, socialiste et démocrate, journaliste avancé dans les feuilles phalanstériennes vers 1845, et, plus de vingt-cinq ans après, auteur de l'*Histoire populaire du christianisme,* du *Catéchisme républicain* et de l'*Histoire populaire de la Révolution française.* Le premier nous l'avons analysé et dépeint assez longuement pour qu'il soit inutile d'y revenir ; quant au second, on pourrait se passer de commentaires plus amples sur son compte en déclarant qu'il est diamétralement le contraire de l'autre. En dépit du Bouddha et de l'irréalité des apparences universelles, il proclame « les vrais principes ; il croit à la liberté humaine, au bonheur, à la justice, au progrès conquis par le travail ; il affirme les droits du pauvre vis-à-vis des devoirs du riche et proscrit l'aumône ou la charité comme immorales [1] ». Pour couronner cet ensemble de platitudes, il se constitue le champion d'un anticatholicisme des plus vulgaires, dont on ne pourrait que sourire, s'il n'avait malheureusement gâté quelques-uns des *Poèmes barbares.*

Il va de soi qu'en nous attardant à des constatations de cette espèce, notre but n'est aucunement de rabaisser l'un des plus puissants créateurs de la

---

1. *Catéchisme populaire républicain.*

littérature contemporaine, et que nous ne tenons pas davantage à fournir une étude complète sur chacune de ses diverses natures psychologiques, sans omettre les plus ignorées et les plus dignes de l'être. Nous n'avons cherché que des arguments pour la justification d'une thèse, dont l'exactitude importe à notre travail, et qui peut se poser à peu près en ces termes : l'homme, au lieu d'être une entité simple, est-il un agrégat d'entités bien individuelles ? Si oui, l'antinomie, qui nous a déconcertés chez le maître entre sa doctrine de fatalisme inerte, et son existence artistique si laborieuse, se résout naturellement par une dualité d'origine, et nous n'avons plus qu'à indiquer quel fut ici le facteur actif dont la force vitale a résisté au quiétisme négateur et délétère de l'Hindou.

Par le milieu où il naquit et où s'écoula sa jeunesse, par les spectacles et l'éducation qui ont formé son esprit, par ses lectures et aussi sans doute par certaines prédispositions dont on ne saurait guère découvrir les causes mystérieuses, si le poète des *Érinnyes* apparaît presque comme un Oriental, on ne doit pas oublier que, par sa naissance même, par ses ascendants et par ses ancêtres, c'est un homme de l'Occident, un fils de la civilisation gréco-chrétienne, le produit d'une race qui, comme nous l'avons fait voir, aime la vie, recherche l'action et répugne au trépas. Avant que les deux éléments ennemis eussent trouvé le terrain neutre où ils pouvaient se rencontrer et marcher de concert, chacun selon toute vraisemblance combattit pour son compte et refusa de se laisser absorber; jusque dans les ouvrages les plus récents, en face du funèbre mystique qu'attire le *nirvâna*, se dresse un impatient de l'existence immortelle, qui se révolte contre l'anéantissement, qui rêve parfois d'éternité, qui s'attriste quand il songe que ce qui fut son cœur et son cerveau est voué à s'engloutir inévitablement au sombre abîme final :

> ...Tout cela, jeunesse, amour, joie et pensée,
> Chants de la mer et des forêts, souffles du ciel
> Emportant à plein vol l'Espérance insensée,
> *Qu'est-ce que tout cela, qui n'est pas éternel* [1] ?

D'autre part, le maître semble si peu pénétré de ce renoncement torpide qu'ont prêché les sages des rives du Gange, que, dans son *Anathème* des *Poèmes barbares*, il regrette le temps où l'effort et la lutte s'imposaient, et que, déniant à sa doctrine une portée générale, il a l'air de ne la considérer que comme la résultante d'un état de choses accidentel, circonscrit à l'humanité seule et à notre seule époque. La vie universelle, la vie en soi ne serait pas mauvaise, ainsi qu'il l'a affirmé ailleurs ; elle l'est devenue aujourd'hui sans doute, mais par un con-

1. *Poèmes tragiques : l'Illusion suprême.*

13.

cours de circonstances qui ne sortent pas fatalement de ses principes essentiels.

> Si nous vivions au siècle où les Dieux éphémères
> Se couchaient pour mourir avec le monde ancien,
> Et de l'homme et du ciel détachant le lien,
> Rentraient dans l'ombre auguste où résident les Mères,
>
> Les regrets, les désirs, comme un vent furieux,
> Ne courberaient encor que les âmes communes ;
> *Il serait beau d'être homme* en de telles fortunes,
> Et d'offrir le combat au sort injurieux.

Bien plus : en ce moment encore, qu'un but soit donné à notre activité latente, et nous irons avec joie vers l'action ; que des Dieux nouveaux surgissent, qu'une foi quelconque rallume l'enthousiasme en nos âmes, et la vie vaudra d'être vécue. Elle est devenue haïssable ; il n'est pas impossible qu'elle redevienne heureuse :

> O liberté, justice, ô passion du beau,
> Dites-nous que notre heure est au bout de l'épreuve,
> Et que l'amant divin promis à l'âme veuve
> Après trois jours aussi sortira du tombeau !
>
> Éveillez, secouez vos forces enchaînées,
> Faites courir la sève en nos sillons taris ;
> Faites étinceler sous les myrtes fleuris,
> Un glaive inattendu, comme aux Panathénées[1] !

Est-ce là la prière d'un bouddhiste ? Elle va même jusqu'à offrir une singularité rare dans les invoca-

---

1. *Poèmes barbares : l'Anathème.*

tions des poètes du désespoir, — chez Chateaubriand ou chez Alfred de Musset, par exemple : — elle regarde en avant plutôt qu'en arrière ; elle cherche le soulagement de nos douleurs mentales, non pas dans un retour chimérique vers le passé, mais dans une marche ascendante vers les champs illimités que nous ouvre l'avenir. Et ce sera seulement si l'avenir nous fait aussi banqueroute, que, préférant alors l'inconscience absolue à l'unique conscience d'une irrémédiable agonie, nous nous résoudrons à nous perdre dans le morne refuge de l'oubli et du néant. Alors

> ...Terre épuisée où ne germe plus rien
> Qui puisse alimenter l'espérance infinie,
> Meurs ! Ne prolonge pas ta muette agonie ;
> Rentre pour y dormir au flot diluvien.
>
> Et toi qui gis encor sur le fumier des âges,
> Homme, héritier de l'homme et de ses maux accrus.
> Avec ton globe mort et tes Dieux disparus,
> Vole, poussière vile, au gré des vents sauvages [1].

Si cette conception du monde, relativement optimiste, est peu fréquente chez M. Leconte de Lisle, on la retrouve cependant à plusieurs reprises. Elle est à noter dans un de ses premiers essais, — qui plus est, un de ceux qu'il a empruntés à l'Inde, — dans *Çunacépa*, qui se termine par une sorte d'hymne au bonheur et à la jeunesse. L'auteur,

---

1. *Poèmes barbares : l'Anathème.*

ce jour-là, parlait peut-être pour lui-même plutôt que pour ses personnages ; et quand il prête à Çanta l'exclamation qu'Euripide a mise dans la bouche d'Iphigénie au moment du sacrifice,

Mon père vénérable et cher! *vivre est si doux* [1].

ce cri qui serait naturel chez une vierge de notre époque, et que nous comprenons chez la victime de Calchas, semble peu conforme à ce que l'on se figure d'une fille des Brahmanes.

Et cependant, malgré tout, malgré les faits que nous avons cités, malgré quelques élans d'amour ou d'espérance, malgré la foi artistique ardente qui a soutenu un labeur de plus de quarante ans, le maître est et reste un Hindou [2], mais un Hindou transformé à la mesure de notre siècle par un atavisme lointain, un Hindou mélangé d'hellénisme. C'est encore là la formule la plus brève et la plus exacte par où on puisse le définir, celle qui nous donne le mieux la clef de son caractère, de sa philosophie et de son œuvre, et qui explique la grande contradiction qu'a relevée M. Anatole France. Si en lui l'Oriental ne cherche qu'à oublier et à mourir,

---

1. *Poèmes antiques : Çunacêpa*, chant V.
2. D'après le mot de M. Émilio Castelar sur Victor Hugo : « C'est le plus grand poète espagnol de la langue française », nous entendions un jour définir M. Leconte de Lisle, « le plus grand poète hindou de la France ».

l'homme de l'Occident veut agir et penser ; tandis que le premier n'aperçoit dans l'univers qu'un enchaînement de mirages et d'illusions tristes qu'il dédaigne de contempler et de décrire, le second proteste contre cette interprétation du monde extérieur auquel il croit, et qu'il aime. Attiré en même temps vers ces deux contraires, M. Leconte de Lisle n'a opté complètement ni pour l'un ni pour l'autre. S'arrêtant à mi-chemin de sa doctrine bouddhique, il a pensé et agi, mais seulement dans le domaine des apparences et des *idées* ; peu à peu, il s'est intéressé aux chimères qu'enfantait son cerveau ; tout en maudissant la vie réelle, il a fini par se plaire à la vie factice dont étaient animées les créatures de son imagination, et ce qu'il nous livre de lui-même ce sont moins ses sentiments personnels que les rêves qu'il a faits.

Il en a fait de lugubrement grandioses avec les chantres des Védas, avec Valmiki et Baghavat ; de gracieux ou d'héroïques avec les Grecs ; de sauvages et de sanglants avec les barbares germains ou scandinaves ; d'étincelants de couleur et de lumière avec les races musulmanes ; il n'est pas jusqu'aux religions polynésiennes dont les légendes ne lui aient fourni le sujet d'une scène épique [1] ; la Bible enfin, dans ce prodigieux vagabondage à

---

1. *Poèmes barbares : la Genèse polynésienne.*

travers les peuples et les siècles, ne pouvait être
laissée à l'écart : elle a inspiré au poète ce *Kaïn* que
l'on a considéré parfois comme le point culminant
de ses écrits, et où l'on a cru voir une sorte de confession dans la peinture du Révolté, ce qui ne
serait guère conciliable avec la théorie du Néant si
catégoriquement soutenue. En réalité, — pas plus
dans *Kaïn* que dans les autres ouvrages de ce cycle
immense, — on ne doit chercher une logique trop
exacte : avec une préoccupation constante de la
couleur locale et un souci évident de la reconsti-
tution historique, ils n'aboutissent à rien de très
précis, et il n'y a rien à conclure de chacun en
particulier, parce qu'ils portent en soi, dans leur
ensemble, leur conclusion, leur finalité. Songes
innombrablement multiformes, issus à la fois d'une
intelligence négatrice et incrédule et d'une imagination essentiellement poétique, il fallait, pour les
comprendre avoir participé dans une mesure quelconque aux états d'esprit qui les ont produits et
que nous avons essayé de dépeindre. Or, dans les
débuts principalement, ce fut l'apanage d'une minorité infime : la majorité demeura et demeure
encore réfractaire à ces œuvres sévères et fortes,
mais un peu troublantes et inexplicables pour qui
n'a pas été initié aux mystères de leur genèse.

V

Elles ne correspondent, en effet, à aucun des grands sentiments généraux et simples, toujours facilement accessibles; ceux qu'elles ont exprimés, en ce moment même restent lettre morte pour la plupart des lecteurs, et ne parviennent seulement pas à les étonner tant ils sont incompris. On ne s'émeut pas plus en leur présence que devant une énigme indéchiffrable, et, par un phénomène de transposition bizarre, on objective sa propre froideur pour la leur attribuer. C'est ainsi qu'a surgi et qu'a été maintenu sans cesse ce reproche d'impassibilité qui fait le fond de presque toutes les accusations qu'ont dirigées contre M. Leconte de Lisle ses ennemis littéraires. Dans une courte étude de la *Critique philosophique*[1], M. Louis Ménard a cru devoir le disculper de cette prétendue erreur. En était-ce bien la peine? Il n'est pas démontré d'abord que la beauté absolue, idéale, vers qui doit tendre l'artiste, ne soit pas impassible. Il est certain en revanche que ni les *Poèmes antiques*, ni les *Poèmes barbares*, ni les *Poèmes tragiques* ne sont arrivés à ce terme abstrait et suprême. De courts

---

1. Numéro du 30 avril 1887.

fragments qui visent à la splendeur immobile du marbre ne constituent pas une preuve ; quant au reste, il suffit de rappeler les quelques passages déjà cités au cours de ce travail pour qualifier un argument né chez presque tous d'un défaut d'éducation artistique, et pour nous dispenser d'y répondre.

Ce qui semble plus sérieux, — et nous l'avons admis par avance, — c'est le dédain, inconscient ou voulu, dont le maître ne s'est guère départi vis-à-vis des pensées, des passions, des aspirations humaines, vis-à-vis de l'humanité, en un mot. S'il ne l'a pas complètement écartée de son œuvre, il l'a reléguée en tous cas à un rang tellement subalterne qu'elle n'a pas consenti à s'y reconnaître, et qu'elle s'est plaint d'avoir été ignorée. Quand le poète fut reçu à l'Académie française, M. Alexandre Dumas fils se constituait sans doute bien le fidèle interprète de ce grief en disant : « Moi aussi, je suis intéressant, moi l'homme. Mon moi qui vit, qui aime, qui pense, qui souffre, qui espère au point de croire à ce que rien ne lui prouve, ce moi, guenille je veux bien, mais guenille qui m'est chère, ce moi a autant de droits que le reste de l'univers à l'expression de son amour, de sa douleur, de son espérance, de sa foi, de son rêve. Si je pardonne aux poètes, si je leur demande même de me parler d'eux, c'est qu'en me parlant d'eux, s'ils en parlent bien, ils me parlent de moi[1]. » Malheureusement, non pas pour le mérite, mais pour la popularité de ses ouvrages, M. Leconte de Lisle ne s'est jamais laissé conduire par des préoccupations de ce genre; et sans s'inquiéter d'un succès plus ou moins vulgaire, il n'a obéi qu'à ses inspirations personnelles et à son tempérament, déterminés eux-mêmes par les multiples causes que nous avons recherchées et essayé de décrire. S'est-il trompé ? Faut-il croire que le résultat obtenu, fondé sur une vision inexacte du monde, soit aussi défectueux, aussi éloigné du vrai qu'on le prétend ? Devant la philosophie actuelle, nous ne le pensons pas.

Sans nous en rendre précisément compte, nous vivons sur la légende de l'homme façonné à l'image de Dieu, créature supérieure et privilégiée, la dernière et la plus parfaite qui soit sortie des mains de Jéhovah. L'homme a été proclamé roi de la nature entière, et encore faut-il entendre le mot roi selon la signification que lui ont toujours donnée les peuples d'Orient, c'est-à-dire le maître absolu et despotique : tout a été, dès l'origine, fabriqué à son usage et soumis à son empire. Plus tard, pour racheter sa faute primitive et lui permettre de parti-

---

1. Discours en réponse à celui de M. Leconte de Lisle, lors de sa réception à l'Académie française.

ciper aux béatitudes éternelles, une des hypostases de la trinité divine s'est incarnée en lui, s'est offerte comme holocauste, a pleuré et s'est immolée sur la croix. Prodigieux sacrifice, que justifie presque cependant l'essence spéciale de l'être pour qui il a été accompli ; car lui seul a reçu la flamme d'en haut; lui seul possède une âme intelligente et immortelle, une conscience qui dirige ses actions; lui seul connaît le but de son existence ici-bas, use de la faculté du langage et progresse indéfiniment vers la perfection, tandis que la brute s'ignore elle-même, ne pousse que des cris inarticulés et exécute mécaniquement une série de mouvements et d'actes éternellement identiques. Devant la splendeur de cette force et de ce génie, qu'importe le reste du monde ? et comment mériterait-il de nous occuper, sauf peut-être dans ses rapports avec celui pour qui il a été fait et auprès duquel il n'est rien ? L'homme ! l'homme sans cesse ! il absorbe l'art, la philosophie, la littérature, la religion, et ce qu'en diront les penseurs intéressera toujours, puisque dans l'univers sans bornes tout se ramène à lui.

Par malheur la science moderne, sous ses formes diverses, s'est heurtée à ce fragile système, et, sans qu'il lui ait été nécessaire de renouveler souvent ses assauts, elle a fait devant elle crouler rapidement l'édifice. Renversé de son piédestal, le roi de la création, qui, de sa propre autorité, s'était attribué une naissance quasi divine, a été replacé à son rang dans l'échelle des êtres, parmi les autres vertébrés et à peine distinct de ses congénères. On nous l'a montré plié sous l'influence des temps, des climats et des milieux, strictement conduit par les grandes lois naturelles qui le dominent, jouet de ses organes physiques, doué d'une conscience très vague et d'une liberté très douteuse. Tandis qu'il était ainsi réduit à des proportions infimes dans l'ensemble des choses, le monde extérieur se trouvait incommensurablement grandi, et la majesté de l'un s'accentuait en raison directe de la déchéance de l'autre. En dépit du sentiment public, qui du reste ne se voyait pas menacé, et pour qui nulle modification n'était même apparente, la peinture et la poésie se mettaient à l'unisson du mouvement scientifique : l'animal humain n'y venait plus qu'au second plan et parfois il en était banni. C'est en notre siècle seulement qu'a surgi une école de paysagistes sans comparaison possible avec celles du passé, et qu'un sculpteur comme Barye a osé prendre ses modèles dans une classe d'êtres dont les Grecs eux-mêmes s'étaient à peine occupés. La différence des époques est tranchée d'une manière encore plus sensible, si l'on rapproche un tableau de la Renaissance, *les Noces de Cana* par exemple, de telle autre toile d'un maître contemporain, ou les tragédies de Corneille des drames de Victor Hugo ;

chez les artistes d'aujourd'hui on découvre perpétuellement un souci des objets ambiants, de la nature et des circonstances extérieures, du décor et de l'entourage matériels qui n'était certes pas connu jadis et qui se répète avec trop de fréquence pour qu'on ne soit pas obligé d'y voir la marque d'une transformation psychologique générale. Lentement et presque à notre insu, le panthéisme nous a envahis. Ainsi donc, quand M. Leconte de Lisle empruntait sa formule à une doctrine voisine de celle du Bouddha, le hasard, un instinct obscur peut-être le mettait en concordance avec les conclusions de la philosophie actuelle, et il ne faisait qu'accentuer les théories qui ont mené notre siècle tout entier. A-t-il dépassé la mesure, comme l'ont prétendu ses détracteurs ? ou bien a-t-il ouvert une voie nouvelle en rajeunissant la poésie à des sources encore inexplorées ? On ne peut sur ceci avancer que des hypothèses, et il sera donné à l'avenir seul de juger en dernier ressort.

Quel que soit d'ailleurs le destin réservé à l'œuvre que nous venons d'étudier, quelle que soit même sa signification réelle que nous avons essayé d'établir sans pouvoir cependant nous déclarer possesseurs de l'absolue certitude, il reste en tous cas à son auteur l'indéniable mérite d'une prodigieuse puissance plastique. *Çunaçépa, Khirôn, Kaïn, le Cœur de Hialmar, le Corbeau,* nous fussions-nous complètement trompé sur leur compte au point de vue de la pensée inspiratrice, n'en demeureraient pas moins d'admirables manifestations du génie poétique à notre époque et à toutes les époques. On en peut parler comme du marbre grec connu sous le nom de *Vénus de Milo*. Que représente-t-il exactement ? Nul ne le sait; et les érudits en sont réduits à des conjectures plus ou moins vraisemblables. Mais que l'artiste ait voulu modeler une Aphrodite, une Victoire Aptère ou une Polyxène, la question n'a en définitive qu'une importance de second ordre. Ce qui est certain, c'est que, dans ce corps de femme aux lignes admirablement pures et aux contours harmonieux, dans ce visage d'une sérénité plus qu'humaine, il a laissé à travers les âges une des expressions les plus hautes de la Beauté idéale.

GUSTAVE FLAUBERT

I. — *Madame Bovary* et *Salammbô*.
II. — L'imagination de Flaubert. — Son goût pour les outrances et le monstrueux.
III. — Le tempérament scientifique et le sens de l'observation exacte. — Influence du romantisme.
IV. — La vérité et l'art. — Le réalisme. — Tendance au comique.
V. — L'homme et son caractère.

I

En 1862, lorsque parut le second roman de Gustave Flaubert, si impatiemment attendu depuis plusieurs années, ce fut un grand étonnement pour quelques-uns de ses amis littéraires, plus qu'un étonnement, une désillusion. On s'était habitué à le considérer comme l'auteur exclusif de *Madame Bovary*, ou tout au moins comme le représentant incontesté du genre spécial que révélait son premier ouvrage ; on avait engagé la bataille sur son nom à propos du *réalisme* et du *modernisme* ; en dehors de son consentement, on l'avait, — ou peu s'en faut, — proclamé chef d'école, et l'on espérait bien que, non content d'une victoire unique, il allait marcher plus avant dans la voie qu'il avait choisie. Quelques partisans s'étaient déjà groupés autour de son livre, et tout en se reconnaissant les disciples du nouveau maître, ils prétendaient l'attacher à leurs formules et à leurs théories d'art, s'en servir comme d'un porte-drapeau, en faire, pour ainsi dire, leur chose. Quelle surprise et quelle déception, devant ce volume qui n'avait plus aucun rapport avec le précédent, ni par le choix du modèle, ni par la conception du sujet, ni par les tendances, ni même par le style, et qui, à défaut de signature, eût été considéré à bon droit comme sorti d'un tout autre cerveau que celui qui avait enfanté le ménage Bovary, M. Homais et le curé Bournisien !

A quel propos cette désertion si complète et, en apparence, si inexplicable ? Le romancier eût été pourtant mal venu à se plaindre de l'indifférence publique, et à y trouver un prétexte de découragement. Jamais peut-être débuts n'ont été accueillis avec une curiosité pareille : jamais tant de bruit ne s'est fait, aussi brusque et aussi spontané, autour d'un littérateur que personne ne connaissait encore, et que nulle publication antérieure ne recommandait à la bienveillance du monde des lettres. Il y eut, comme après l'éclat d'un coup de foudre, une émotion immense qui se communiqua à tous, et que nous pouvons à peine nous figurer aujourd'hui, malgré le témoignage écrit ou verbal des contemporains unanimes. Avant même que *Madame Bovary* eût été imprimée jusqu'au bout dans le recueil périodique où elle paraissait[1], du jour au lendemain Flaubert était célèbre. Les articles de journaux ou de revues se multiplièrent; de toutes parts, les félicitations vinrent saluer celui que l'on qualifiait déjà de continuateur de Balzac. George Sand, Lamartine se joignirent sans restrictions au concert des admirateurs. Enfin, le scandale d'un procès correctionnel pour outrage aux bonnes mœurs, heureusement terminé par un acquittement, provoqua, selon la coutume, une nouvelle explosion de popularité, et acheva d'établir, d'une manière indestructible, dans l'esprit de la foule, une gloire qui venait à peine de surgir à l'horizon.

Malgré tout, dédaigneux d'un succès facile, à peu près assuré s'il se fût maintenu sur le terrain de son récent triomphe, l'écrivain abandonnait notre société, notre époque et nos coutumes, pour se transporter, par delà l'antiquité gréco-latine qui nous est familière, jusqu'à cette mystérieuse Afrique du IIIe siècle avant Jésus-Christ, un moment fécondée par les colonies phéniciennes, retombée depuis dans le néant sans même laisser sur le sol une ruine des monuments de sa grandeur. Devant cette exhu-

---

1. *Revue de Paris*.

mation, les Goncourt, enfermés dans les limites étroites de leur monde contemporain, n'éprouvèrent naturellement qu'un enthousiasme très contenu, et en somme ils ne comprirent pas [1]. Le grand représentant de la critique d'alors, Sainte-Beuve lui-même, Sainte-Beuve surtout, sous une forme modérée, se montra sévère pour l'épopée barbare, accusa presque son ami d'avoir trahi la vraie cause, et du reste ne comprit pas davantage [2]. Il s'était placé pour étudier *Salammbô* à un point de vue absolument détestable, et, s'obstinant à y chercher ce que nous appelons un roman, il avait beau jeu à en relever les points faibles et se faisait la partie trop aisée pour conclure à un échec. Les trois articles aboutissaient à quelques conseils d'une prudence assez plate. Il voulait que l'auteur revînt « à la vie, à ce qui est du domaine et de la portée de tous, à ce que notre époque désire le plus et qui peut l'émouvoir sincèrement ou la charmer ». Il l'engageait en terminant à ne pas tenter l'impossible et à toujours demeurer « l'homme de sa nature ». Qu'eût-il pensé plus tard, le juge autorisé des *Lundis*, s'il avait pu lire à ce sujet l'appréciation d'un témoin intime de la vie de Flaubert, et qui professait sur *la nature* du grand écrivain une opinion diamé-

---

1. *Journal des Goncourt*, t. 1er (6 mai 1861).
2. *Nouveaux Lundis*, t. IV (8, 15 et 22 décembre 1862.)

tralement opposée? Il fut sans doute resté stupéfait devant cette phrase des *Souvenirs littéraires* de M. Maxime Du Camp : « *Salammbô* est le livre excessif de Flaubert ; il eut moins de retentissement et est moins apprécié que *Madame Bovary*, je le sais ; *mais c'est celui qui est le plus dans son tempérament*, c'est celui où il s'est abandonné sans contrainte, *c'est celui sur lequel on le doit apprécier*, car il y a mis tous ses défauts et toutes ses qualités [1]. »

Et cependant, maintenant que des années se sont écoulées et que l'on peut observer l'homme et l'œuvre plus impartialement, de plus loin et de plus haut, avec un recul qui permet d'un seul coup d'œil de les voir dans leur ensemble, maintenant que des correspondances et des mémoires alors inédits ou inexistants ont été publiés, l'assertion de Sainte-Beuve se trouve bien compromise, et c'est à celle de M. Maxime Du Camp que la postérité, semble-t-il, devra se rallier. Le volume le plus complètement adéquat au génie artistique du maître, celui qui correspond de la manière la plus logique et la plus immédiate à sa conformation cérébrale, c'est bien, avec *la Tentation de saint Antoine*, le poème de *Salammbô*. Ses autres ouvrages, — en quelque haute estime qu'on les tienne, — ne sont que des produits indirects de sa pensée et ne parais-

---

1. *Souvenirs littéraires*, t. II, ch. XXI.

sent pas faits à son image : il les a conçus et mis au jour avec un sentiment voisin du dégoût ; en se défendant plus tard de visées réalistes, on peut dire que parfois il les a presque désavoués [1].

II

Quoique modifiée par des motifs que nous examinerons plus tard, la note primordiale et dominante, en effet, de l'imagination, de la personnalité artiste chez Gustave Flaubert, c'est une tendance incessante, irraisonnée, tyrannique vers l'outrance en toutes choses, dégénérant souvent en un besoin impérieux et morbide de l'impossible. Sa haine du *bourgeois* est restée légendaire ; et, pour se l'expliquer, il n'y faut pas voir seulement le puéril respect d'une tradition romantique, mais plutôt considérer qu'il résumait en ce vocable toutes les idées de sagesse moyenne, d'équilibre et de pondération, qui, d'instinct, lui étaient en horreur [2]. S'il est vrai

---

1. Voir de nombreux passages de la correspondance de Flaubert ; entre autres, la lettre cxxi de la *Correspondance avec George Sand :* « Notez que j'exècre ce qu'on est convenu d'appeler le réalisme, bien qu'on m'en fasse un des pontifes. »

2. « J'appelle bourgeois, disait-il, quiconque pense bassement. » Guy de Maupassant, *Préface à la Correspondance de Flaubert avec George Sand.*

qu'il ait consacré son existence à la poursuite et à l'adoration du beau, il faut ajouter, d'autre part, qu'il a toujours fait consister le beau dans les exagérations du fond et de la forme ; admirateur très éclectique, dès qu'il voyait dans un acte, dans une parole ou dans une œuvre un grossissement de la réalité, il ne s'est guère soucié d'établir des catégories et des limitations, ni d'astreindre son esprit à un choix parmi les innombrables tableaux que lui présentait le monde. Un jour, dans une de ses lettres, il a pu écrire cette phrase curieuse : « L'ignoble me plaît : c'est le sublime d'en bas[1]. »

Et non seulement l'ignoble, mais aussi le grotesque bouffon ou le mélodramatique tourmenté, l'extraordinaire ou le monstrueux. Sa nièce, madame Caroline Commanville, a écrit de son oncle qu'il avait « un attrait infini pour les excessifs dans tous les genres [2] » ; et rien n'est plus exact, la platitude ou le ridicule même ne le rebutant pas, pourvu qu'ils fussent poussés à un certain degré. — Ses lectures oscillent ainsi d'Eschyle à Pigault-Lebrun, des poèmes bibliques aux tragédies de Voltaire [3], des comédies d'Aristophane aux hallucinations sanglantes et lubriques du marquis de

---

1. *Correspondance*, Ire série, lettre à madame X*** (4 septembre 1846).
2. *Souvenirs intimes* (En tête de la correspondance), ch. III.
3. Maxime du Camp, *Souvenirs littéraires*, t. Ier, ch. IX.

Sade. — Ce dernier même, si l'on en croit le *Journal des Goncourt*[1], le hantait d'une manière assidue, et, quelle qu'ait été la chasteté d'une vie lentement usée sur la table de travail, le témoignage des deux frères offre trop de vraisemblance pour être tenu comme suspect.

La préoccupation humanitaire et morale jouait un rôle tellement effacé dans la détermination de ses préférences d'artiste !.

Il eût signé sans doute avec entier acquiescement le mot célèbre de M. J.-J. Weiss : « C'est beau, un beau crime », et il a, plus d'une fois, formulé pour son compte quelques aphorismes dans le même goût, à qui il n'eût fallu peut-être pour se faire autant remarquer qu'une rédaction en termes aussi axiomatiques. « Je déteste la tyrannie moderne, écrit-il en 1846, parce qu'elle me paraît bête, faible et timide d'elle-même ; mais j'ai un culte profond pour la tyrannie antique, que je regarde comme la plus belle manifestation de l'homme qui ait été[2]. »

Uniquement frappé par les côtés grandioses des anciens despotismes, il admirait, plein de respect, les Césars sanguinaires de la décadence romaine, et précisément pour leur amour du sang. Sa sympathie

---

[1]. *Journal des Goncourt*, t. I⁰ʳ (Novembre 1858).
[2]. *Correspondance*, Iʳᵉ série, Lettre à madame X*** (7 août 1846).

hésite entre Héliogabale et Néron[1]; son âme se dilate au souvenir des rois captifs attachés aux chars des triomphateurs; quant aux jeux du cirque, il n'y peut songer sans que leur splendeur l'éblouisse, et leur barbarie, dans son déploiement gigantesque, lui apparaît comme l'incarnation même de la plus immense poésie :

Le cirque! c'est là qu'il faut vivre; on n'a d'air que là, et on a de l'air poétique à pleine poitrine, comme sur une haute montagne, si bien que le cœur vous en bat[2].

Dans son enthousiasme, il en était arrivé à un désespoir réel de ne pouvoir donner des combats de gladiateurs dans son jardin du Croisset[3], et il se lamentait sur l'irrémédiable discrédit où la civilisation moderne a laissé tomber le goût des sensations rudes et fortes. Lui qui fut assurément dans ses mœurs l'homme le moins cruel qui se puisse rencontrer, il se plaisait à illusionner sa pensée de fantasmagories atroces. Un jour, parlant au milieu d'un groupe d'amis de ces impressions violentes dont les peuples antiques avivaient leurs plaisirs, il en citait comme l'unique et lointaine réminiscence à l'époque actuelle, le frisson à la fois âpre et vo-

---

1. *Correspondance*, Ire série, Lettre à Louis de Cormenin (juin 1844).
2. *Ibid.*, *Id.*, lettre à Maxime Du Camp (avril 1846).
3. Maxime Du Camp, *Souvenirs littéraires*, t. Ier, ch. IX.

luptueux qu'on éprouve à regarder aux abattoirs le couteau s'enfoncer dans la gorge des bêtes [1].

Cette anomalie mentale serait déjà étrange à observer si, dans l'histoire des lettres, on la voyait particulière à l'auteur de *Salammbô*; mais quelque forcé que semble au premier abord un rapprochement, il faut se souvenir qu'elle a été une des marques distinctives de toute une école théâtrale en Angleterre.

Les prédécesseurs et les contemporains de Shakespeare, et Shakespeare aussi parfois, s'attachent avec une insistance maladive à des fictions épouvantables, à de longues descriptions d'horreurs, scènes de massacres ou de supplices qu'on dirait émanées des méditations des tortionnaires, et qui secouent brutalement le système nerveux plutôt qu'elles ne touchent l'intelligence ou la sensibilité. Qu'on se rappelle certaines pièces de Kid ou de Marlowe [2], et surtout ce long cauchemar en trois mille vers, *Titus Andronicus*, auquel a très probablement collaboré le créateur d'*Hamlet*. Le meurtre, le viol, les mutilations, le cannibalisme s'y succèdent sans interruption comme les principaux ressorts dramatiques sur lesquels repose l'ouvrage. Un fils est exé-

---

[1]. Nous tenons l'anecdote de M. Auguste Dide qui était, ce jour-là, du groupe devant lequel Flaubert soutenait sa singulière opinion.

[2]. *Jéronimo* et *le Juif de Malte*.

cuté presque en présence de sa mère et son cadavre
dépecé à coups de sabres; une jeune femme dont
on a assassiné le mari est violée sur son cadavre,
puis les assassins lui arrachent la langue et lui
coupent les poignets pour l'empêcher de raconter
ou d'écrire le récit du crime; elle-même se venge
en faisant égorger ses bourreaux sous ses yeux, et
c'est elle qui, entre ses moignons encore rouges, reçoit leur sang dans un bassin; ce sang servira à la
cuisson de leur chair que l'on offrira à manger à
leurs parents; et ainsi de suite, jusqu'au moment
où l'action s'arrêtera, tous les personnages ayant été
poignardés ou enterrés vifs.

A plusieurs siècles de distance, nous retrouverons
dans quelques passages de Gustave Flaubert l'équivalent de ces sujets hideux et la même tendance
évidente à s'appesantir sur les détails sinistres. Y a-
t-il atavisme? Doit-on croire qu'entre le Normand
de notre monde et de notre époque et ses ancêtres,
à demi barbares, conduits jadis en Grande-Bretagne
par Guillaume le Conquérant, il existait des affinités de race assez profondes pour avoir persisté malgré le temps et l'éloignement? Faut-il chercher à
établir un rapport quelconque entre ces poètes déjà
anciens qui présidaient à l'éclosion d'une forme artistique nouvelle, le drame anglais, et cet autre
poète moderne qui devançait la création d'une
autre forme de l'art également inédite, le roman

contemporain? Sur tout ceci, on ne saurait avec un commencement de certitude donner une réponse, et encore moins affirmer une loi. Le fait psychologique se montre si clairement de part et d'autre qu'il valait la peine d'être noté. Quant à ses origines, elles sont trop lointaines, trop obscures et trop complexes pour entreprendre de les expliquer, sinon par une exubérance de tempérament qui échappe à toute retenue, et qui, dans la poursuite du tragique, la dépasse parfois sans l'avoir atteint. En ce qui concerne spécialement Flaubert, il semble bien hors de doute que cette curiosité de l'horreur n'est qu'un des aspects de son penchant vers l'extraordinaire, le démesuré, l'irréalisable, et il ne faut que pousser plus avant l'examen pour démontrer par d'autres exemples cette caractéristique de sa nature.

Dès qu'il laisse le champ libre au vagabondage de sa rêverie, c'est par bonds désordonnés qu'elle s'enlève immédiatement vers les espaces inaccessibles jusqu'à des conceptions qui effleurent presque les extravagances des hallucinés. Il perd de longues heures à combiner minutieusement les fantaisies ultra-royales que comporte selon lui le séjour de Paris pendant un hiver; il calcule scrupuleusement les dépenses, et aboutit à cette simple conclusion que, pour subvenir à ses besoins de luxe pendant ce laps de six mois, il faudrait « une douzaine de milliards, *tout au plus*[1]. » Le moins qu'il demanderait, c'eût été de vivre dans l'antiquité ; ou de se mêler à l'existence des peuples exotiques et mal connus dont l'éloignement poétise et grandit pour nous les dimensions réelles :

Penser que peut-être jamais je ne verrai la Chine ! que jamais je ne m'endormirai au pas cadencé des chameaux ! que jamais peut-être je ne verrai dans les forêts luire les yeux d'un tigre accroupi dans les bambous [2] !

Il aspire ainsi perpétuellement à tout ce qu'il ne possède pas ; il ne désire rien tant que ce qui lui semble impraticable, découragé et dégoûté d'ailleurs dès que les événements correspondent à ses vœux, et que les caprices de son imagination se fixent en une réalité.

En Normandie, il ne souhaite que parcourir l'Inde ; il voudrait faire voile vers Ceylan qu'il désigne par son appellation antique de Taprobane et qu'il aime déjà pour la seule euphonie de son nom.

Mais qu'une occasion se présente de visiter les contrées orientales avec son ami M. Maxime Du Camp, toute son ardeur sera tombée dès le début du voyage, avant même qu'il soit sorti de Paris. En Égypte, il regrettera la France ; en Grèce, il songera

1. Maxime Du Camp, *Souvenirs littéraires*, t. Ier, ch. XII.
2. *Correspondance*, Ire série ; Lettre à madame X*** (octobre 1847).

à l'Égypte; revenu dans sa province, il recommencera à déplorer ses habitudes forcément casanières et à se passionner pour des projets impossibles, sans réfléchir que ces projets aventureux ne le captivent qu'en raison même de son repos obligatoire, et qu'il ne rêverait qu'à son jardin dédaigné si par hasard il ne pouvait en jouir [1].

Par là il se rapproche et il se distingue en même temps de Théophile Gautier pour qui les mœurs et la société moderne ne furent pas moins insupportables, et qui s'épuisa sans cesse à chercher autre chose, mais en connaissance pourtant de ce qu'il cherchait et, dès lors, avec la faculté de se satisfaire. Les différents voyages qu'il accomplit en pays étrangers furent pour son âme la source de joies immenses et immédiates; en Russie, à Venise, en Espagne il respira comme dans son élément, se déclara heureux et n'abandonna jamais ce bonheur qu'avec tristesse. L'auteur de *Mademoiselle de Maupin* savait ce qu'il voulait et le trouvait quelquefois; l'auteur de *Madame Bovary* croyait le savoir et l'ignorait en somme d'une manière absolue. Ou plutôt, on peut dire qu'il ne voulait et ne cherchait rien, mais qu'il prenait pour des désirs une indéfinissable activité de névrosé qui s'agitait en lui et le secouait avec fureur sans but précis et sans détermination fixe.

1. Maxime Du Camp, *Souvenirs littéraires*, t. II, ch. XVI.

Dans ces conditions, l'existence lui fut dure; il en souffrit sincèrement, d'autant plus qu'avec sa disposition naturelle à tout exagérer, de douloureuse il se la fit tragique, et qu'il considéra comme de cruels tourments les moindres mécomptes de son imagination désabusée. Il ne fallut pas moins que son amour de l'art pour la lui rendre tolérable, et lui permettre, selon ses propres termes, « d'escamoter la vie »[1].

Aussi, dès qu'il compose d'après ses goûts, dès qu'il laisse agir sans contrainte son génie et son tempérament, ce sont les mêmes outrances, c'est le même « attrait pour les excessifs » qui caractérisent sa rêverie matérialisée par la parole écrite. Il s'attache aux sujets bizarres, farouches, macabres qu'il emprunte aux contrées les plus lointaines, aux civilisations disparues les plus mystérieuses, ou enfin au domaine du pur fantastique. Ses ouvrages de jeunesse, demeurés longtemps inédits, indiquent assez, par le peu que nous en savons, par les quelques fragments publiés, par leur titre seul, dans quel esprit ils ont été conçus et à quelle catégorie ils appartiennent. *Novembre*, sorte d'autobiographie romanesque d'un lyrisme échevelé jusqu'à l'emphase, d'une coloration de style criarde à force de vouloir être brillante, ferait sourire aujourd'hui par ses

---

1. *Correspondance avec George Sand*, lettre c.

allures d'un romantisme intransigeant. On taxerait de folie des élucubrations dans le genre de *Smahr, vieux mystère* ou de *la Danse des Morts* [1]. La première *Tentation de saint Antoine*, au dire des amis de Flaubert, et de son propre aveu, n'avait, en visant le grandiose, atteint que la boursouflure et péchait d'un bout à l'autre par l'absence de pondération inhérente à ses facultés imaginatives [2]. Plus tard, quand il se fut modéré, ce qui avait été la plus dangereuse entrave de ses débuts devint une des causes de sa puissance et de son originalité. Mais c'est bien toujours le même homme, que nous avons dépeint et dont nous avons cité les essais, qui a produit *la Légende de Saint-Julien l'Hospitalier, Hérodias*, la seconde *Tentation de saint Antoine* et principalement cette prodigieuse épopée de *Salammbô*, si admirable par le sujet et par le style, et si imparfaitement admirée. C'est partout la même imagination débridée, désordonnée, avide de l'inconnu et de l'extraordinaire, du barbare et du monstrueux.

Le fait seul d'aller prendre, comme cadre de son livre, un peuple pour lequel l'archéologie et l'histoire n'ont fourni que des données insignifiantes, porte déjà en soi un indice assez net des disposi-

---

1. Des fragments de ces divers ouvrages ont été publiés dans le volume de Flaubert intitulé : *Par les Champs et par les Grèves*.

2. Maxime Du Camp, *Souvenirs littéraires*, t. Ier, ch. XII.

tions du maître. Par crainte de la banalité, il effleure la bizarrerie. Il s'écarte des chemins battus, et c'est là sans doute un des signes de sa force; mais il s'en écarte avec une préoccupation si visible, et un soin si scrupuleux, qu'on ne saurait se défendre dès l'abord d'un certain sentiment de surprise. Le cerveau qui a simplement conçu cette idée de reconstituer Carthage avant Annibal pourra se montrer par la suite d'une trempe supérieure; il est bien, en tous cas, d'une essence spéciale et singulière : et l'étude plus complète de l'œuvre ne servira qu'à appuyer cette impression du premier moment.

Nous voici, presque sous le soleil du désert, par delà la Méditerranée et par delà une période qui dépasse vingt siècles, dans la cité aux origines fabuleuses et dont les mœurs semblent avoir combiné les raffinements pervers des Asiatiques avec les brutalités sanglantes des sauvages Africains. Un formidable bouleversement intérieur la menace jusqu'en ses fondations lorsque s'ouvre le volume : révolte d'une armée de quarante mille mercenaires, venus de partout et prêts à tout, contre une population de trafiquants égoïstes et envieux, attachés à leur luxe et âpres au gain, entretenant des soldats pour défendre leurs intérêts et refusant la solde promise quand le péril a disparu. Des combats sans pitié, des tortures atroces, un siège aux assauts farouches, les amours sensuellement effrénées d'un chef de bandes, les dévastations et les massacres forment les péripéties successives du drame. Au-dessus, plane cette affreuse religion de Moloch qui exige comme offrande au dieu le sacrifice d'enfants brûlés vifs, ou ce culte ambigu de Tànit, la déesse servie par des courtisanes et par des prêtres émasculés. La première scène qui noue l'action, c'est l'orgie et le sacrilège des troupes déchaînées dans les jardins d'Amilcar; la dernière c'est leur anéantissement par la faim dans le défilé de la Hache et le supplice de Mathô, leur général, déchiré vivant par une populace en délire. Dans cette accumulation d'étrangetés ou d'horreurs, savamment exposées en un style impeccable, les détails correspondent d'une manière exacte aux grandes lignes que nous indiquons : on sent que, de parti pris, rien n'a dû être épargné pour nous donner des impressions encore inconnues, pour nous faire assister à des spectacles qui n'avaient jamais été peints, pour nous procurer, comme on dit, « un frisson nouveau »; et le résultat cherché est obtenu. Quoi que prétende Sainte-Beuve, il n'y a aucun parallélisme sérieux à tracer entre *les Martyrs* de Chateaubriand et *Salammbô*, qui garde depuis la première ligne jusqu'à la dernière son originalité très tranchée. En quoi le poème chrétien, grave, majestueux et pur, à l'image de la religion qui l'inspire, se rapproche-t-il de cette épopée cruelle dont il émane une sensation complexe, à la fois admirative et pénible, faite de l'attrait esthétique pour les beautés qu'elle recèle et d'une sorte de douleur nerveuse devant les tableaux qu'elle évoque, en somme un peu morbide et malsaine, comme le cerveau même de l'écrivain qui l'a fixée.

Il faut se souvenir que chez Gustave Flaubert, si le débordement des facultés imaginatives se laisse surprendre par certains phénomènes psychologiques anormaux dont nous avons signalé quelques exemples, il s'est aussi traduit, d'une manière non moins fréquente et plus tristement visible encore, par des accidents physiques de la plus redoutable gravité. M. Guy de Maupassant a fait un reproche à M. Maxime Du Camp d'avoir révélé au public les accès dont son ami fut victime, « et d'avoir cherché à établir un rapport entre la nature artiste de Flaubert et l'épilepsie, à expliquer l'une par l'autre »[1]. Après tout, était-ce là une prétention si déraisonnable? Sans vouloir discuter ici, faute de la compétence nécessaire, la thèse de M. Moreau (de Tours), d'après qui « le génie serait une névrose[2] » il est cependant hors de conteste que la névrose, sous ses multiples aspects, a presque toujours

1. Préface à la *Correspondance de Gustave Flaubert avec George Sand.*
2. Moreau (de Tours), *La psychologie morbide dans ses rapports avec la philosophie de l'histoire*, II° part., ch. IV, sect. II.

accompagné les grandes surexcitations cérébrales. Qu'elle soit cause ou effet, on la retrouve à différents degrés chez un nombre de sujets proportionnellement énorme. Dans une de ses manifestations les plus terribles, sous la forme dite épilepsie, qui se subdivise elle-même en une infinité de cas, elle a frappé des hommes comme Jules César, comme Charles-Quint, comme Newton, comme Napoléon Ier, comme lord Byron, et comme tant d'autres, dont les forces intellectuelles ou sensitives ont été astreintes à une tâche au-dessus de la moyenne ordinaire.

Chez l'auteur de *Madame Bovary*, en particulier, pour qui les documents abondent, il est difficile de ne pas admettre une corrélation étroite entre sa situation pathologique et sa personnalité morale d'écrivain. Les premières attaques l'atteignirent en 1843, à vingt-deux ans, et sans parler du désespoir immense et justifié où elles le plongèrent, il semble leur avoir dû, pour une bonne part, cette lenteur de conception et de facture qu'il a subie jusqu'à la fin de sa carrière : tout à coup il se modifia; son caractère eut des emportements brusques et furieux pour les motifs les plus futiles; l'activité corporelle fit place à un insurmontable dégoût du moindre mouvement; la mémoire s'alourdit et devint rebelle. C'est par conséquent une erreur d'attribuer, comme on l'a fait parfois, ses troubles nerveux à la fatigue du travail acharné, angoissant, solitaire auquel il se

livrait, ou plutôt auquel il se livra plus tard. Quand
apparurent les terribles symptômes, il n'avait encore
composé que des fragments sans importance, plus
son roman de *Novembre*, et avec une facilité extrême,
en deux mois. La période de dur labeur ne com-
mença que plusieurs années après, pour l'ébauche
primitive de *la Tentation de saint Antoine* et principalement pour *Madame Bovary*.

Selon les plus sérieuses probabilités, l'origine du
mal, ou tout au moins la cause déterminante qui le
fit passer de l'état latent à l'état aigu, il faut la
chercher dans cet amour de l'inconnu et de l'impossible, dans cette outrance lyrique de l'imagination qui confine à la folie. L'imprégnation salu-
taire du génie latin a pu modérer dans les œuvres
soigneusement écrites les désordres de l'exubérance
mentale. Le déséquilibre n'en demeure pas moins
la marque distinctive du maître et le fond essentiel
de sa nature. Il se décèle constamment dans ses
actes et dans ses pensées, avec une fréquence telle
que nous n'avons pu en citer que les plus rares
exemples. Sa *Correspondance* le fait poindre à chaque
page ; ses amis le reconnaissent unanimement
d'une façon plus ou moins explicite ; lui-même
enfin en laisse percer l'aveu et se déclare incapable
de dominer son esprit, quand il refuse, à plusieurs
reprises, d'aller voir George Sand à Nohant, dans
la crainte de perdre ensuite « un mois » à ressaisir

l'idée échappée et à la ramener vers la besogne quotidienne [1]. Littéralement, on peut dire qu'il séquestrait auprès de lui son imagination tant il la sentait indisciplinée et indisciplinable. Par malheur, elle se vengea en des révoltes furieuses où son enveloppe semblait près d'éclater; elle ébranla le puissant artiste de toutes ses redoutables fantaisies; pendant plus de trente ans, elle le brisa par une série de secousses atroces, où sombrait momentanément la vie intellectuelle, jusqu'au jour où, dans une dernière crise, elle le renversa mort sur son œuvre inachevée [2].

III

Étant donnée cependant cette interprétation du tempérament de Flaubert, on peut se demander par

---

1. *Correspondance avec George Sand,* lettre xxxiv.
2. En ce qui concerne l'épilepsie de Flaubert, bien que nous inclinions assez vers la thèse soutenue par M. Maxime Du Camp, et que nous croyions à une corrélation entre le mal du grand écrivain et la forme de son génie, nous devons reconnaître néanmoins que, scientifiquement, rien ne saurait être affirmé sur ce sujet délicat. L'épilepsie reste presque complètement ignorée dans ses causes et dans ses effets : on ne la comprend guère, on ne l'explique pas, et toutes les conjectures qu'elle a suggérées semblent également valables. La nôtre, dans le cas particulier dont il est question, pourra paraître hasardeuse : personne cependant, *a priori*, n'est en droit de la déclarer fausse.

quel miracle, par quel concours imprévu de circonstances il a été amené à des travaux qui ne semblent en harmonie, ni avec ses goûts, ni avec ses capacités. Sur les cinq grands ouvrages, auxquels il a usé son existence, deux seulement rappellent le poète épique et lyrique, le visionnaire démesuré qu'il était ; les trois autres, *Madame Bovary*, *l'Éducation sentimentale*, *Bouvard et Pécuchet*, les plus longs de beaucoup, indiquent un psychologue plus encore qu'un artiste, un observateur pénétrant plutôt qu'un rêveur inspiré, et ils procèdent d'un genre très sensiblement différent. Or, ce genre lui était en horreur. Il traite lui-même *Madame Bovary* d'histoire nauséabonde [1] ; il écrit à George Sand : « Peindre les bourgeois modernes et français me pue étrangement au nez... Ces minces particuliers me sont lourds à remuer ! Pourquoi se donner du mal sur un fond si piètre [2] ? » D'autre part, dans un des dîners chez Magny, en présence et au grand scandale des Goncourt, il lui arrive de soutenir, avec Saint-Victor, cette thèse « qu'il n'y a rien à faire du moderne » [3] ; et, tout le prouve, c'était bien là en effet son sentiment véritable. Mais alors, lui qui n'a jamais cherché ni le succès ni l'argent, lui qui n'écrivait que pour sa satisfaction person-

1. Maxime Du Camp, *Souvenirs littéraires*, t. II, ch. XXI.
2. *Correspondance avec George Sand*, lettres XXIII et XXIX.
3. *Journal des Goncourt*, t. II (31 janvier 1863).

15.

nelle, à quel mobile obéissait-il donc quand il composait laborieusement ces vastes études de mœurs, où le souci du *Vrai* paraît avoir primé la préoccupation du *Beau* ?

En ce qui concerne son premier ouvrage, M. Maxime Du Camp, — que nous avons déjà cité, et que nous aurons encore à citer plus d'une fois, — M. Maxime Du Camp a raconté, avec les détails les plus précis, pour quels motifs et sous quelles influences son ami se décida à entreprendre cette triste scène de la vie de province. Ce fut presque à titre d'exercice littéraire, sur le conseil de ses intimes les plus dévoués, et pour réfréner justement son imagination en l'attachant de force à un sujet terre à terre [1]. Du reste, il ne subit pas sans quelque frémissement la contrainte qu'il s'était imposée, et dès qu'il eut conduit jusqu'au suicide final les adultères d'Emma Bovary, sa principale hâte fut de retourner aussitôt vers le monde antique et de commencer *Salammbô*. On a donc le droit d'être surpris ensuite quand on le voit, sans occasion extérieure connue, et de son plein gré en apparence, s'absorber de nouveau, et à deux reprises, dans la peinture de cette société contemporaine qu'il prétendait mépriser et haïr de toutes les énergies de son âme ; on s'étonne, s'il éprouvait de tels ennuis et de tels dégoûts devant la platitude

---

1. *Souvenirs littéraires*, t. Ier, ch. XII.

des hommes d'aujourd'hui, qu'il les ait observés avec un soin si minutieux, puisque rien ni personne ne l'y avait obligé.

Rien, en effet, ni personne, excepté lui-même ; — et ceci nous amène à examiner une seconde face du génie de Gustave Flaubert, une autre forme de sa pensée dont les origines sont peut-être obscures, mais qui n'en fait pas moins partie intégrante de son individualité. Il s'est toujours défendu d'avoir été *réaliste*; il le fut cependant, en dépit de ses aspirations contraires, et d'autant plus qu'il agissait d'une manière spontanée et inconsciente, sans parti pris, sans système théorique conçu d'avance, comme le firent certains adeptes de l'école qui, après lui, s'est recommandée de son exemple. Quoique les deux termes semblent s'exclure, il ne se passionnait pas moins, à son insu, pour l'analyse méticuleuse, sèche et détaillée des faits précis que pour les grandes spéculations idéalistes. Son instinct lui suggérait les travaux contre lesquels protestait tout l'effort de ses sentiments.

A cette prédisposition intellectuelle, on peut attribuer trois causes. — Il n'est pas invraisemblable que l'esprit du maître ait gardé quelques traits atténués du caractère paternel, de ce caractère actif et exact, peu familier avec les choses de l'art ou de la poésie, uniquement soucieux dans l'existence des côtés pratiques et utilitaires. Le savant chirurgien des hôpitaux de Rouen, élevé dans la contemplation des misères humaines, tout entier appliqué à leur étude et à leur soulagement, ne dissimulait pas son mépris pour tout ce qui touchait à la littérature et aux littérateurs : dans l'une, il ne voyait qu'un passe-temps ; dans les autres, que des oisifs. C'était une âme exclusivement scientifique, en somme très opposée à celle de son fils, mais dont on retrouve pourtant la marque et la trace lointaine dans les romans de celui-ci, et surtout dans ses romans modernes, là où les procédés d'investigation brutale et impassible rappelleraient presque parfois le clinicien.

Il faut se souvenir en outre que, chez Flaubert, si l'imagination était immense, le don d'invention fut toujours à peu près nul. Il ne possédait pas la moindre parcelle de cette prodigieuse veine romanesque dont Alexandre Dumas père a ébloui son siècle, et, comme l'a dit M. Émile Zola, la trame de ses récits, quelque simple qu'elle soit, ne laissait pas que de lui coûter un certain travail [1]. Par un effet assimilable à celui de la loi physique qui veut que l'atrophie d'un de nos sens suractive le développement du sens le plus proche, l'inertie des facultés créatrices dans son cerveau devait l'obliger

---

1. Émile Zola, *les Romanciers naturalistes* : — *Gustave Flaubert* ; *L'Homme*, ch. IV.

fatalement de suppléer à cette défaillance, et elle contribua, sans aucun doute, à aiguiser sa puissance d'observation. Hors d'état de trouver en lui-même la matière de son œuvre, il la cherchait dans les objets ambiants ; il était astreint à examiner le monde extérieur jusque dans ses détails les plus secrets pour les transporter ensuite dans ses écrits ; s'il travaillait sur une civilisation morte, impossible à étudier directement, il avait besoin de demander aux contemporains le témoignage qu'il jugeait le plus fidèle et qu'il contrôlait encore avec rigueur. Sans cesse, il fallait qu'il pût voir pour qu'il pût composer ; et ce n'est pas un phénomène extraordinaire qu'à force de voir *le réel,* il ait fini par le peindre dans ses livres et par leur donner quelquefois cette teinte réaliste qu'il exécrait cependant.

Enfin — on l'a déjà remarqué — il s'était dès son enfance nourri de lectures romantiques, et les poètes de 1830 furent ses premiers et ses plus sérieux instructeurs littéraires, ceux qui ont dirigé et formé son esprit à l'âge où il est le plus malléable. Lui-même en a fait l'aveu dans sa préface aux *Dernières Chansons,* de Louis Bouilhet [1], et dans

---

1. « J'ignore quels sont les rêves des collégiens, mais les nôtres étaient superbes d'extravagance, expansions dernières du romantisme arrivant jusqu'à nous, et qui, comprimées par le milieu provincial, faisaient dans nos cervelles d'étranges bouillonnements. »

d'innombrables passages de sa *Correspondance*;
M. Maxime du Camp, M. Émile Zola plus tard,
tous ceux qui l'ont approché à un moment quelconque de sa vie, tous ceux qui ont cherché à pénétrer son âme, ont toujours été frappés des empreintes profondes qu'y avait creusées l'éducation
artistique de sa jeunesse. Récemment, M. Paul
Bourget en affirmait l'influence décisive [1], et il
n'hésitait pas à y reconnaître la base de ce qui
constitue la psychologie du maître, aussi bien celle de
l'écrivain que celle de l'homme; il le proclamait —
et à juste titre — un des derniers combattants de
cette pléiade, qui, il y a un peu plus d'un demi-siècle, avait si victorieusement renversé les vieilles
formules classiques; il le montrait — et avec raison
— continuant les traditions alors en honneur, les
conservant pieusement jusque dans leurs puérilités.
jusque dans les habitudes du langage et de l'habillement; et, grâce à une série d'exemples, il établissait ainsi une thèse incontestable en soi, mais
sans se rendre compte qu'il ne l'appuyait guère que
sur des preuves incomplètes et superficielles. Entre
l'école d'où sont sorties *les Orientales* ou *Albertus*
et l'auteur de *Salammbô*, il semble n'avoir aperçu
que les ressemblances extérieures; d'autres traits
communs, et d'une nature infiniment plus grave,

---

[1]. *Essais de psychologie contemporaine : Gustave Flaubert*,
ch. I.

sont cependant à noter. C'est par eux, peut-être plus encore que par le fait de l'hérédité ou par le défaut d'invention, que s'expliquera, chez le romancier lyrique, la tendance aux études de mœurs modernes et la science de l'observation exacte.

On juge d'ordinaire le système romantique d'après les tempéraments et les goûts individuels des hommes illustres qui l'ont préconisé, et sous prétexte que parfois ces hommes recherchèrent les sensations violentes, furent épris d'exotisme, usèrent de métaphores empanachées, étincelantes et sonores, on a considéré le caractère spécial de chacun comme un des caractères généraux de leur théorie d'art. Rien de plus erroné; et, pour s'en convaincre, il suffit de relire les pages où, en termes indiscutables, ils exposent les idées sur lesquelles ils prétendent appuyer leur réforme; il faut se rappeler la lettre qu'Alfred de Vigny plaçait en tête du *More de Venise*, et en particulier la célèbre préface du *Cromwell* de Victor Hugo, ce manifeste aussi explicite que catégorique de la jeune révolution. Regardons-en les principaux traits saillants, les lignes les plus accentuées. Après mûr examen, est-ce un paradoxe de soutenir que ce long morceau d'esthétique fût avant tout une protestation en faveur de la *vérité* contre la fausseté conventionnelle de l'ancienne époque, un appel à l'observation et à la reproduction du monde tel qu'il est, un premier coup porté par le *réalisme* dans le temple de l'*idéalisme* pur ? « Tout ce qui est dans la Nature est dans l'Art », dit l'auteur d'*Hernani*, et il se demande si « cette nature mutilée en serait plus belle ». C'est au nom du *Vrai* qu'il proclame *le mélange du sublime et du grotesque* dans le drame, parce qu'ils sont inséparables dans l'existence, et que la tâche de l'écrivain consiste précisément à rendre sans la modifier l'image de la vie. « Les deux types (le tragique et le comique) isolés et livrés à eux-mêmes, s'en iront chacun de leur côté, laissant entre eux *le réel*, l'un à sa droite, l'autre à sa gauche. D'où il suit qu'après ces abstractions, *il reste quelque chose à représenter, l'homme.* » Et non seulement l'artiste devra le représenter *comme il l'a vu*, non pas *comme il voudrait le voir*, mais encore il lui faudra songer, pour plus d'exactitude, à maintenir son héros dans le milieu qu'il a occupé, à le placer dans le décor où il a agi, à l'entourer autant que possible de tous les menus détails extérieurs et accessoires qui cadrent avec l'état de son âme : « La localité exacte est un des premiers éléments de la *réalité*. Les personnages parlants ou agissants ne sont pas les seuls qui gravent dans l'esprit du spectateur la fidèle empreinte des faits. Le lieu où telle catastrophe s'est passée en devient un témoin terrible ; et l'absence de cette sorte de personnage muet décompléterait dans le drame les plus grandes scènes de l'histoire. » Victor Hugo, pour son compte, s'est toujours efforcé de suivre, avec un soin ponctuel, la loi par lui-même écrite, et l'on sait la masse de documents qu'il remuait, toutes les observations, toutes les études préliminaires auxquelles il se croyait obligé avant de commencer un ouvrage [1]. Costumes, mobiliers, habitations, sites historiques ou autres, chaque circonstance matérielle devait être reconstituée dans son intégrité parfaite. Les romanciers *naturalistes* les plus convaincus ne se montreraient pas aujourd'hui plus exigeants, et l'on s'étonne qu'ils aient attaqué avec tant d'acharnement un homme à qui ils ont emprunté non pas seulement des procédés de rhétorique, mais surtout leurs aphorismes sur l'art. N'avait-il pas affirmé avant eux que le caractère de notre époque c'est la *vérité* et qu'elle vit du *réel*[2] ? — Si l'on porte même le débat sur la question des sujets choisis dans le monde moderne, — ce qui est en somme d'une bien mesquine importance, — ne les avait-il pas implicitement admis en publiant *Claude Gueux, le Dernier Jour d'un Condamné*, et plus tard *les Misérables* ?

Quoi qu'il en soit, d'ailleurs, de ce point d'esthé-

---

1. Voir sur ce point les notes qu'il a placées à la suite de son drame : *Marie Tudor*.
2. Préface de *Cromwell*.

tique littéraire, agitée, il y a une quinzaine d'années, par M. Émile Zola, nous pouvons penser que Gustave Flaubert n'ignorait rien des théories que nous venons de rappeler, qu'il les possédait au contraire dès son plus jeune âge, et qu'il a toujours dû s'efforcer, ne fût-ce que par respect pour ses idoles, d'en faire l'application. Il n'avait pas lu l'auteur des *Orientales* en simple amateur, par pur dilettantisme, de manière à n'en garder qu'une impression de surface plus ou moins durable ; enfant encore, à dix ou douze ans, sa *Correspondance* nous le montre entraîné vers la littérature par la même ardeur fiévreuse qu'il conserva jusqu'à la fin, et déjà prêt à en faire l'étude et le souci de sa vie entière. Il s'y livrait moins comme à un plaisir que comme à un travail et à une passion, se levant à trois heures et demie du matin pour se plonger dans Shakespeare ou dans Walter Scott, s'indignant du rétablissement de la censure dramatique ou de l'abolition de la liberté de la presse, professant l'absolu dédain de ce qui ne se rapportait pas à l'objet de son culte [1] et ne parlant guère d'autre chose dans les lettres qu'il échangeait avec ses amis. Déjà vers cette époque, il commençait à se mêler d'écrire, ce qui signifie, quand on songe à sa jeunesse, qu'il s'essayait à pasticher les modèles

---

1. *Correspondance*, 1re série, lettre à Ernest Chevalier (14 août 1835).

de son choix. Ces tentatives dont il n'a rien subsisté, — heureusement pour sa gloire, — ne furent pourtant pas sans influence sur sa destinée: elles le forcèrent à approfondir les questions de métier et de fabrication; elles l'obligèrent à rechercher les grandes règles auxquelles avaient plus ou moins obéi ses maîtres, et à tâcher d'y obéir lui-même. Dans ces circonstances, ce serait une hypothèse invraisemblable qu'il n'eût pas relevé du premier coup d'œil les observations et les formules citées plus haut, et dont ensuite il a recueilli l'honneur, comme s'il les avait inventées, lui qui n'a fait que s'en servir. Elles se trouvaient rédigées de toutes pièces chez son auteur favori; il les avait donc connues et apprises du jour, en quelque sorte, où il apprit à lire. Peu à peu, inconsciemment ou non, elles devinrent les articles invariables de son code d'écrivain, et, favorisées par les deux précédents motifs que nous avons fournis, elles ajoutèrent dans son âme une seconde nature à son caractère primitif et vraiment personnel. Le lyrisme exalté se modéra, puis s'éteignit devant la froide science des hommes et des choses. Les tragiques héros de *Salammbô* firent place aux grotesques personnages de *Bouvard et Pécuchet*. Si bien que, par une singulière ironie, ce poète, romantique acharné de goûts et de tempérament, imbu dans toutes les fibres de son être de ce qui forme l'essence du romantisme, accomplissant avec rigidité les prescriptions fondamentales de sa doctrine, est arrivé, grâce à cela même, à quoi? A sortir en apparence de l'église dont il se déclarait l'adepte, et dont il voulait le triomphe, pour aider à l'éclosion d'une école dont il se proclamait l'adversaire, et dont certainement il eût souhaité la ruine.

IV

Du reste, l'action qu'il put avoir sur cette école naissante fut beaucoup moins considérable qu'on a bien voulu le dire, et l'on s'est quelque peu illusionné en ce qui concerne sa prétendue influence, bonne ou mauvaise. Si un ensemble de formules et un corps de théories peuvent, dans une mesure appréciable, peser sur le développement intellectuel d'un artiste, même génial, il est beaucoup moins évident qu'elles aient jamais modifié toute une génération d'écrivains, même secondaires.

A deux reprises en ce siècle, et à cinquante ans de distance, le même évangile a été révélé au monde des littérateurs par deux individualités très différentes, et, en somme, quels sont ceux qu'il a pleinement convertis? La foule obscure des disciples infimes, assez complètement dépourvus de talent et de force propre pour suivre, avec une soumission aveugle, les réglementations qu'on leur offrait toutes prêtes et qui les dispensaient d'un effort original. Ceux-là, en 1830, se nommèrent les *Jeune-France*; de nos jours c'est la nuée des romanciers quelconques qui ont accepté sans discussion la discipline édictée par d'autres, et qui ne se distinguent que par leur zèle dans l'observance rigoureuse des principes. Quant aux maîtres, ceux même qui avaient promulgué le système, ils n'en ont usé que dans certaines limites et autant qu'ils n'en étaient pas gênés pour l'exécution de leur œuvre. On sait comment Victor Hugo s'est conformé à sa philosophie réaliste; il est aisé de voir que, malgré ses prétentions, M. Émile Zola n'a pas obéi davantage à la sienne. Comme tout homme de valeur, de tous les temps et de tous les pays, laissant de côté les entraves dogmatiques, il n'a pris pour guide que la puissance de son inspiration, et fort heureusement : car en répétant avec persistance que notre époque cherche le *vrai* et le *réel*, ou bien il énonçait solennellement une maxime qui ne signifie pas grand'chose, ou bien il aboutissait, sans s'en rendre compte, à la négation absolue et définitive de toute manifestation artistique.

Ceci vaudrait peut-être la peine d'un développement, si l'on y avait déjà trouvé la matière de discussions à tel point nombreuses, qu'on éprouve quelque embarras à renouveler encore les mêmes arguments et à rouvrir un débat épuisé. Tout, ou presque tout, a été dit, et ce qu'on pourrait ajouter de part et d'autre ne changerait rien à des convictions enracinées, d'autant plus que l'art étant affaire de foi plutôt que de raison, les preuves les meilleures se heurteront toujours sans résultat contre des sentiments invincibles. Une courte explication ne semble pourtant pas inutile avant de revenir à Flaubert et à ses romans modernes ; sans les mettre d'abord directement en cause, elle aidera par la suite à les comprendre mieux.

Si l'auteur de *Germinal* a voulu exprimer que tout écrivain, tout peintre, tout sculpteur, doit se soucier de donner à ceux qui le lisent ou qui le regardent l'impression de l'exacte vérité ; s'il estime et s'il affirme que le succès est proportionnel au résultat acquis en ce sens, l'axiome, sauf exceptions rares, renferme une telle évidence que nul esprit sensé ne songera jamais à le révoquer en doute. Notre siècle d'ailleurs n'a rien, de ce chef, qui le distingue des siècles précédents, et personne au monde n'a tenté ni ne tentera de fonder une œuvre, qu'elle quelle soit, sur une base notoirement impossible et fausse. Pour Homère et pour ses contemporains les actions épiques des héros et des dieux étaient aussi vraies que le sont pour nous les aventures bourgeoises d'Emma Bovary ; la famille des Atribes ne semblait pas plus fabuleuse aux spectateurs d'Eschyle que la lignée des Rougon-Macquart aux admirateurs du naturalisme. Pendant le xviie siècle on se rappelle l'hémistiche de Boileau :

> Rien n'est beau que le vrai [1]...

Et presque de nos jours enfin, quand les personnages des drames de Victor Hugo parurent pour la première fois sur la scène, est-ce que les combattants de la bataille d'*Hernani*, dominés par une notion de l'existence que nous trouvons puérile mais qu'ils croyaient juste, n'ont pas regardé ces désespérés aux allures fantaisistes comme des types très humains et parfaitement observés ? Il le fallait ainsi. Sans cette conviction, qui nous semble illusoire maintenant que les idées et les mœurs ont changé, nos pères n'auraient pas admiré, ils n'auraient pas même compris les caractères qui s'agitaient en leur présence. L'idéal, entité abstraite, doit incontestablement, pour devenir saisissable, se concrétiser en une réalité matérielle et sensible, et le *beau* ne pénétrera dans les âmes que sous la forme du *vrai*. Mais ne perdons pas de vue que le premier terme doit demeurer toujours le but suprême à atteindre, tandis que le second ne sera qu'un moyen, variable à l'infini, tantôt à peu près inutile, tantôt beaucoup plus nécessaire. En ce moment, où dans

---

1. Épître IX.

une société déjà ancienne, l'acuité des imaginations se fatigue, le besoin s'impose-t-il de multiplier les apparences d'exactitude précise, de faire descendre les fictions romanesques de ces hauteurs vagues où l'esprit ne sait plus s'élever, et de les approcher davantage de la terre pour nous permettre, en quelque sorte, de les toucher? L'hypothèse est logique, et, pour le moins, admissible. Si la bruyante réforme naturaliste se réduit à ces proportions, elle ne présente rien de très neuf, et l'on ne pourrait guère reprocher à ses fidèles que d'en avoir maladroitement usé dans la pratique : en théorie, ils sont inattaquables. Si, au contraire, ils prétendent supprimer l'idéal ou seulement le subordonner à la vérité, et saisir celle-ci non pas momentanée, apparente, mais mathématique, éternelle, immuable, sincère jusqu'en ses moindres détails, outre que la tentative recèle des difficultés qui en rendent l'application impraticable, elle conduit, nous le répétons, à l'anéantissement de toute vie esthétique, le vrai absolu étant l'opposé du beau, et l'étude scientifique du réel l'antithèse inconciliable des efforts de l'art.

Le beau, comme la religion, comme la morale, comme la justice, comme toutes les idées, n'a ni son origine ni sa place dans l'ordre de la nature, et il n'existe que par une conception du génie humain pour répondre à certaines exigences de notre activité sensitive et intellectuelle. Il commence à surgir dès l'heure où l'être de raison se dégage de la brute passive, lorsque la pensée détrône déjà l'instinct, lorsque apparaissent, même aux époques préhistoriques, les rudiments de la sociabilité et de la civilisation, amenant avec eux, comme premières marques d'un état supérieur, les ébauches grossières du dessin, de la sculpture, et sans doute de la poésie. Tandis que l'humanité se développe, c'est-à-dire s'éloigne du monde réel et s'individualise au milieu de l'univers, l'art se transforme, grandit en même temps, et se sépare, lui aussi, de la réalité, dont il ne se rapproche parfois que pour y prendre les matériaux de ses créations, mais en les modifiant toujours et en les recouvrant de ses voiles. Nous nous sommes habitués ainsi à considérer comme la nature vraie la nature telle que nous l'avions faite; et lorsque la science rectifie notre erreur, ce n'est jamais cette sensation, indéfinissable, mais très nette, de la beauté que nous éprouvons en présence de la plus prodigieuse découverte : c'est plutôt une sorte de tristesse, souvent du dégoût ou de l'horreur, presque toujours de la répulsion, semblable à celle que nous avons observée dans les confidences de MM. de Goncourt et que nous pourrions observer chez tant d'autres. L'œuvre que l'homme a façonnée pour sa satisfaction et son bonheur personnels est, à son point de vue spécial, tellement plus parfaite que cette œuvre obscure, où les théogonies ont vu la main d'un démiurge, où nous ne voyons, nous, que des faits et des forces qui nous étreignent et qui nous écrasent pour un but inconnu ! Quand un philosophe aura montré dans l'amour un simple instinct, *le génie de l'espèce*, se manifestant par des actes de pure animalité; quand un autre aura réduit la pensée, ses douleurs et ses joies, ses splendeurs et ses défaillances à de vulgaires ébranlements de la matière cérébrale ou du système nerveux; quand un physiologiste aura prouvé que le corps de la femme, où nous avons mis tant d'idéal, n'est qu'un composé de fibrine, d'albumine et de sels calcaires, un agrégat de cellules uniquement constitué pour la reproduction de l'être et esclave des hideuses infirmités que comporte sa fonction; quand toute chose aura été ainsi passée au crible de la vérité absolue, on compte bien ce que la science y gagnera, — et encore pourvu que ces innombrables constatations soient ramenées à des lois, autrement dit, à des abstractions inexistantes; — on se demande en revanche où la littérature prétend arriver par des études de ce genre, et surtout ce que, chez l'artiste, deviendront les facultés qualifiées artistiques, *facultés d'ordre essentiellement humain*, et qu'on oblige à germer, à se mouvoir, à agir sur un terrain qui n'est pas le leur, dans *un milieu d'ordre essentiellement naturel.*

L'exemple de Flaubert est ici précieux à enregistrer. Lui qui n'a voulu vivre que par l'amour passionné du beau, nous verrons où l'a conduit, — contre son gré, — le culte pour l'observation exacte et méticuleuse des objets extérieurs et des phénomènes psychologiques: nous suivrons la marche de son esprit à travers les étapes qu'indique facilement chacun de ses romans modernes; et, sans tirer une conclusion générale et définitive d'un cas particulier, nous y trouverons cependant des documents graves sur les résultats du système réaliste.

Quand le maître écrivit *Madame Bovary*, il sortait de sa première *Tentation de saint Antoine*, et méditait déjà dans sa pensée le récit qui plus tard s'intitulera *Salammbô*; le lyrisme semblait le dominer alors presque exclusivement; il fallut, nous l'avons noté, une intervention étrangère pour éveiller en son cerveau les dispositions latentes qu'il ignorait lui-même, et pour changer le rêveur débridé des sphères surhumaines en un peintre positif de la bourgeoisie actuelle. Néanmoins, dans le livre où il s'essaye sous ce nouvel aspect, le tempérament exubérant, le caractère poétique n'ont pas perdu leurs droits; on les sent toujours prêts à reprendre leur vol, comprimés mais non vaincus par la platitude d'un sujet vulgaire, et s'épanchant avec ampleur dès qu'une issue leur est ouverte. Il est certain que le milieu de province où évolue le roman étale une lamentable mesquinerie ; pas une des individualités qui s'y agitent, sauf le personnage épisodique du docteur Larivière, n'émerge au-dessus de la commune moyenne ; ce sont des êtres, vrais sans doute, mais ordinaires, bas, ridicules, ternes dans le bien comme dans le mal, aussi incapables de violentes amours ou de hautes actions que de profondes haines ou de grands crimes, petites gens en un mot, comme si l'étroitesse des bourgades où ils naissent, se reproduisent et meurent, avait fini par influer sur eux et rétrécir leurs âmes. Sans parler du pharmacien Homais, la plus complète incarnation jusqu'à présent de l'ineptie prudhommesque, les acteurs de second plan ne défilent sous nos yeux que pour mettre à nu leur incurable sottise, leurs préoccupations insipides ou les vilainies malpropres de leurs cœurs. Les premiers rôles n'échappent pas à ce nivellement dans la médiocrité. Médiocre, ce Charles Bovary, lourd travailleur dans son enfance effacée et dans sa jeunesse morose d'étudiant, qui, en dépit de pénibles efforts, ne le mène jamais plus loin que le grade d'officier de santé ; ensuite, amoureux sincère et bon mari, mais épais, ennuyeux, se laissant ou plutôt se faisant tromper avec un aveuglement stupide qui étouffe la pitié pour sa douleur ; en sus de cela, médecin incapable et chirurgien maladroit ; somme toute, une pâle nullité, « un pauvre homme », comme le définit sa femme. — Médiocres aussi Rodolphe Boulanger et Léon Dupuis ; l'un, le grossier gentilhomme de campagne, robuste et bellâtre, vaniteux et vide, conquérant les cœurs par ses manières de hussard ; l'autre, l'incompris niaisement sentimental, élégiaque et délicat, rêvant de clairs de lune, de lacs et de cascades, aussi vide d'ailleurs que le premier, et ne se rencontrant avec lui que dans un même penchant à l'égoïsme implacable et sensuel. — Médiocre enfin l'héroïne du volume, révoltée et romanesque sans grandeur, dégoûtée du prosaïsme de son ménage, mais éprise d'un idéal qu'on dirait nourri dans la lecture des feuilletons, séduite au milieu des cérémonies grotesques de comices agricoles, prête à se faire enlever pour fuir vers des pays lointains, la nuit, au galop des chevaux, et plus tard finissant par se livrer dans un fiacre, indignée pourtant, par un reste de pureté, à l'idée de se vendre, et ne possédant pas même la sinistre poésie de l'absolue dépravation. Dans tous ces tristes caractères, il y a bien les éléments de la comédie intime et bourgeoise. Mais où est le sublime ? où est seulement la possibilité d'un de ces drames aux proportions immenses, d'une de ces épopées si hautes, qu'à travers l'éloignement des siècles et les cataclysmes des civilisations, l'humanité ne les perd pas de vue ? Où est l'équivalent, atténué tant qu'on voudra, d'OEdipe, de Clytemnestre, d'Othello, de Richard III, de Faust, de tous les êtres fictifs, inoubliables parce qu'ils sont doués d'une puissance de vie et de passion que n'atteint pas la réalité? Rien de pareil ici. Du moment que *l'objet d'art* doit demeurer la représentation scrupuleuse de *l'objet réel*, Flaubert sera même astreint à ne pas élever son œuvre au-dessus des modèles qui ont posé devant ses yeux. Il l'a fait cependant, malgré la théorie dont ses successeurs lui ont attribué la première application, et, tirant largement de sa propre pensée ce que ne donnait pas la nature, d'un bout à l'autre il a corrigé, embelli, *idéalisé* son sujet. Par une fin tragique, au moins fort rare à ne regarder que la constante vérité des choses, il efface en partie ce qu'ont de banal l'âme, les désirs et les adultères d'Emma; il éclaire la morne figure de Charles d'une lueur presque grandiose par la mélancolie insondable de sa douleur et la tristesse solitaire de sa mort; il jette sur sa froide étude de mœurs la pourpre de descriptions dont l'éclat et l'harmonie de style ont été peut-être égalés parfois, mais jamais surpassés. Enfin, accentuant d'une manière visible les dimensions étriquées de ses personnages, il parvient à en faire des *types* abstraits plutôt que des épreuves photographiques d'individus vivants. Ce sont là des tendances, bien en rapport sans doute avec son tempérament original, par contre bien peu conformes à la doctrine et aux principes vers lesquels semblent incliner ses romans modernes. Il est clair que son génie n'a pas encore été modifié, déprimé par l'observation trop fidèle et trop scientifique du monde ; le sentiment de l'art, la poursuite du beau l'absorbent plus que la recherche du vrai. Le réalisme, contrebalancé et contenu, n'a même présenté que ce résultat favorable de pondérer un esprit enclin à l'outrance. Par malheur, il ne s'en tiendra pas à ces justes limites : nous ne sommes qu'à l'instant où il débute, et rapidement, par la suite, le progrès s'accélère.

Toutes les critiques que nous avons formulées sur le compte de *Madame Bovary* sont identiquement applicables à l'*Éducation sentimentale*. Même défaut de relief chez Frédéric Moreau, chez Deslauriers, chez Arnoux que chez Emma et ses deux amants ; même insignifiance de l'action, malgré la vision passagère des barricades de 48 et du coup d'État de Décembre ; même demi-teinte bourgeoise et discrètement comique répandue sur l'aspect général du volume. Seulement, il faut ajouter que les accessoires poétiques, jadis si nombreux et si étroitement incorporés à la trame du récit, ou bien ont disparu maintenant, ou bien se trouvent noyés dans la masse des documents que le maître tenait de son expérience privée et de ses fouilles historiques ; les descriptions de paysages semblent plaquées après coup ; le style est moins éclatant et la composition négligée, soit par impuissance, soit plutôt pour fournir dans son décousu et sa complexité un calque plus consciencieux de la vie ; les événements se succèdent au hasard, formant une série de fragments curieux, mais mal réunis les uns aux autres, reliés par le seul fil d'une idée métaphysique assez obscure. L'ouvrage, en somme, manque de cohésion et de solidité : dépourvu de commencement et de fin, il dégage une impression vague, incolore, neutre, qu'on dirait avoir été sentie par l'auteur lui-même et qu'il fait indiquer par Frédéric et Deslauriers, quand, vieillis déjà, déçus dans leurs rêves de jeunesse et trop usés pour en former de nouveaux, irrémédiablement échoués et réduits à causer des souvenirs d'autrefois, ils se rappellent comme le point culminant de leur existence, comme leur plus poignante émotion et leur acte le plus mémorable, certaine première visite dans une maison de filles, au temps de leur adolescence. « C'est là ce que nous avons eu de meilleur, » soupirent-ils d'un commun accord à la page qui termine le livre et qui en donne indirectement la triste conclusion. Et, en effet, on se demande ce qu'ils ont pensé ou accompli qui mériterait davantage d'attirer les regards. Dans cette décourageante peinture de la société contemporaine, intéressante au seul point de vue de la psychologie, tout a été pris sur le vif sans doute, *tout aurait pu arriver* sans invraisemblance. Mais, en dehors du style, — qui baisse d'ailleurs, — et de l'affabulation, — qui tend à disparaître, — on cherche l'effort artistique, et on ne le trouve guère. Encore un pas, il n'existera pour ainsi dire plus : nous arrivons à *Bouvard et Pécuchet*.

Ce n'est pas le livre, parmi ceux de Flaubert, que les *naturalistes* semblent apprécier avec le plus de conviction ; c'est pourtant, sans conteste, celui où il a le mieux mis à nu, non seulement l'humanité mais encore tout ce qui la touche de près ou de loin, ses travaux, ses pensées, ses entreprises et ses rêves. Les deux anciens employés et les comparses qui les entourent, hobereaux, villageois, fonctionnaires, curé, médecin, peuvent passer pour des portraits ressemblants, tels que chacun en a vu les vivants originaux. L'industrie, la science, l'art, la littérature, la religion, examinés et disséqués avec soin jusqu'en leurs profondeurs secrètes, ne sont que ramenés à leur exacte valeur et proportion dans cette suite de scènes si bizarres qu'on les y croirait bafoués et tournés à la charge. Pas un détail qui n'ait subi un contrôle sévère ; pas une idée dont on ne cite l'auteur ; pas un phénomène dont on ne fournisse l'explication : en revanche, l'imagination et la fantaisie proscrites avec rigueur. Si le maître, — comme son propre aveu en fait foi, — a voulu composer une vaste bouffonnerie, une sorte d'épopée burlesque, il ne lui a pas été nécessaire, pour atteindre son but, de manquer une seconde à la complète vérité ; bien plus : il l'a atteint par cela même qu'il copiait le vrai entier et sincère, sans voiles et sans mensonges, se contentant seulement d'en rassembler dans un cadre étroit les multiples traits épars.

Étant donné que le rire a pour origine une disproportion brusque, il naît ici, comme dans toute comédie d'observation, de l'écart violent entre le spectacle de la réalité que présente l'écrivain, et le sentiment de l'idéal que nous portons inné dans nos âmes. Aucun effet n'est cherché dans des combinaisons ou des consonnances de mots ; aucune situation n'est amenée par des procédés de vaudeville, déguisement, malentendus, rencontres inopinées ; et rien de conventionnel, rien qui sente la parodie ne vient interrompre un simple et clair énoncé de faits en face duquel se dresse notre conception subjective du monde : conception douteuse en stricte philosophie, et qui n'offre évidemment qu'un critérium relatif puisqu'il est limité à nous-mêmes, mais un critérium que chacun cependant considère, d'une manière inconsciente, comme absolu, parce que seul il nous est connaissable. C'est lui qui nous rend comiques les essais et la vie champêtre de Bouvard et de son ami, par opposition à l'image qu'ont imprimée dans notre esprit le *O fortunatos nimium* de Virgile et les innombrables variations exécutées sur le même thème ; c'est lui qui fait paraître grotesques les lois et les travaux de la science que nous nous sommes habitués à croire éternels et immuables, tandis qu'ils ne sont qu'incohérence et contradiction ; c'est lui qui, à chaque chapitre, d'un bout à l'autre du volume, sans même que sa présence soit marquée, forme continuellement antithèse à la vision brutale des choses telles qu'elles existent. Cette vision chez Flaubert, et chez ceux qui ont cultivé un genre semblable, n'est sans doute pas exclusive de tout art ; la personnalité se révèle encore créatrice par l'arrangement et le choix du sujet, et il serait absurde de ne voir dans l'ouvrage qui nous occupe qu'une transcription servile et mécanique. Combien nous sommes loin cependant de *Salammbô*, de *la Tentation*, de *Saint Julien l'Hospitalier* ou de *Hérodias* ! Quelle différence entre cette esthétique et celle que le maître a toujours rêvée et toujours défendue !

La voie qu'il avait prise, sans le savoir, était d'ailleurs fatale, et, si la mort ne l'eût interrompu à mi-chemin, il allait se plonger dans un travail de collectionneur, étrange chez un homme tourmenté de lyrisme jusqu'à la névropathie. On sait quelle suite il méditait de donner à *Bouvard et Pécuchet*, et comme les deux vieillards, après avoir essayé de tout pour ne réussir en rien, finissaient par retourner à leur ancienne profession et se réinstaller copistes, chez eux cette fois et pour leur plaisir. Or, la matière qu'ils s'obligeaient à copier n'était pas indifférente ; elle devait faire partie du roman et être soumise au lecteur ; elle avait pour objet de peindre la bêtise humaine sous ses faces multipliées ; et, précieusement recueillie aux sources les plus diverses, composée de citations empruntées à tous les auteurs, au lieu de se condenser en un personnage fictif, elle constituait un simple faisceau de documents, bruts et nus, sans ornementations ni commentaires [1]. Le *summum* du réalisme se trouvait atteint, mieux qu'il ne l'a jamais été par les plus fanatiques adeptes. Mais n'est-ce pas un phénomène bizarre que d'assister aux métamorphoses par lesquelles a passé ce poète, d'abord bouillonnant et indirigeable dans sa fougue, amoureux des couleurs et des sonorités de la phrase, et qui, peu à peu calmé et refroidi, arrive, comme dernier *avatar*, à fabriquer des dictionnaires et à dresser des catalogues ?

Une partie nous a été conservée des fragments ainsi découpés et réunis en un dossier formidable, avec leur plan et leur classification. Dossier extraor-

---

1. Un certain nombre de ces citations ont été conservées et publiées par M. Guy de Maupassant dans sa préface de la *Correspondance de Flaubert avec George Sand.*

dinairement curieux, sans nul doute. En tant qu'effort philosophique, peut-être même y a-t-il quelque chose de génial dans cette sorte de travail. Au point de vue de l'art, toute critique nous paraîtrait frapper dans le vide, et toute discussion nous semblerait oiseuse. Ici du reste, comme pour les précédentes œuvres du maître, il ne s'agit point de rechercher dans laquelle de ses manières il a été le plus grand, et si *Salammbô* est supérieure ou inférieure à *Madame Bovary.* Nous n'avons voulu prouver que les inconciliables divergences qui creusent un abîme entre chacun des genres, et qui empêcheront à jamais de les confondre en un seul amalgame. L'un a sa cause dans la sensibilité et dans l'imagination ; l'autre procède de la raison et de l'intelligence. Ils diffèrent aussi profondément entre eux que les drames ou comédies de Shakespeare se distinguent des puissants traités géométriques où Spinoza étudiait et commentait les passions.

V

L'antimonie des deux natures qui se partageaient l'âme de Gustave Flaubert était trop nettement tranchée pour qu'elle éclatât seulement dans ses procédés d'écrivain ; sans cesse la trace en est marquée chez l'homme, par sa conception de la vie, par ses habitudes de caractère, par ses manières d'être dans les mille circonstances diverses où le plaçait la destinée. La *Correspondance* révèle à ce sujet les plus inexplicables contradictions, et, quand on examine avec quelque soin ces sortes de mémoires, écrits indifféremment, au jour le jour, sans prétentions ni préoccupations de style, on reste stupéfait devant cette majestueuse ampleur de vision idéale jointe à un sens d'observation critique merveilleusement aigu, devant cette sensibilité nerveuse du poète unie à la froide et sèche analyse du savant ou du logicien.

Aux heures de deuil et de désespérance, lorsqu'il voit brisées par la mort ses affections de frère ou d'ami, il conserve, dans l'amertume de sa tristesse, une liberté d'esprit pour regarder et pour décrire qui semblerait indiquer parfois un témoin désintéressé. Pas une minute, la douleur, pourtant sincère, ne le possède assez pour obscurcir son jugement. Il souffre « jusqu'à en crier[1] », mais jamais jusqu'à en perdre la notion de ce qui l'entoure et de la scène qui s'accomplit. Qu'il s'agisse de ses proches parents, de son camarade d'enfance, Alfred Le Poittevin, ou du cher compagnon de ses luttes et de ses triomphes,

---

1. *Correspondance*, 1re série, lettre à Maxime du Camp (mars 1846).

Louis Bouilhet, il demeure lucide dans les emportements de la plus atroce angoisse, et au milieu de funérailles qui le déchirent, il perçoit avec précision les misérables et vulgaires détails du lugubre drame :

> Nous avons conduit le deuil ; il a eu un enterrement très nombreux. Deux mille personnes au moins ! Préfet, procureur général, etc., toutes les herbes de la Saint-Jean. Eh bien ! *croirais-tu qu'en suivant son cercueil, je savourais très nettement le grotesque de la cérémonie*[1].

De même, pendant l'agonie de sa sœur, il prévoit « les draps noirs et l'ignoble bruit des souliers ferrés des croque-morts qui descendent les escaliers ». Il raconte l'ensevelissement et l'inhumation, sans oublier les moindres minuties, en une série de phrases courtes, un peu haletantes, mais rappelant chacune un fait et formant tableau. Il arrive à s'étonner de son propre sang-froid, et il note cette anomalie mentale qui ne pouvait échapper à sa clairvoyance :

> Autant je me sens expansif, fluide, abondant et débordant dans les douleurs fictives, autant les vraies restent dans mon cœur âcres et dures ; elles s'y cristallisent à mesure qu'elles y viennent[2].

Elles s'y cristallisaient, ou plutôt elles s'y affai-

---

1. Maxime Du Camp, *Souvenirs littéraires*, t. II, ch. xxviii.
2. Gustave Flaubert, *Correspondance*, 1re série, lettres à Maxime Du Camp (mars 1846).

blissaient par un alliage d'impressions étrangères, souvent basses ou comiques, qui leur étaient imposées par la réalité, et qui jamais n'eussent surgi dans le domaine purement imaginatif : l'investigation permanente et inconsciente du monde extérieur se superposait ainsi chez Flaubert, et malgré lui, à ses plus sombres préoccupations morales et l'en distrayait : Il n'était jamais complètement à ses souffrances.

Il n'était pas davantage à ses admirations, dès qu'elles s'adressaient à des objets d'une existence tangible et matérielle. En Bretagne, en Orient surtout, il se laisse à tout moment détourner des spectacles que lui offrent les paysages ou les ruines par des aventures ou des traits de mœurs insignifiants. Du premier coup d'œil, il découvre des montreurs de phénomènes ou des fabricants de tragédie : il passe de longues heures en Égypte à écouter les élucubrations idiotes d'un malheureux rimeur rencontré par hasard[1], et ce qui le frappe d'abord au Caire, c'est le côté risible de la civilisation musulmane :

Il y a un élément nouveau que je ne m'attendais pas à voir et qui est immense ici : c'est le grotesque[2].

---

1. Maxime Du Camp, *Souvenirs littéraires*, t. Ier, ch. x et xiii.

2. Gustave Flaubert, *Correspondance*, Ire série, lettre à Louis Bouilhet (1er décembre 1849).

Toujours le grotesque ! partout, sans cesse, avec une extraordinaire finesse des sens, il le saisit et le retrouve dans les moindres manifestations de la vie réelle ; il en subit, d'une manière continue, l'influence stérilisante. Cet homme qui a su peindre la passion avec une intensité si âpre ne l'avait pas connue pour son propre compte :

J'ai beaucoup rêvé et très peu exécuté, dit-il. Le sentiment du grotesque m'a retenu sur la pente des désordres[1].

C'est que la faculté d'aimer, comme la faculté de souffrir ou celle d'admirer, ne va pas sans une certaine ignorance, ou, pour mieux dire, sans une certaine illusion intime et un oubli momentané des circonstances ambiantes. Chez le créateur de *Bouvard et Pécuchet*, ce détachement nécessaire demeura perpétuellement impossible. Presque enfant, il éprouva, pour une femme plus âgée que lui et qui a servi de modèle à madame Arnoux, un caprice platonique[2] ; plus tard, vers sa vingt-cinquième année, il se lia avec une romancière médiocre qu'il avait vue dans l'atelier de Pradier, et pendant quelques mois elle devint sa maîtresse : hors de là, rien. Sa biographie ne mentionne que

---

1. *Correspondance avec George Sand*, lettre VII.
2. Voir sur ce point la *Correspondance de Flaubert* (lettre à madame X*** (7 août 1846) et les *Souvenirs littéraires* de M. Maxime Du Camp, t. II, ch. XXVII.

ces deux seules intrigues de cœur. Encore faut-il noter qu'il subit la seconde plutôt qu'il ne la chercha, et qu'il semble s'en être lassé assez vite, si tant est qu'il ne s'en soit pas lassé dès la première minute. Madame Louise Colet, dont le sentimentalisme exigeant se combinait, paraît-il, avec des virtuosités érotiques assez singulières, contribua sans doute à entretenir chez son amant la nervosité morbide qui l'avait atteint déjà ; elle ne put, en tout cas, se faire aimer ; elle ne parvint pas même à provoquer chez lui un attachement des sens quelque peu profond et durable. Les lettres qu'il lui adressait et qui ont été publiées gardent en dépit d'efforts contraires, une froideur désespérante. Beaucoup de rhétorique : presque pas de sincérité, à moins qu'il ne lui échappe des confidences dans le genre de celle-ci :

Depuis que nous nous sommes dit que nous nous aimions, tu te demandes d'où vient ma réserve à ajouter : pour toujours. Pourquoi ? C'est que je devine l'avenir, moi ; c'est que sans cesse l'antithèse se dresse devant mes yeux. Je n'ai jamais vu un enfant sans penser qu'il deviendrait un vieillard, ni un berceau sans songer à une tombe. *La contemplation d'une femme me fait rêver à son squelette.*

Pour compléter ces bizarres galanteries, il lui jure « qu'il l'aura bien aimée avant qu'il ne l'aime plus », et, en attendant cette échéance, il ne lui cache pas « le dégoût inouï » qu'il a de lui-même, en opposition avec « la tendresse toute chrétienne » qu'il éprouve à son égard, et dont elle semble d'ailleurs modérément satisfaite[1]. Dans cette correspondance amoureuse, où la tristesse de la rupture imminente, inévitable, forme un des thèmes habituels du dialogue, on devine l'homme qui, avec sa justesse d'appréciation ordinaire et sa franchise brusque, s'avouait rebelle à tout un ordre de sentiments et de sensations :

C'est une chose singulière comme je suis écarté de la femme. J'en suis repu comme doivent l'être ceux qu'on a trop aimés. Je suis devenu impuissant par ces effluves magnifiques que j'ai trop sentis bouillonner pour les voir jamais se déverser. Je n'éprouve même vis-à-vis d'aucun jupon le désir de curiosité qui vous pousse à dévoiler l'inconnu et à chercher du nouveau[2].

Il vécut ainsi dans une sorte de continence, sinon matérielle au moins morale, et il ne comprit l'amour, ses tortures ou ses voluptés, que par un concept de son imagination. Grave lacune dans son génie, si l'on en croit M. Maxime Du Camp[3] dont la thèse en principe serait défendable, mais qui, en l'appliquant à son ami, nous semble être tombé dans la

---

1. *Correspondance*, Ire série, lettres à madame X*** (7 et 9 août 1846).
2. *Correspondance*, Ire série, lettre à Alfred Le Poittevin (26 mai 1845).
3. *Souvenirs littéraires*, t. II, chap. XXVIII.

plus lourde des erreurs, et n'avoir pas senti qu'un tempérament d'exception devait, d'une manière fatale, entraîner des résultats exceptionnels. Le jour où Flaubert eût été capable d'aimer, il n'aurait plus été lui-même : il eût perdu cette force constante d'assimilation objective qui constitue une des bases fondamentales de son individualité, et à laquelle il doit ses plus célèbres ouvrages. — On ne peut dire s'il eût été plus grand, car il eût cessé d'exister pour faire place à un autre homme.

Tel que nous le connaissons, il fut d'ailleurs prodigieux par la pensée, prodigieux aussi par la forme impeccable du langage. Attaqué de son vivant, il a eu, après sa mort, cette rare fortune d'être regardé comme un dieu par des écoles rivales, qui chacune l'ont revendiqué avec une admiration exclusive, et ne se sont pas aperçues qu'il les englobait toutes. On l'a scruté, on l'a commenté à l'infini, dans ses moindres phases et sous ses moindres aspects. Tout semble avoir été dit sur son compte, et cependant tout semble encore à dire, tant il suggère d'idées et tant il soulève de problèmes. Sans doute, il lui a manqué la sereine fécondité des esprits souverains que n'arrête pas un sens critique incessamment éveillé; il posséda en revanche, par cette sûreté de jugement, l'incomparable mérite de n'avoir jamais produit une page qui ne soit à peu près parfaite. Rien de ce qui se rattache à sa personne ne porte une empreinte négligeable; sa vie calme et presque bourgeoise recouvrant une fièvre du cerveau et une agitation de l'intelligence qui le poursuivaient presque dans son sommeil : le nihilisme de sa philosophie et l'activité de son labeur d'écrivain; son exubérance d'imagination et son tempérament scientifique; sa poésie idéale et son réalisme vulgaire; tous les mélanges, toutes les contradictions aboutissant, par une contradiction dernière, à des œuvres d'une suprême harmonie. On se perd dans le culte et dans l'étude de ce déséquilibré génial, qui, avec un système d'art désastreux à notre avis, — et surtout au sien, — restera comme une des sommités artistiques européennes dans la seconde moitié du siècle, et comme le représentant peut-être le plus achevé de la prose française dans notre littérature tout entière.

M. THÉODORE DE BANVILLE

I. — L'homme et son œuvre.
II. — Ses théories prosodiques et littéraires.
III. — Leurs résultats dans le présent et pour l'avenir.

I

En dehors des prodigiosités de versification que M. Théodore de Banville a déployées dans ses poèmes et des curieux procédés littéraires dont il s'est constitué le théoricien, il y a dans son œuvre une note qui lui est très spéciale et qui le range complètement à part entre tous les écrivains de ce siècle: c'est l'imperturbable quiétude optimiste avec laquelle il considère le monde, et qui semble ne l'avoir abandonné à aucun moment. Sans intention ironique, on peut dire qu'il fut un homme heureux, non pas seulement par le fait des circonstances, mais surtout de par sa complexion physique et morale, de par un tempérament qui le préparait à voir l'existence et l'humanité sous un angle sans cesse favorable et attrayant [1].

---

1. Baudelaire a dit de lui : « Théodore de Banville n'est pas

Quels que soient l'heure ou l'aspect de sa carrière que l'on envisage, aussi bien dans ses productions d'art que dans ses souvenirs personnels, dans ses comédies en vers comme dans ses contes en prose, on aboutira toujours à des conclusions sereines, à une conception de l'univers naturellement épicurienne. On se sentira en face d'une âme qui aime la vie pour la vie, sans arrière-pensée, sans regrets et sans désirs d'un mieux irréalisable, satisfaite du présent et insoucieuse de l'avenir, devant la possession assurée de « cet enchantement virtuel qui est dans le Verbe[1] ». Jamais un cri d'angoisse ou de désespoir, jamais même une parole de lassitude ou de mélancolie : à peine au début, dans *les Cariatides*, relèverait-on quelques accents d'un byronisme atténué; encore faut-il y voir un sacrifice aux goûts de l'époque et le résultat d'un entraînement juvénile, plutôt que la vraie et sincère image d'un état psychologique. Quand l'auteur laisse parler son inspiration franche et libre, sans essayer de pasticher ses prédécesseurs, ou bien il écrit les *Ballades joyeuses* et les *Odes funambulesques*, ou bien il cisèle ses poésies néo-helléniques et ses courtes nouvelles pseudo-modernes, plus

---

précisément matérialiste; il est lumineux. Sa poésie représente les heures heureuses. » *Fusées*, § 13 (dans le volume de M. Eugène Crépet).

1. Théodore de Banville, *Mes Souvenirs*, ch. v.

riches de couleur et de lumière que de philosophie
et d'observation. Il n'est ni sarcastique, ni amer,
ni désenchanté, ni rien qui rappelle, de près ou
de loin, le trouble moral où a vécu notre temps.

Il y a là, sans doute, une anomalie qui méritait
qu'on y prît garde et qui n'a été notée par personne ; peut-être cependant n'est-elle pas indifférente, et elle pourrait expliquer la persistance avec
laquelle on a accusé M. Théodore de Banville de
n'avoir mis dans ses vers ni une idée, ni un sentiment. — Ni une idée, ni un sentiment! D'abord,
et d'une manière générale, ne devrait-on pas en
finir avec ce mode de critique qui consiste à exécuter en bloc un écrivain sous prétexte que tout ce
qu'il a écrit ne renferme aucune signification ? et
l'hypothèse n'est-elle pas inadmissible de huit ou
dix volumes, composés de phrases plus ou moins
harmonieuses, mais absolument dénuées de sens.
Dans tout ouvrage, à quelque genre qu'il appartienne et quel qu'en soit l'auteur, il y a, toujours
et inévitablement, une idée : elle sera ce qu'on
voudra, sublime ou vulgaire, profonde ou banale,
puissante ou inepte, claire ou obscure, mais elle
sera, par ce motif qu'un assemblage de sons, de
lignes ou de couleurs, s'il n'émane pas du cerveau
incohérent d'un fou, n'est jamais, par principe, que
l'expression ou la représentation d'une pensée. Les
aphorismes de M. Prudhomme correspondent à

un état d'âme aussi bien que les insondables rêveries d'un Pascal ou d'un Shakespeare ; le souci du style purement harmonique chez les symbolistes contemporains a son but comme la recherche de de la netteté concise chez Voltaire et chez Montesquieu ; et de ce fait qu'il nous est incompréhensible, ou bien qu'une fois compris, il ne nous intéresse pas, nous serions audacieux de conclure à son absence. Dans le cas actuel précisément, on peut reprocher au brillant créateur des *Odes funambulesques* de s'être trop souvent absorbé dans des travaux de pure métrique, à peine accessibles à un petit nombre d'adeptes ; d'avoir négligé les problèmes intellectuels qu'a agités notre âge et méconnu les sensations qui l'ont dominé ; de s'être passionné au contraire pour des sujets dont l'importance nous semble secondaire et de n'en avoir vu surtout que le côté extérieur. Peut-être en un mot a-t-il un peu vécu en dehors de son temps, et alors même qu'il chante des généralités éternelles, comme la beauté, le plaisir, l'amour, la nature, lui a-t-il manqué de savoir se mettre au diapason de ses contemporains les plus raffinés ? Ce fut là une de ses grandes faiblesses : il la dut sans doute à une prédisposition mentale apportée en naissant ; il la dut aussi aux événements et aux singulières conditions d'existence que lui fit la destinée.

La lutte de la vie lui fut facile, ou, pour mieux

dire, il n'eut jamais à lutter, et il ignora les douloureux efforts de la pensée qui se raidit et qui s'épuise soit contre les hommes, soit contre les choses, soit contre elle-même. Sa première enfance, si l'on en croit son propre récit, s'écoula en province, dans une sorte d'Éden, près d'une jeune sœur, et sous la direction de vieux parents et de domestiques, attachés à satisfaire ses moindres caprices et ses plus futiles fantaisies. Sa grand'mère professait en matière d'éducation des théories au moins défendables malgré leur allure paradoxale, et elle estimait qu'il faut se hâter de donner beaucoup de bonheur aux enfants, parce qu'on ne sait jamais s'ils en auront plus tard :

Ceux qui à l'aurore de la vie ont été tendrement choyés, caressés et baisés supportent ensuite facilement toutes les épreuves ; au contraire ceux qui tout d'abord ont été blessés, torturés, heurtés sur les plaies vives, ne s'en consolent et ne s'en remettent jamais, et plus tard, en pleine vie heureuse, sont encore brûlés et martyrisés par le souvenir des blessures cicatrisées depuis longtemps déjà.

Le poète s'éleva d'après ce système, précieux peut-être pour l'avenir de l'individu à son repos et à sa santé morale, critiquable en ce qu'il isole son intelligence loin des idées et des phénomènes ambiants, et qu'il ne l'aiguise ni ne la trempe par la discussion, par le doute, par toutes les alternatives du travail intime. On la sent tranquille, molle et inconsistante comme le milieu de béatitude dans lequel elle a grandi : elle n'a ni arêtes vives, ni traits biens définis, ni lignes fortement marquées.

Dans les questions de forme même, en ce qui concerne la science de la versification, où M. Théodore de Banville est généralement accepté comme un maître, il a subi les conséquences des faveurs dont l'avait comblé la fortune. A ne regarder que la variété du rythme, la richesse de la rime, le choix et la disposition des épithètes, il équivaut au moins à Théophile Gautier ou à M. Leconte de Lisle ; il est supérieur à Baudelaire, souvent contourné et presque embarrassé. Notons en passant que, dans l'œuvre poétique assez abondante qu'il a déjà publiée, depuis les premiers débuts jusqu'aux derniers travaux, on ne trouve à peu près aucune trace d'hésitation, de recherche ou de fatigue. A dix-neuf ans, quand il écrit *les Cariatides*, il est sûr de son style : adolescent alors, il reçoit les éloges sérieusement, longuement motivés, et, qui mieux est, la visite d'Alfred de Vigny, chargé d'années et de gloire[1] ; et de tous côtés, dans le groupe romantique, on le salue avec raison comme un ami et un coreligionnaire. Mais dorénavant il restera sans se modifier dans son immuable perfection apparente, qui n'arrive pourtant jamais à susciter en nous un sentiment d'admiration sans

---

1. Théodore de Banville, *Mes Souvenirs*, ch. IV.

mélange. On chercherait vainement, dans ses huit ou dix volumes, une de ces pages qui accrochent forcément l'attention, soit par la profondeur de la pensée, soit par leur puissance passionnelle, soit même par l'originalité du coloris descriptif. Peut-être M. Théodore de Banville a-t-il été trop jeune et avec trop d'aisance un excellent élève des poëtes qui l'avaient précédé, et, pour des motifs autres, on se sent porté à lui adresser un reproche identique à celui que nous avons indiqué contre les frères de Goncourt: la forme et le fond chez lui ne sont pas cohérents.

D'une intelligence simpliste et d'une sensibilité naïve, que semblent n'avoir jamais secouées aucune commotion violente, il pouvait plaire à une époque dont les caractères distinctifs ne sont ni la simplicité ni la naïveté, mais qui, par dépravation et raffinement même, était capable de les comprendre et d'en jouir. Ce n'est pas un phénomène rare que l'engouement de sociétés très mûres pour les œuvres des civilisations très rudimentaires, et notre siècle seul fournirait de ce fait d'innombrables exemples. Encore faut-il que l'impression soit de tous points homogène, et les moyens d'exécution doivent-ils s'adapter au sentiment inspirateur. On a parfois déploré chez Lamartine et chez Musset le *lâché* de la facture, et l'on a cru que leur valeur littéraire en avait été diminuée d'autant. A notre avis, il y a là une erreur complète. Leur style, discutable devant les traités de versification et les grammaires, correspond admirablement à leur tournure d'esprit poétique et aux sujets qu'ils avaient choisis. Pour chanter l'adoration superficielle des beautés de la nature, les joies ou les tristesses de l'amour, la mélancolie vague de l'existence, employer l'orchestration savante et complexe de certains poètes contemporains eût simplement constitué un non-sens, une lourde infériorité, et n'eût servi qu'à glacer l'émotion du lecteur. De même, on peut regretter que, chez Alfred de Vigny, la puissance subtile de la pensée philosophique n'ait été accompagnée que d'une prosodie un peu facile, pauvre et fluide. De même ici, enfin, chez M. Théodore de Banville, le plus grave reproche qu'il ait à subir, ce n'est pas sans doute d'avoir négligé l'idée, ou même, comme on l'a dit, de l'avoir oubliée absolument : d'autres que lui, des plus incontestés et des plus grands ne l'ont pas surpassé à ce point de vue. et nul n'a songé cependant à leur en faire un grief : mais il a eu cette bizarre mauvaise fortune de posséder une science innée de la métrique telle que, sur ce chapitre, il demeure sans rival, et ce fut sinon sa ruine, tout au moins l'occasion d'un inappréciable préjudice. Il y gagna l'estime de quelques spécialistes de lettres ; il y perdit la faveur des lettrés mieux instruits et plus sérieux. Là où la

substance des sentiments, des idées et des images
appelait un mode d'expression spontané, aisément
accessible, sans recherche, sans efforts mécaniques
et sans affectation d'ingéniosités laborieuses, nous
trouvons un style contourné, ciselé, précieux, issu
d'une théorie qui ne laisse presque rien à l'imprévu et à l'inspiration personnelle, et qui a étudié
tous les effets et toutes les combinaisons avec le
raffinement soigneux d'une époque longuement
blasée. Cette théorie, M. Théodore de Banville l'a d'ailleurs formulée lui-même dans son *Traité de Poésie
française*, et, tant pour ses audaces que pour ses
étroitesses, pour ses qualités comme pour ses erreurs,
elle vaut d'être commentée avec quelques détails.

II

On l'a dit pour lui, et il l'a répété avec persistance : toute la beauté poétique de notre langue
a pour base le choix et la disposition de la rime,
sa richesse et sa rareté ; c'est d'après elle que doit
se mesurer la valeur littéraire d'un ouvrage ; c'est
à elle qu'il faut subordonner la construction entière
du vers qui, par là, se réduit en quelque sorte à
un remplissage plus ou moins habile :

La rime est l'unique harmonie des vers et elle est
tout le vers... Dans la poésie française, la rime est le

moyen suprême d'expression et l'*imagination de la rime* est le maître-outil... C'est une loi absolue, comme les lois physiques ; tant que le poète exprime véritablement sa pensée, il rime bien ; dès que sa pensée s'embarrasse, sa rime aussi s'embarrasse, devient faible, traînante et vulgaire [1].

Ces aphorismes, le dernier principalement, étaient d'une trop étrange hardiesse, et se révélaient en trop complète contradiction avec ce qui a été enseigné et admis jusqu'à ce jour, pour que l'auteur ne le comprît pas lui-même, et ne sentît pas le besoin de les démontrer par quelques commentaires explicatifs. Malheureusement, il appuie une simple affirmation sur d'autres affirmations qui ne sont pas mieux établies, et il prouve sa première formule par une série d'arguments dont la preuve est encore à faire. Si l'on taxe d'exagérés le souci de la rime et l'importance qui lui est attribuée, il répondra que, *par elle seule:*

Le poète suscite dans l'esprit du lecteur les images ou les idées... De même, au moyen d'une touche juste, le peintre suscite dans la pensée du spectateur l'idée du feuillage du hêtre ou du feuillage du chêne : cependant vous pouvez vous approcher du tableau et le scruter attentivement ; le peintre n'a représenté en effet ni le contour ni la structure des feuilles de hêtre ou de chêne [2].

1. *Petit Traité de Poésie française*, ch. III.
2. *Ibid.*, id.

Mais encore pourquoi ce mot, en qui réside une si merveilleuse puissance de suggestion, sera-t-il le dernier du vers, celui qui, par le son et l'orthographe, concorde avec un ou plusieurs vocables disposés également en des places précises selon les règles fixes de la loi prosodique? « C'est que *l'on entend dans un vers que le mot qui est à la rime*[1]. » Et sur quoi enfin repose ce dernier axiome? Comme tous les axiomes, sur rien, sur le consentement universel, sur l'évidence, beaucoup moins éclatante dans le cas actuel qu'en matière de géométrie.

Le corollaire immédiat des propositions qui viennent d'être émises et que nous avons résumées en quelques lignes, ce sera naturellement l'apothéose de la *cheville*, c'est-à-dire de la soudure inévitable entre les termes disjoints qui forment la base nécessaire et antérieure d'une œuvre versifiée :

Il y a toujours des chevilles dans tous les poèmes... Bien plus; il y en a autant dans un bon poème que dans un mauvais... Toute la différence, c'est que celles des mauvais poètes sont placées bêtement, tandis que celles des bons poètes sont des miracles d'invention et d'ingéniosité[2].

Thèse soutenable peut-être, malgré son allure de paradoxe! Mais où s'en vont la spontanéité originale,

---

1. *Petit Traité de Poésie française*, ch. III.
2. *Ibid.*, id.

l'inspiration personnelle au milieu de ces procédés de facture industriels, auxquels doit se soumettre quiconque veut user de la parole rythmée? L'auteur se plaint, non sans motifs, des bandelettes où le xviie siècle avait emprisonné et immobilisé sa poésie[1]. Est-il sûr de ne pas tomber dans la même erreur? et la révolution romantique, telle qu'il la comprend et telle qu'il la définit, n'est-elle pas, au lieu d'un affranchissement de règles formellement restrictives, au lieu de la pleine liberté donnée à tous, la simple substitution à un dogme étroit d'un autre dogme qui n'est pas moins sévère?

Il est si nettement visible que l'habileté mécanique joue ici un rôle, sinon exclusif, en tous cas prépondérant! En dépit des conseils ultra-métaphysiques[2], et même un peu nuageux dont l'auteur parsème son *Traité*, on sent si bien que, d'une manière inconsciente peut-être, il ramène continuellement son art à une sorte d'amusement, où la difficulté vaincue représente le principal attrait. Il s'en défend sans doute; il adjure ses lecteurs de ne pas confondre « les capricieuses arabesques où se joue la

---

1. *Petit Traité de Poésie française*, ch. iii.
2. « L'athéisme, ou négation de notre essence divine, amène nécessairement la suppression de tout lyrisme dans ce qu'aux époques athées on nomme à tort : la poésie... N'est pas poète celui qui n'a pas le cœur d'un héros, et que ne brûlent pas une immense charité et un immense amour. Tout ce que l'égoïsme

fantaisie d'un artiste savant avec les stériles combinaisons où s'épuise l'obstination d'un maniaque »[1]. Est-ce à dire que lui-même ne soit pas tombé parfois dans la confusion dont il garde les autres? et, quand on examine avec soin sa théorie, n'y découvre-t-on pas constamment l'admiration et l'apologie plus ou moins voilées du tour de force?

En admettant même comme article de foi indiscutable le culte absolu de la rime, on se demande en quoi la *consonne d'appui*, si impérieusement obligatoire, augmente la valeur d'une sonorité musicale et la rend plus suggestive! Que certains mots à terminaisons éclatantes ou ternes, vibrantes ou sourdes, rudes ou au contraire un peu molles, puissent concourir dans une large proportion à l'effet général, la chose est possible ; ce sont peut-être là des minuties un peu subtiles ; mais, après tout, quand une littérature a franchi ce qu'on est convenu d'appeler sa grande époque, elle ne vit et elle ne prospère que par des subtilités de sentiment, d'idée et de forme. Elle paraît bien pourtant dépasser le but, quand, comme ici, elle exige l'identité des deux consonnes « qui, dans les mots qui riment ensemble, se trouvent placées immédiatement devant la der-

ronge et détruit de toi, elle le ronge et détruit en même temps de la poésie. » (*Petit Traité de Poésie française*, ch. VI et XI.)

1. *Petit Traité de Poésie française*, ch. X.

nière voyelle ou diphtongue pour les mots à rime masculine, et immédiatement devant l'avant-dernière voyelle ou diphtongue, pour les mots à rime féminine[1] ». Il est manifeste qu'elle multiplie alors les entraves uniquement pour le plaisir de mettre à l'épreuve la dextérité de l'artiste, et sans profit aucun pour la plus-value artistique de l'œuvre.

Ce qui est plus bizarre dans le cas qui nous occupe, c'est que, si la règle draconienne édictée par M. Théodore de Banville avait jamais été rigoureusement observée par les maîtres de notre siècle, elle irait précisément à l'encontre du résultat qu'il cherche. Il oublie tous les textes en prétendant que « le poète consentirait plutôt à perdre en route un de ses bras ou une de ses jambes qu'à marcher sans la consonne d'appui[2] ». Il oublie que, non seulement elle a été négligée par Lamartine ou Alfred de Musset, mais souvent aussi par Victor Hugo, par Théophile Gautier et par lui-même. Il ne songe pas surtout que, — son système étant admis ; — du moment que « la première condition de la rime, pour ne pas endormir, est d'éveiller la surprise[3], » la première condition de la loi prosodique devrait être de ne pas réduire le nombre des mots susceptibles de s'apparier. Sinon, le lecteur, avec un peu

1. *Petit Traité de Poésie française*, ch. III.
2. *Ibid.*, id.
3. *Ibid.*, ch. IV.

d'habitude, les connaît rapidement et les voit venir au bout des vers avant qu'il ne les ait lus.

Nous avons là un premier exemple d'une curiosité de blasé pour les complications ingénieuses mais inutiles, et déjà il semblerait assez significatif, s'il n'était corroboré par une série d'autres faits analogues, et principalement par l'aveu que laisse échapper l'auteur sur ce qu'il considère comme l'essence du plaisir esthétique. A son avis, « dans toute œuvre d'art, ce qui intéresse c'est l'adresse de l'ouvrier [1] »; et, dès lors, on comprend que son intérêt s'accroisse en raison directe du nombre d'obstacles qui auront été surmontés. Ainsi s'explique sa passion pour les poèmes traditionnels à forme fixe, le rondel, le rondeau, la ballade, le sonnet, le sonnet surtout, avec les multiples conditions qu'il exige pour atteindre à la perfection, avec ses strophes inégales et aux rimes entre-croisées, avec son trait final, à la fois concis et précieux, et dont le piquant *doit surprendre*.

Ces deux derniers mots, déjà placés en italiques dans le *Traité de Poésie*, et répétés à quelques pages d'intervalle, peuvent, semble-t-il, passer à eux seuls pour une révélation. L'étonnement considéré comme une des bases fondamentales du sentiment du beau! l'imprévu érigé en système d'art! Scribe et son école avaient pratiqué une théorie semblable

1. *Petit Traité de Poésie française*, ch. IX.

en matière de théâtre. On sait ce qu'en pensèrent les romantiques, et en particulier M. Théodore de Banville. Par malheur, il ne s'aperçoit pas qu'il verse dans les mêmes errements, et, qui pis est, sans obtenir les résultats, vulgaires sans doute, mais souvent amusants auxquels ont atteint ses irréconciliables adversaires. Tant qu'il se renferme dans le domaine de la pure comédie, ou plutôt dans une certaine fraction assez secondaire du genre comique, son procédé triomphe et l'application qu'il en fait semble généralement réussir ; elle devient désastreuse dès qu'il s'essaye dans l'élégiaque ou le pathétique, dès que, de près ou de loin, il veut toucher au drame. L'émotion se glace alors devant cette tension perpétuellement visible de l'ouvrier qui travaille à faire admirer du public son impeccable sûreté de main ; et on l'admire en effet, mais on n'admire qu'elle, au détriment de ce qui constitue le fond et l'essence de l'ouvrage. Pour se convaincre du fait, il suffit de prendre ses *Idylles prussiennes* ; dans un sujet que de douloureux souvenirs rendaient tragique pour tous, là où des écrivains qui ne savaient ni leur prosodie ni leur langue avaient pu remuer un instant la sensibilité des vaincus, on voit le maître actuel de la versification française aboutir au plus complet des échecs, et à chaque page refroidir son lecteur par un étalage déplacé de sa miraculeuse adresse.

Après s'être laborieusement — et volontairement — opposé des obstacles qui n'ajoutent rien à la valeur de ses créations, il a beau, prétend-il, se contraindre à cacher son effort, ceux qui possèdent quelque expérience du métier littéraire le découvrent à toutes les lignes ; les illettrés eux-mêmes le devinent d'instinct. A quoi bon d'ailleurs prendre tant de peine à dissimuler la souplesse et le brillant de son doigté, puisque ce sont les qualités de l'art auxquelles il attache le plus grand prix ? Quand il soutient que « la difficulté vaincue devient pour le poète le contraire d'un mérite, pour si peu qu'on sente ou qu'on aperçoive la trace de l'outil [1] », il ne songe déjà plus qu'il a mis précédemment le principal intérêt d'une œuvre dans la virtuosité de l'exécution, et que cette virtuosité n'existe qu'à la condition d'apparaître. Où sera la surprise de la rime si nous ne sentons ni n'apercevons l'ingénieux travail qu'il a fallu accomplir pour amener et joindre entre eux, par le sens de la phrase, plusieurs mots disparates ? Dans les strophes composées de vers inégaux, quel besoin de s'appliquer « non seulement à harmoniser le petit vers avec le grand vers, mais en quelque sorte à faire paraître le petit plus long que le grand », si l'artifice doit rester inconnu, si la transposition n'est pas visible ? Et de

---

1. *Petit Traité de Poésie française*, ch. IX, *le Rondeau*.

même pour le sonnet, à quoi servira de donner « de la pompe, de l'ampleur, de la force et de la magnificence [1] », aux tercets *physiquement* plus courts que les quatrains de manière qu'ils *semblent* plus majestueux, à quoi servira cette interversion des rôles, sinon à placer en relief l'aisance avec laquelle un maître se joue des plus redoutables épreuves ?

D'aucuns jugeront puéril cet ensemble de lois et de formules que nous analysons, et nous n'en analysons que le petit nombre. Ils s'étonneront qu'après avoir flétri les bouts-rimés, raillé l'acrostiche ou la glose, traité de casse-tête chinois les sonnets retournés, losangés, serpentins et autres, M. Théodore de Banville manifeste un si prodigieux enthousiasme pour le lai, le virelai ou le chant royal, qui pourraient aussi bien se ranger parmi les amusements ou « curiosités poétiques ». Somme toute, il y a entre ces formes multiples une différence de degré, non pas une diversité de nature, et elles ne se distinguent guère que par leur fabrication plus ou moins pénible. Pourquoi donc recommander celles-ci, alors que l'on proscrit celles-là ? pourquoi reculer à mi-chemin et ne pas pousser le système à ses dernières limites ? La sainte logique l'exigeait ; heureusement l'intuition artistique, chez l'auteur des *Cariatides*, a prévalu sur les raisonnements de l'esthète, et, s'il n'a pas hésité devant des subtilités de

---

1. *Petit Traité de Poésie française*, ch. VIII et IX, *le Sonnet*.

mécanisme qui n'ont rien à voir avec la littérature, il s'est arrêté juste à temps sur la pente qui le conduisait à l'absurde.

S'il n'eût obéi, d'ailleurs, qu'à sa naïve, mais très sûre et très sincère inspiration de poète, il n'eut pas même été si loin. Un secret instinct l'avertissait qu'on ne réalise pas l'idéal du beau parce qu'on a prestement résolu des problèmes en apparence insolubles ou exécuté des travaux qui semblaient impossibles, et il n'était pas homme à confondre les puissants contournements de membres dans les statues d'un Michel-Ange avec les extraordinaires dislocations du plus souple des acrobates. Vaguement, il se rendait compte que, la poésie étant essentiellement subjective, personnelle, elle peut être étudiée et commentée, mais elle ne s'apprend, ne se règle ni se définit, et, à plusieurs reprises, il en arrive à déplorer les difficultés de facture qui la paralysent, à maudire les dogmes fixes dans lesquels on l'a immobilisée depuis trois siècles, et en qui on a fini par croire qu'elle était contenue tout entière.

Avant Ronsard, dit-il, pas de règles, pas d'entraves, pas de liens. Depuis Ronsard — et par lui (il faut bien l'avouer), nous avons eu au contraire tout un arsenal de règles. Y avons-nous gagné quelque chose ? — Nous y avons tout perdu au contraire. — L'hiatus, la diphtongue faisant syllabe dans le vers, toutes les autres choses qui ont été interdites, et surtout l'emploi facultatif des rimes masculines et féminines, fournissaient au poète de génie mille moyens d'effets délicats, toujours variés, inattendus, inépuisables. Mais pour se servir de ce vers compliqué et savant, il fallait du génie et une oreille musicale, tandis qu'avec les règles fixes les écrivains les plus médiocres peuvent, en leur obéissant fidèlement, faire, hélas! des vers passables.

Et, comme suprême *desideratum*, il ajoute quelques pages plus loin :

J'aurais voulu que le poète, délivré de toutes les conventions empiriques, n'eût d'autre maître que son oreille délicate, subtilisée par les plus douces caresses de la musique. En un mot, j'aurais voulu substituer la science, l'inspiration, la vie toujours renouvelée et variée à une loi mécanique et immobile[1].

Là en effet était la vraie doctrine. Comment alors n'a-t-il pas compris la faute où il tombait en rédigeant à son tour tout un code prosodique plus complet, plus minutieux, plus rigide qu'aucun de ceux précédemment édictés? Si tous les règlements, — quels qu'ils soient, impératifs ou restrictifs, — ne doivent produire en matière d'art que des résultats néfastes, était-il nécessaire d'en ressusciter d'anciens et d'en promulguer de nouveaux? C'est cependant à quoi tend d'un bout à l'autre le *Traité de Poésie française*, et c'est à quoi il est trop bien parvenu, au grand dommage de notre développement littéraire. Nous avons dans notre école con-

---

1. *Petit Traité de Poésie française*, ch. v.

temporaine les plus merveilleux versificateurs qui aient jamais existé ; ils ont poussé le respect de la rime jusqu'à un point inconnu avant eux ; ils ont manié sans effort trop apparent les rythmes les plus variés et les plus ardus. Et puis, c'est tout. L'exaltation des qualités de métier a fini par anéantir les autres.

III

Malgré les graves et nombreuses restrictions que nous avons formulées sur les théories de M. Théodore de Banville, il est certain néanmoins qu'elles peuvent se défendre ; il est certain aussi qu'elles ont pour répondants quelques-uns des plus illustres écrivains du siècle. Du reste, comme presque tous les systèmes, fussent-ils détestables en principe, le sien a tiré bénéfice dans l'opinion générale du génie des hommes qui l'avaient pratiqué : de ce qu'il n'a pas empêché de créer des chefs-d'œuvre, on a conclu à son excellence. Bien plus : on a considéré que c'était par lui, et par lui seul, que les maîtres avaient atteint la perfection, et, hors de son orbite, tout a été proscrit.

De même au xviie siècle, quand, après avoir usé d'un instrument prosodique au moins médiocre, après s'être pliés à la déplorable obligation des *trois unités,* nos grands tragiques eurent composé leur théâtre, on ne s'imagina point qu'ils eussent réussi en dépit des entraves qu'ils acceptaient, et chacun au contraire voulut voir dans des réglementations étroites une des causes de leur grandeur. Ceux qui les suivirent s'appliquèrent à une observance plus stricte encore des préceptes indiscutés ; comme il est toujours relativement facile de s'assimiler un mécanisme, on enfanta des tragédies avec la même abondance que l'on publie maintenant des volumes de vers, et, jusqu'au jour où la mesure fut comble, ces élucubrations dont il n'a rien survécu, servirent à conserver dans l'opinion le culte du dogme et la foi dans son efficacité.

Il est permis de croire que le cas actuel, par bien des traits assimilables, se rapproche du précédent. L'outil dont parle l'auteur des *Odes funambulesques,* forgé et employé par de puissants cerveaux, a pu admirablement convenir en certaines circonstances, à certaines natures et pour exprimer certaines idées ; il était condamné du moment que l'on prétendait en universaliser l'application. Victor Hugo, Théophile Gautier lui ont fait produire de pures merveilles ; après eux, et quelquefois à côté d'eux, M. de Banville en a tiré d'incomparables effets ; et sur ce point on ne peut que se joindre aux éloges dont il a été comblé par des hommes comme Baudelaire ou comme Sainte-Beuve. Il y a évidemment dans son assez lourd bagage un court volume à extraire, une sorte d'anthologie de ce qu'il a publié de plus parfait, et elle suffirait à lui marquer sa place entre les maîtres de notre époque. Dernier venu des romantiques, ainsi que l'a remarqué M. Jules Lemaître [1], il n'est pourtant pas indigne de ses prédécesseurs, et il possède cet assez rare mérite d'avoir une personnalité : personnalité dénuée d'envergure sans doute, mais fine, brillante, heureuse, un peu sensuelle, avec quelque chose qui rappelle Anacréon, ou mieux encore Ronsard et la pléiade. — Faut-il néanmoins puiser dans son exemple, ou dans tout autre exemple, un argument en faveur de ses institutions théoriques ? Aucunement. Eussent-elles été inférieures même à ce que nous les estimons, rien ne s'opposait à ce qu'on les vit recueillies, mises en usage et consacrées par des poètes dont le nom seul aurait tenu lieu de garantie ; et le fait n'aurait rien prouvé. Surtout en matière d'art, la valeur intrinsèque d'un système ne se mesure pas à la valeur des ouvrages qui en paraissent issus, et s'il est fondé sur des bases douteuses, mal équilibré et mal déduit, le nombre ou l'autorité des citations ne changeraient pas en qualités ces imprescriptibles défauts.

D'ailleurs, en ce qui concerne celui-ci, laissant

---

1. *Les Contemporains*, t. I**er**, Théodore de Banville.

de côté les critiques de détail et la question de savoir s'il mérite des éloges ou s'il est condamnable, il nous semble devoir suggérer une dernière observation plus générale que les autres, infiniment plus large et plus haute. Bon ou mauvais, — et pour une minute l'admettrait-on comme excellent, — par le simple motif de son existence, il constitue une date dans l'histoire du romantisme, et une date inoubliable : celle où la grande école, qui battit son plein de 1830 à 1840, eut terminé son évolution, et, après une longue période d'activité et de gloire, retomba dans la mort.

Il en est des cycles artistiques, littéraires ou poétiques comme des individus ou des sociétés ; aucun jusqu'à présent n'a joui d'une vie immortelle et aucun ne peut se vanter qu'il en jouira jamais. Déterminés par des causes souvent inconnues, mais non pas forcément inconnaissables, ils suivent une marche fatale, naissent, grandissent, s'étiolent, et enfin disparaissent, quelquefois à l'heure même où on les croyait irrévocablement fondés et indestructibles. D'abord bouillonnants et enflammés, doués d'une force d'expansion qui ne connaît pas de résistence, on dirait que peu à peu ils perdent leur chaleur, qu'ils se condensent et qu'ils se cristallisent dans une attitude qui ne se modifiera plus. Ce sont encore choses brillantes, admirables et précieuses, mais inanimées et froides, et qui désormais appartiennent au passé. On en fera des imitations plus ou moins savantes et réussies ; on ne ressuscitera pas ce qui a cessé de vivre.

Or, du jour où, sur une forme d'art, ont surgi les commentateurs, législateurs, exégètes et grammairiens, il est permis de dire qu'elle est cristallisée, immuable et morte. On lui a imposé des barrières fermes qu'elle ne doit pas franchir ; on l'a divisée et analysée jusqu'en ses moindres parcelles sous prétexte de lui enlever ses scories; on l'a comprimée en des moules restreints pour la faire plus solide ; par cela seul qu'elle devenait susceptible d'être ainsi conduite et pliée à la règle, elle a montré qu'elle était épuisée, engourdie, près de s'éteindre ; et l'homme ou les hommes qu'on pourrait accuser de lui avoir porté le coup de grâce, et que, plus tard, on déclarerait volontiers les agents responsables de sa ruine, ne sont coupables d'autre tort que d'être arrivés à l'heure précise de la fin inévitable, et d'avoir été inconsciemment les hérauts, les divulgateurs de l'événement. — Quoi que réserve l'avenir à l'auteur du *Traité de Poésie française*, il n'échappera probablement pas au reproche d'avoir précipité vers la décadence ou même tué le romantisme, lui qui pensait l'avoir consolidé. En réalité, il ne fit ni l'un ni l'autre ; son influence, si tant est qu'elle soit appréciable, ne fut ni si mauvaise ni si heureuse, et la justice impartiale considérera sa doctrine moins à titre de *cause* que simplement à titre *d'effet*.

Dans notre littérature, un phénomène analogue à celui que nous venons d'indiquer se produisait déjà il y a deux siècles, et quelque paradoxal, quelque désobligeant même que semble un rapprochement, il serait impossible de ne pas songer ici à Boileau et à son *Art poétique*. A l'heure exacte où se terminait la période de production active et puissante du classicisme, son plus sincère admirateur, et en même temps un de ses plus remarquables représentants, se figurait le fixer pour toujours en l'immobilisant dans une sorte de traité didactique. Quand il publia son travail, Corneille et Molière avaient achevé leur œuvre ; La Fontaine avait écrit ses *Contes*, *Psyché*, *Adonis* et la plupart de ses *Fables;* Racine seul devait encore composer quatre grands drames, *Iphigénie*, *Phèdre*, *Esther* et *Athalie*. Après eux, qui restat-il pour continuer le mouvement? Personne : et tout le génie de Voltaire ne parvint jamais à ranimer cette versification régulière, pure, froide et sèche que lui avait légué le *législateur du Parnasse*.
— En sera-t-il ainsi pour M. Théodore de Banville ? La postérité seule en jugera sans doute souverainement. Mais, dès aujourd'hui, des signes non équivoques nous mettent au moins en droit de formuler une présomption.

ÉCOLES ET PERSONNALITÉS DIVERSES

I. — Les *Jeune-France*. — Gérard de Nerval. — Louis Bouilhet. — M. Louis Ménard. — Les *Parnassiens*.
II. — Les naturalistes. — Symbolistes et décadents. — MM. Anatole France, Pierre Loti et Paul Bourget. — Conclusion.

Si nous avions voulu faire absolument complètes ces études sur une des principales formes de l'art en notre siècle, il eût été nécessaire de ne pas omettre un nombre considérable d'écoles, de groupes ou d'individualités qui ont grandi et vécu autour des six écrivains supérieurs que nous avons longuement commentés. Ceux-là furent bien, à notre avis, les seuls vraiment hors ligne, les initiateurs, les modèles en qui se résume presque entièrement la vie intellectuelle et sensitive de notre époque ; ils n'ont cependant pas été les seuls existants et lumineux, et les poètes ou romanciers secondaires qui gravitaient dans leur orbite pouvaient paraître mériter un meilleur sort que le silence ou l'oubli. — Nous aurions dû en outre, nous aurions dû surtout examiner les manifestations récentes, qui, pour être nouvelles, n'en semblent ni moins grandes ni moins hautes, et qui chaque jour surgissent devant nos yeux, marquant la suite du mouvement littéraire accompli par les prédécesseurs.

Nous nous arrêterons pourtant ici, sauf à terminer notre travail par quelques mentions rapides des hommes et des œuvres qui sont laissés dans l'ombre, non par négligence ou dédain comme on serait en droit de le croire, mais en raison d'un plan tracé d'avance et qui nous enfermait en de strictes limites. Pour pousser jusqu'aux derniers détails l'analyse philosophique et esthétique que nous avons ébauchée dans ses traits principaux, il n'eût suffi ni d'un volume ni même de deux ou de trois; une énorme série s'imposait immédiatement, sans compter que chacun des chapitres consacrés aux maîtres se fût trouvé, dans son état actuel, noyé au milieu de l'ensemble, et eût exigé, de par les lois de la composition, des développements beaucoup plus considérables. C'était en somme une sorte d'encyclopédie générale à exécuter sur une question particulière, et il était permis de reculer devant l'immensité de la tâche.

Et puis, parmi les écrivains, dont les débuts remontent au delà de quinze ou vingt ans, et que nous n'avons pas nommés, combien en est-il à qui l'on soit redevable d'une innovation de quelque importance, et que l'on puisse considérer, en bonne justice, comme des créateurs réellement exceptionnels ? Laborieux et patients, avec des dispositions le plus souvent brillantes, avec cette force et cette audace que donne la passion sincère et désintéressée, avec la perfection de la forme et la solidité du fond, que leur a-t-il manqué pour qu'on les classât hors de pair ? Rien, à première vue ; rien, excepté ce don indéfinissable que la nature dispense à ses élus, excepté un défaut peut-être. Sans doute, ils sont captivants et étranges, d'aucuns même le sont avec une préméditation et un effort trop apparents ; mais, en définitive, abstraction faite de certaines nuances presque imperceptibles, pas une idée, pas un sentiment, pas une sensation qu'ils aient su développer ou peindre avec une *manière* entièrement inédite. Leur psychologie, leur poétique, leurs procédés, leurs effets, leur style se retrouveraient ailleurs, avec plus d'originalité et de relief. Toujours ils se contentent d'imiter ou d'accentuer, voire d'exagérer par des grossissements maladroits. « Ils ne boivent pas dans leur verre, ou bien ils n'y boivent qu'en de très rares circonstances, » pourrions-nous dire en paraphrasant une métaphore célèbre.

Faut-il rappeler, vers 1830, le groupe tapageur et ultra-romantique qui s'intitula les *Jeune-France*, et qui doit de n'être pas tout à fait ignoré aujourd'hui plutôt à ses excentricités naïves qu'au mérite de ses productions? Quelques-unes ne manquent pas de valeur assurément, et portent même l'empreinte d'imaginations assez curieuses. Mais combien nous sommes loin, avec Aloysius Bertrand et son *Gaspard de la Nuit* des *Petits poèmes en prose* de Charles Baudelaire! quelle distance entre la rhétorique bruyante de Pétrus Borel et les hardiesses que se sont permises ses rivaux ou ses successeurs mieux équilibrés! Personne actuellement ne songerait à eux, non plus qu'à Philothée O'Neddy ou à Alphonse Brot, si leur cénacle n'avait été traversé par Théophile Gautier, qui ne se gêna pas d'ailleurs pour en blasonner les travers dans un volume de contes spirituellement moqueurs; personne ne les connaîtrait, s'ils n'eussent compté dans leurs rangs ce malheureux Gérard de Nerval, un grand cerveau inachevé, obscurci par une démence intermittente, et qui, après avoir mené la vie la plus décousue, devait tristement finir par un suicide tragique.

Pour celui-là, une étude un peu plus longue et sérieuse n'eût pas été impossible. Ce fut un être si extraordinaire, non pas précisément en tant qu'artiste; car, malgré le nombre des pièces de vers ou des pages de prose charmantes qu'il a semées au hasard, on aurait peine dans son œuvre considérable à découvrir *une œuvre*, et le continuel travail de sélection qu'exige sa lecture explique trop bien l'injuste indifférence où le tiennent nos contemporains. Mais, en tant qu'homme, quelle âme et quelle intelligence étrangement ordonnées. On répugne à regarder ce rêveur comme une simple victime de lésions cérébrales. Et cependant, devant les affirmations de ses intimes, devant ses multiples internements chez le docteur Blanche à la suite d'accès suffisamment caractéristiques, devant l'allure même habituelle de son esprit, que penser? En plein xixe siècle, nous avons au moins affaire à un véritable *voyant*, à une sorte de mystique d'un autre âge, d'un autre monde, presque en dehors de l'humanité. Il croit à la magie, à la cabale, à la nécromancie, aux conjurations, au bâton de Trismégiste, avec une foi aussi sincère que celle d'un hermétique du moyen âge. Il accomplit consciencieusement les rites d'une liturgie mystérieuse destinée à lui procurer le livre divin qui renferme le don des miracles. Il se souvient d'avoir été prince, roi, génie, prophète, dieu. Il parle des fées, des djinns, des larves ou des homoncules comme s'il s'agissait d'illustrations historiques, parfaitement notoires et incontestées. Ses amours, par leur illuminisme, concordent avec cet ensemble de doctrines bizarres. La chanteuse dont il s'éprit, et qu'il a dépeinte sous un nom d'emprunt dans son roman de *Sylvie*, Jenny Colon, ne fut jamais sa maîtresse, soit qu'il n'ait pas pu, soit qu'il n'ait pas voulu obtenir ses faveurs. Il ne l'en adora pas moins d'une tendresse supra-terrestre, continue, sensuelle et douloureuse, la seule tendresse dont il était capable, mêlant à la passion on ne sait quelles vagues idées pseudo métaphysiques, où la femme vivante finissait par représenter une incarnation réelle de Diane, de sainte Rosalie et de sainte Thérèse. Or, en dépit de pareilles incohérences mentales, ses ouvrages ne portent la trace ni de la folie, ni même de la névrose à un degré morbide quelconque. Sa santé y paraît intacte, sa raison en équilibre. Somme toute on pourrait le définir un imaginatif exalté parfois jusqu'au délire, un inspiré en qui le don d'illusion avait atteint la limite extrême au delà de laquelle eut éclaté la machine humaine, et c'est par là que sa personnalité devient particulièrement intéressante. Elle indique le point précis où va commencer l'aliénation. Elle appartient encore au domaine de la psychologie; une ligne de plus, ce ne serait qu'un cas pathologique [1].

Quelques années avant que Gérard de Nerval mourut, un autre poète, Louis Bouilhet, débutait dans

---

[1]. Pour plus de renseignements sur Gérard de Nerval, voir les pages que lui a consacrées M. Maxime Du Camp, dont il fut l'ami. (*Souvenirs littéraires*, t. II, ch. xx.)

les lettres par une des plus brillantes études d'après l'antique qu'ait produites notre époque, et qui immédiatement attirait sur lui l'attention du monde artiste. *Melænis,* dont la *Revue de Paris* inséra les trois mille vers en un seul numéro, n'eût pas été indigne de se voir signée par certains maîtres, et elle ne faisait que préluder à une série de travaux remarquables dont plusieurs même, les pièces de théâtre en particulier, obtinrent devant le grand public un succès éclatant. Bouilhet est aujourd'hui sans doute sévèrement traité et il mériterait qu'on le lût davantage, tout comme l'auteur de *Sylvie* dont nous ne le rapprochons d'ailleurs que par respect de l'ordre chronologique, puisque les deux hommes ne possédaient entre eux aucune affinité de caractère ou de tempérament. Il faut bien se dire néanmoins qu'avec ses excellentes aptitudes, avec sa foi tenace et profonde, avec son érudition immense, il n'a jamais touché ne fût-ce qu'un instant dans sa vie, les grands sommets de l'idéal. On doit le lire et l'estimer comme un écrivain d'un rare talent: on ne peut aller jusqu'à l'admiration comme pour un inventeur de génie. Honorable en tout, il ne se montra sublime en rien; et s'il est destiné à ne pas périr entièrement, son affection pour Flaubert, l'influence heureuse qu'il acquit sur l'imagination impondérée de son ami, le dévouement attentif dont il entoura l'illustre romancier serviront plus à la gloire de son nom que ses recueils lyriques, ses drames et ses comédies [1].

Plus négligé, plus mal connu encore que les deux précédents, M. Louis Ménard, pour ceux que n'aveuglera pas par avance la demi obscurité où on le relègue, s'affirmera, lui aussi, comme infiniment supérieur à sa médiocre réputation. Esprit original, intelligence presque encyclopédique, il a été curieux de tout, et il s'est adonné à tout ; il a fait de la chimie, de la philosophie, de la linguistique, de la critique d'art, de la poésie, de la peinture, et, dans chacune de ses innombrables tentatives, il a toujours rencontré le succès. Son plus grave défaut semblerait ainsi de s'être répandu au hasard, et de n'avoir pas dirigé vers un seul but la multiplicité des forces latentes en son âme. En revanche, il a obtenu, grâce à cette dispersion, une puissance suggestive d'une intensité rare, et l'on serait injuste d'oublier que, par sa science d'helléniste, il a aidé dans une mesure appréciable, M. Leconte de Lisle à sa rénovation de la littérature néo-grecque. Lui-même, par ses *Poèmes* d'abord, par ses travaux d'érudition sur le polythéisme ensuite, et enfin, et surtout par son opuscule intitulé les *Rêveries d'un païen mystique*, il s'est fait une place d'élite entre les promoteurs de la renaissance contemporaine,

---

1. Sur Louis Bouilhet, voir également les *Souvenirs littéraires* de M. Maxime Du Camp.

et il y brillerait probablement d'un éclat beaucoup moins effacé, si le maître de *Niobé*, d'*Hélène* et de *Khirôn* se fut élevé moins haut, et n'eut pas un peu éteint ses coreligionnaires de son immense rayonnement.

Ce phénomène d'absorption ne s'est pas d'ailleurs uniquement manifesté de M. Leconte de Lisle à M. Louis Ménard: on le retrouve non moins évident pour ceux qui, à tort ou à raison ont été surnommés les *Parnassiens*. — Il eut bien du talent dépensé dans cette pléiade de jeunes gens qui, vers 1860, se contituèrent en une sorte de syndicat, et qui, s'entr'aidant de leur mieux, se lancèrent, pleins d'ardeur et de confiance, à la conquête du monde. Ils furent alors criblés d'épigrammes, stupides pour la plupart. Quelques-uns pourtant sont célèbres aujourd'hui; d'autres, plus ignorés — Albert Glatigny, MM. Léon Dierx, Villiers de l'Isle-Adam, Hérédia, Albert Mérat, Louis-Xavier de Ricard, Henri Cazalis, et combien encore! — ont continué les pures traditions du style poétique, telles que les avaient établies le romantisme, et souvent ils sont parvenus à perfectionner même l'outil déjà si parfait qu'ils avaient reçu des mains de leurs aînés. Malheureusement pour eux, ils disparaissaient dans l'ombre de Théophile Gautier, de Baudelaire, de M. Théodore de Banville, et, malgré leur réelle valeur, malgré leurs protestations d'indépendance, on les considérera toujours comme des imitateurs ou des disciples. Celui d'eux tous qui se montra le plus fidèle au cénacle et qui a fini par le personnifier, M. Catulle Mendès, déclare bien, il est vrai, que le Parnasse fut un groupe, non une école. Mais, par une singulière contradiction, il ajoute aussitôt : « Jamais les Parnassiens ne furent, jamais ils ne tentèrent d'être des novateurs. » Et plus loin : « Au XIXe siècle, toute poésie française vraiment digne de ce nom dérive de Victor Hugo. Cela est, il est heureux que cela soit, et il serait impossible qu'il en fut autrement. » Il arrive pour conclure jusqu'à cette phrase exorbitante : « *Tout procède du Père* [1]. »

M. Catulle Mendès, à son insu, révèle précisément là le point faible de l'académie littéraire dont il a été un des chefs militants. Elle s'est trop complètement immobilisée dans l'admiration, dans le culte d'une idole; à peine a-t-elle vécu d'une vie qui lui fut propre.

Supposons-la rayée de l'histoire de notre époque, sa disparition y serait-elle très sensible? Nous en doutons fort. Elle n'a guère fait, somme toute, qu'augmenter en quantité l'œuvre de ses prédécesseurs.

1. Catulle Mendès, *Légende du Parnasse contemporain*.

II

Nous arrivons maintenant aux écrivains tout à fait modernes, à ceux dont les débuts et la réputation ne remontent pas au delà de quelques années. — Malgré la puissance visionnaire ou la délicatesse dans le choix des nuances qu'ont déployées certains de ses adeptes, nous ne reviendrons pas sur la secte naturaliste dont nous avons parlé déjà à propos de Gustave Flaubert. Sa seule réforme véritable fut de grossir, — parfois avec une imagination géniale dans la pratique, — les procédés théoriques d'une école antérieure; sa plus curieuse originalité semble de s'être méconnue elle-même, et d'avoir renié avec éclat les ouvrages dont elle procédait directement. Quant à ses prétentions d'imposer au roman la méthode expérimentale de Claude Bernard, ce sont choses sans importance, dès qu'on se refuse à se payer de mots, et qui, inapplicables dans l'espèce, n'ont jamais été appliquées. Du reste, la tentative dans la pensée de ses auteurs étant essentiellement scientifique, c'est au point de vue de la science seule qu'elle se trouvait discutable et nous n'avions aucun compte à en tenir dans des études d'art.

A côté du groupe dont M. Émile Zola fut le grand prêtre, et où s'enrôla un moment M. Guy de

Maupassant avant qu'il eût conquis sa grande personnalité de conteur, un autre groupe se développait pourtant, et tous deux, tantôt confondus dans une alliance incompréhensible [1], tantôt séparés par l'antinomie absolue de leurs idées et de leurs systèmes [2], atteignaient à des excentricités à peu près équivalentes, quoique d'un ordre différent. Naturalistes d'une part, symbolistes ou décadents d'autre part, les novateurs contemporains agissaient comme s'ils s'étaient partagés la tâche de parodier le romantisme, soit en accentuant lourdement son goût pour la vérité intégrale et le détail exact, soit en exagérant jusqu'à l'absurde son souci de la coloration et de la sonorité des phrases : ils se perdaient ainsi, ou bien dans des brutalités basses et hideuses, ou bien dans des transpositions tellement abstraites et quintessenciées qu'elles finissent par se dissoudre en un vague insaisissable, et qu'on se demande, non sans quelques motifs, si elles ne sont pas le produit d'une forte perturbation mentale. Nous écartons naturellement l'hypothèse, —

1. Par exemple, dans le cas de M. J.-K. Huysmans, à la fois naturaliste quand il écrit les *Sœurs Vatard* et *En ménage*, et décadent quand il écrit *A rebours*.

2. M. Jean Moréas, dans le supplément littéraire du *Figaro* (18 septembre 1886), traite de *puérile* la méthode du naturalisme. — Après lui, M. Anatole Baju, dans sa brochure intitulée *l'École décadente,* parle « de cette littérature vénale, stérile et terre à terre où s'illustre Zola et qui fait les délices du bourgeois sans âme ».

assez soutenue d'ailleurs, — d'après laquelle l'église décadente se moquerait de son public ; il n'y aurait plus dès lors qu'à mesurer le degré d'atticisme d'une mystification aussi savamment et sérieusement prolongée.

Quoique plusieurs fois on ait cité le nom de Charles Baudelaire, c'est en M. Paul Verlaine qu'il faut voir le principal fondateur de la doctrine nouvelle, par qui doit se régénérer, paraît-il, la pure langue française. Doué d'une finesse poétique extraordinaire et d'une délicatesse de sensibilité littéralement maladive, naïf et génial, — si l'on entend par le mot génie l'inspiration instinctive et inconsciente à tous les degrés, par opposition à la raison réfléchie et intelligente, — M. Paul Verlaine, au milieu des hasards d'une existence douloureuse et dramatique, a composé une quantité considérable de vers, dont quelques-uns, écrits en dehors de toute formule d'école sont d'une élévation suprême, dont beaucoup, malgré des obscurités, gardent encore une saveur étrange, et dont beaucoup enfin, sublimes selon les croyants, ne renferment pour les sceptiques aucune signification appréciable. Des premiers, nous ne pensons pas trop dire en les rapprochant des plus belles pièces lamartiniennes, dont ils ont l'harmonie chantante et jusqu'à la fluidité un peu lâche, avec moins de fougue et d'envolée lyriques, il est vrai.

> Elle dit, la voix reconnue,
> Que la bonté c'est notre vie,
> Que de la haine et de l'envie
> Rien ne reste la mort venue...
>
> Accueillez la voix qui persiste
> Dans son naïf épithalame.
> Allez, rien n'est meilleur à l'âme
> Que de faire une âme moins triste [1] !

Mais ceci n'est ni décadent, ni romantique, ni classique, ni rien qui se catalogue en une série quelconque : c'est simplement élégiaque et sincère, sans affectation de profondeur mystérieuse. Pour bien connaître la prétendue réforme, il faudra lire des œuvres plus compliquées de M. Verlaine; il faudra surtout feuillleter celles de ses amis et de ses disciples.

Il y a dix ou quinze ans déjà, un certain Arthur Rimbaud, cherchant à établir un parallélisme entre les inflexions du langage articulé et les couleurs. avait conçu le bizarre sonnet des *Voyelles*.

> A noir, E blanc, I rouge, U vert, O bleu, voyelles,
> Je dirai quelque jour vos naissances latentes.
> A, noir corset velu des mouches éclatantes
> Qui bombillent autour des puanteurs cruelles,
>
> Golfes d'ombre ; E, candeur des vapeurs et des tentes,
> Lances des glaciers fiers, rois blancs, frissons d'ombelles ;
> I, pourpres, sang craché, rire des lèvres belles
> Dans la colère ou les ivresses pénitentes;

---

1. Paul Verlaine, *Sagesse*.

U, cycles, vibrements divins des mers virides,
Paix des pâtis semés d'animaux, paix des rides
Que l'alchimie imprime aux grands fronts studieux ;

O, suprême clairon plein de strideurs étranges,
Silences traversés des Mondes et des Anges :
— O, l'Oméga, rayon violet de ses yeux [1] !

Beaucoup plus récemment, un autre réformateur, M. Jean Moréas avait donné de son système la définition suivante : « La poésie symbolique cherche à vêtir l'idée d'une forme sensible qui, néanmoins, ne serait pas son but à elle-même, mais qui, tout en servant à exprimer l'idée, demeurerait sujette. L'idée, à son tour, ne doit point se laisser voir privée des somptueuses simarres des analogies extérieures; car le caractère essentiel de l'art symbolique consiste à ne jamais aller jusqu'à la conception de l'idée en soi. Ainsi, dans cet art, les tableaux de la nature, les actions des humains, tous les phénomènes concrets ne sauraient se manifester eux-mêmes; ce sont des apparences sensibles destinées à représenter leurs affinités ésotériques avec des idées primordiales [2]. » Ce qui signifie probablement, — nous n'affirmons pas, — que le symbolisme consiste à faire un emploi

---

1. Cité par M. Paul Verlaine, *les Poètes maudits* : Arthur Rimbaud.
2. Supplément littéraire du *Figaro* (18 septembre 1886).

aussi fréquent que possible des images et des métaphores, à *suggérer* l'idée plutôt qu'à *l'exprimer*, à en donner le *symbole* de préférence à la formule exacte et claire. « Pas de descriptions, dit un autre décadent : on suppose tout connu. Rien qu'une synthèse rapide donnant l'impression des objets. *Ne pas dépeindre, faire sentir ;* donner au cœur la sensation des choses, soit par des constructions neuves, soit par des symboles évoquant l'idée avec plus d'intensité par la comparaison [1]. »

Et tout cela n'a l'air de rien. Le sonnet de Rimbaud semble une fantaisie amusante et inoffensive, destinée à n'avoir point de suite. La théorie de M. Moréas, dégagée du jargon scolastique d'où elle tire sa plus grande importance, constitue une nouveauté qui ne remonte guère qu'aux *Védas* et à l'*Iliade*. Seulement, nous allons voir où aboutiront, dans des cerveaux désemparés, une plaisanterie insignifiante et une vérité banale à force d'être vraie; sans nous arrêter à M. Stéphane Mallarmé, à Jules Laforgue, à MM. Gustave Kahn, Jean Ajalbert, Édouard Dujardin et autres, nous arrivons à M. René Ghil, parce qu'il est un des derniers venus, et surtout parce que, jusqu'à présent, il peut être considéré comme le plus parfait résultat de son école. Il présente en outre cet avantage d'a-

---

1. Anatole Baju, *l'École décadente*, le décadisme.

voir été à la fois écrivain didactique et producteur.

Par son *Traité du verbe*, il enseigne, dans un style d'ailleurs horriblement confus, les lois de ce que lui et M. Mallarmé appellent l'*instrumentation poétique*. Chaque voyelle, nous l'avons vu, représente une couleur, mais chaque consonne aussi, et chaque diphthongue, et chaque syllabe même : *le son est visible*. Ce n'est pas tout : « Si le son peut être traduit en couleur, la couleur peut se traduire en son, et aussitôt en timbre d'instrument [1]. » Il ne s'agit plus que d'établir les concordances, et M. René Ghil se charge de la besogne avec une assurance qui ne laisserait place à aucune espèce de doute, si nous ne le trouvions, dès les premiers pas, en dissentiment avec Rimbaud sur la simple question de la teinte des voyelles [2]. Peu importe : « Constatant les souverainetés, les harpes sont blanches; et bleus sont les violons pour surmener notre passion ; en la plénitude des ovations, les cuivres sont rouges; les flûtes, jaunes, qui modulent l'ingénu s'étonnant de la lueur des lèvres ; et, sourdeur de la terre et des chairs, synthèse simplement des seuls instruments simples, les orgues toutes noires plangorent [3]. »

1. *Traité du verbe : l'instrumentation poétique.*
2. La voyelle U, verte d'après Arthur Rimbaud, est jaune selon M. René Ghil.
3. *Traité du verbe : l'instrumentation poétique.*

Voilà la base élémentaire du langage instrumenté ; ce premier point acquis, le reste devient beaucoup plus facile, et nous n'aurions plus, si nous voulions, qu'à étudier le détail des nuances. Grâce à une série de combinaisons qu'il serait fastidieux d'analyser, on apprend, par exemple, que les mots où entrent les consonnes L, R, S, Z, et les diphtongues EU, IEU, EUI, sont d'un rose orangé, représentent les cors, les bassons et le hautbois, — et expriment gloire, amour (avec doute et appréhension, diésé) [1]. *Ils expriment !* nous devrions dire plutôt qu'*ils suggèrent*. Car « pour l'initié digne d'envie, un poème ainsi devient un vrai morceau de musique, *suggestive* infiniment et s'instrumentant seule : musique de mots évocateurs d'images colorées, sans qu'en souffrent en rien, que l'on s'en souvienne ! les idées [2] ». La méthode, en somme, ne diffère pas sensiblement de celle proclamée par M. Jean Moréas : le seul trait distinctif, c'est que dans un cas la suggestion procède des analogies et des métaphores, tandis que dans l'autre, tandis qu'ici elle est produite par les diverses harmonies des vocables. Rien n'empêche de croire que des moyens nouveaux seront encore employés un jour, et M. René Ghil, pour son compte, en a déjà inventé

---

1. *Traité du verbe*, note XXVII.
2. *Ibid.; l'instrumentation poétique.*

un dont la simplification idéale ne sera pas surpassée de sitôt :

Jusqu'à présent on ne connaît de lui qu'un recueil de vers : *le Geste ingénu*. C'est, paraît-il, le début d'un vaste ensemble en huit ou dix parties qui porteront comme titre général : *les Légendes de Rêve et de Sang* [1]; en ce qui concerne sa signification, c'est, d'après M. Paul Verlaine, « par une suite de poèmes instrumentés distincts mais logiquement liés entre eux pour que le livre soit *un* dans l'œuvre *une*, la mise en scène symbolique des montées du désir de l'adolescence [2]. » On ouvre donc le volume, et, après la dédicace, on arrive à une grande feuille blanche où sont imprimés une large bande noire, et, au-dessous, le quatrain suivant :

> Mais les hasards haïs qui gardent le moment
> Tramaient sur d'éveillés vestiges de ramages
> Tout le nuage lourd au songe véhément
> Variant d'un vœu vain le somme sans hommages.

Nous citons ces alexandrins, non pas en raison d'une préférence spéciale, mais parce qu'ils se rencontrent d'abord, et que, pour des yeux et des oreilles profanes, ils ont exactement la même valeur que tels autres pris au hasard. Ceux-là commencent par des lettres majuscules ; il en est qui commencent par des lettres minuscules. Quelques-uns

---

1. *Traité du verbe*, ch. Ier.
2. Paul Verlaine, *les Hommes d'aujourd'hui*, n° 338.

portent des signes de ponctuation ; la plupart évitent cet artifice typographique. Mais comme la construction grammaticale des phrases est absolument oubliée, l'absence des points et des virgules ne cause aucun embarras, et leur présence ne saurait expliquer d'après quelles règles secrètes l'auteur les distribue. Il fait mieux : parfois, pour éveiller en nos âmes l'idée ou les idées, il adopte un langage de plus en plus suggestif; il n'use pas même de mots, pas même d'indications conventionnelles. Il se contente de pousser notre esprit vers une direction quelconque. sans la déterminer autrement que par une vague et brève formule. Ainsi, à plusieurs reprises, dans *le Geste ingénu,* on s'arrête devant deux pages complètement vierges d'écriture, sauf, tout au bas de la seconde, un texte dans le genre de ceux-ci :

>ou si nous ordonnons qu'on aime
>de moins ignares que soi même !

ou bien :

>Mille sanglots plangorent là

ou bien encore :

>Quel pleur ulule en la malheure [1] !

Ces vers, si nous ne nous trompons, ont pour but de susciter en nous les pensées, les rêves, les sensations, les sentiments que le poète n'exprime pas,

---

1. *Le Geste ingénu,* p. 24 et 25, 50 et 51, 102 et 103.

mais qu'il suggère, laissant à notre intelligence des vides qu'elle doit remplir; c'est le système des points suspensifs amené jusqu'à ses extrêmes limites. Après cela, il n'y a plus rien à ajouter. Quelle que soit l'opinion qu'on professe sur M. Ghil et ses amis, on est en droit d'affirmer que leurs travaux ne sont assurément ni de la littérature ni de la poésie.

On aurait tort de croire cependant que l'ensemble des productions actuelles, vraiment dignes d'intérêt et d'examen, doive fatalement s'étiqueter sous une des deux marques dont nous venons de parler ici. En dehors des desservants de la réalité brutale ou des apôtres d'un idéalisme extravagant, il existe aujourd'hui des écrivains en qui se conservent et le respect de la langue française, et le culte de la beauté dans l'art. Indépendants de toute coterie et libres de tout dogme, ils n'obéissent qu'à leur inspiration personnelle ou à cette impondérable pression des événements et des mœurs à laquelle nul ne saurait échapper; avec leurs qualités et leurs défauts, ils sont eux-mêmes, c'est-à-dire qu'ils sont de leur époque, au moins autant que les peintres exclusivement attachés aux scènes de la vie européenne moderne.

Poète, romancier, journaliste, M. Anatole France, qui a révélé dans chacune de ses tentatives les plus rares supériorités d'un esprit original, semblerait justement un de ceux qui ont le mieux compris et senti leur temps, quoiqu'il ne se soit pas astreint, de parti pris, à n'en jamais sortir. Il a débuté par des volumes de vers, dont les plus remarquables reposent sur des sujets antiques ; il a continué par des ouvrages en prose, empreints d'un certain caractère d'autobiographie, mais où la précieuse couleur locale moderniste, — si vantée et si cherchée ailleurs, — n'intervient que dans les proportions nécessaires, et sans que l'auteur se préoccupe de la placer en relief. Cependant, malgré ce dédain des formes superficielles et passagères du monde contemporain, est-il rien qui soit plus près de nous que le tempérament de l'homme et que la philosophie de son œuvre ? Si la mode était encore aux *Maximes* et aux *Pensées*, et que l'on recueillît en un tout, à travers ses poèmes, ses romans, ses articles de critique, l'innombrable quantité de phrases ou subtiles ou profondes qui y sont jetées au hasard, sans apprêt et sans pédantisme, n'y retrouverait-on pas le tableau fidèle des principaux états d'âme, latents chez les classes intellectuelles de cette fin de siècle ? M. Anatole France, dans les évolutions de la psychologie humaine, nous paraît incarner ce mouvement instinctif qui pousse une société, déjà vieille et lasse, blasée et savante, attristée et incrédule, à se refaire, par raison et par sagesse, une foi, une sensibilité, un idéal, qu'elle reconnaît chimériques, mais dont la fiction l'amuse sans la tromper complètement. L'humoriste lettré qui a conçu *le Crime de Sylvestre Bonnard* n'ignore assurément ni la vanité ni le néant des choses, et sa funeste science, bien qu'il la voile, se dégage assez de ses livres et de ses chroniques pour qu'il soit inutile qu'on la prouve. C'est elle, ne l'oublions pas, qui le mènera à cette élégance indulgente, à la fois un peu sentimentale et railleuse, qui constitue un des traits dominants de sa nature ; c'est elle qui lui fera accepter une doctrine morale voisine, — quoique plus raffinée et plus délicate, — de celle qu'Horace a résumée dans son *Carpe diem*; c'est par elle qu'il sera artiste, et qu'il inclinera aujourd'hui vers le xviii° siècle amoureux et charmant [1], de même qu'autrefois il s'est plu à la Grèce voluptueuse et païenne.

> Hellas, ô jeune fille ! ô joueuse de lyre !
> Toi dont la bouche aimait les baisers et le miel,
> Ingénieuse enfant qui mêlais ton sourire
> Aux sourires légers de la mer et du ciel,
>
> Tous tes jours s'écoulaient en des heures égales,
> Et, quand la grande Nuit argentait les chemins,
> Tu méditais, heureuse, au bruit clair des cigales,
> Les heures, les saisons et les travaux humains.
>
> . . . .
> . . . .
> . . . .

1. Voir sur ce point plusieurs articles du *Temps* (11 mars, 27 mai, 17 juin 1888).

> Et je t'ai célébrée, ô fille des Kharites !
> Belle et pleine d'amour en tes derniers moments,
> Pour que ceux qui liront ces paroles écrites
> *En aiment mieux la vie et soient doux aux amants*[1].

Apprendre à aimer la vie, à lui-même et aux autres, n'est-ce pas en effet à quoi semble tendre l'effort secret du poète qui a modulé ces strophes souriantes ? et lui, qui n'admet pas la possibilité du bonheur, qui, au besoin, en démontrera le mensonge[2], il affirme, après expérience faite, n'avoir pas de motif de plainte contre la destinée, ou, tout au moins, il se résigne sans amertume, voire avec une sorte de sérénité joyeuse. « Je n'ai plus confiance en mon ancienne amie la vie, dira-t-il au déclin de la jeunesse, mais je l'aime encore[3]. » En réalité, il n'y croit guère, et peut-être est-ce le meilleur moyen pour qu'elle ne nous froisse pas. Il est possible d'arriver à l'apaisement optimiste à force de se convaincre que le monde est irrévocablement mauvais, et l'on ne cesse pas de goûter les jouissances de l'art et de l'amour, parce qu'on les a estimées à leur juste valeur, parce qu'on les sait illusoires, incomplètes et fugitives.

Si M. Anatole France semble principalement un

---

1. Anatole France, *les Noces Corinthiennes*, prologue.
2. *Le Temps* (5 février 1888).
3. *Le Livre de mon ami*, avant-propos.

être intellectuel, il faut voir surtout en M. Pierre Loti un organisme sensitif. A côté de l'un qui *comprend*, l'autre *perçoit* ; et quand il analyse parfois le mal de son propre cœur, il le fait moins par goût de la spéculation philosophique que pour le plaisir de regarder et de raconter, sans chercher même à conclure. « Enfantin et pervers [1] », a-t-on dit de lui en deux mots qui le dépeignent avec une entière exactitude, et il apparaît évidemment, ou bien comme le produit très simple d'une race très compliquée, qui aurait infusé dans un sang ardent et jeune quelques germes de mort, de vieillesse et d'ennui ; ou bien, — ce qui est plus vrai, — comme un raffiné qui, de naissance, aurait atteint jusqu'au blasement et qui s'efforcerait à redevenir primitif. La passion de la vie exotique à demi sauvage, — naturelle pour un barbare, — marque déjà chez un Européen du XIXe siècle presque une sorte de dépravation ; et le phénomène n'est pas sans précédents dans l'histoire, si nous reculons seulement d'une centaine d'années derrière nous. Bernardin de Saint-Pierre, Chateaubriand ne tiennent-ils pas dans leur époque la place qu'occupe actuellement M. Pierre Loti dans la nôtre ? Eux aussi, fils d'une société très savante et très lasse, ils ont voulu, dans la mesure du possible, fuir loin de leur humanité. On se les

---

1. Anatole France, *la Vie littéraire : l'Amour exotique*.

représente au milieu de notre monde moderne, et l'on se demande si, comme l'amant de Rarahu, ils ne repousseraient pas la civilisation contemporaine, ses découvertes, ses travaux, ses ambitions, ses splendeurs, tout ce qui la compose et tout ce qui la rappelle, depuis son industrialisme et ses chemins de fer jusqu'à son art et à sa littérature [1]. Oui, ils la maudiraient ou la dédaigneraient sans doute, et un tel sentiment, rétrograde pourtant, a enfanté des chefs-d'œuvre ! Nous ne voudrions pas, entre un auteur encore nouveau et des maîtres consacrés, tendre à un rapprochement audacieux : mais en définitive, devant la postérité, *le Mariage de Loti*, *Aziyadé*, *Fleurs d'ennui* et *Pêcheurs d'Islande* seront-ils jugés inférieurs à *Paul et Virginie*, à *Atala* et aux *Natchez* ?

En dépit des apparences, il est si difficile de se faire une opinion sur des hommes qui se trouvent trop près de nous ! On craint d'être sa propre dupe, et de se laisser entraîner par des considérations où l'art pur n'entre que pour une part minime. Voici M. Paul Bourget qui a écrit des poèmes, des études philosophiques et des romans que tout le monde a

---

1. *Le Figaro*, supplément littéraire (19 juin 1886). On peut lire également sur ce sujet un article de M. E. Roustan dans la *Nouvelle Revue* : *Souvenirs de Rochefort, une Visite à Loti* (15 mars 1886).

lus, et dont le moins qu'on puisse penser c'est qu'ils révèlent un talent immense. Nul, autant que lui peut-être, n'a su découvrir jusqu'en ses profondeurs obscures l'âme attristée des générations actuelles; et, avec un réalisme très mitigé, il a peint des hommes et des femmes dont les habitudes extérieures pourraient être décrites avec moins d'insouciance, mais dont les cœurs ou les caractères ont été commentés et analysés avec les préoccupations d'un psychologue merveilleusement clairvoyant. Son modernisme nous semble le seul qui intéresse; bien plus : nous le croyons le seul vrai. Est-ce à dire cependant que l'heure soit venue pour l'auteur de *Mensonges* d'être soumis à une critique générale ? En aucune manière. De même que M. Pierre Loti ou M. Anatole France, nous le surprenons en pleine élaboration d'une œuvre inachevée encore, et dont il serait hasardeux de présumer les destinées. Quelle que soit la hauteur où l'avenir la placera, nous manquons trop de recul pour l'examiner sérieusement dès aujourd'hui, et pour oser formuler sur son compte autre chose qu'une vague impression personnelle.

Et maintenant, de ce mouvement artistique et littéraire que nous avons suivi surtout dans la seconde moitié du siècle, que pouvons-nous inférer qu'il sortira ? Évidemment, la force intellectuelle et créatrice n'est pas près de s'éteindre en France. Le nombre, la diversité, l'exagération même des ouvrages qui ont passé sous nos yeux prouvent suffisamment quelle activité cérébrale fermente toujours parmi nous. Il paraît invraisemblable que tant d'efforts, tant de recherches, tant de tâtonnements n'aboutissent pas enfin à la découverte de la formule nouvelle que tous pressentent sans la connaître, et dont tous comprennent le besoin, maintenant qu'est irrémissiblement usée l'esthétique dont Chateaubriand fut le premier révélateur. Mais où et quand se dévoilera la révélation prochaine ? A quels hommes le destin réserve-t-il l'honneur de trouver et de dire la parole précise qui correspondra d'une manière exacte aux aspirations de la génération qui monte ? Parmi les maîtres que nous avons cités, quel est celui qui se rapproche le plus de l'idéal futur, et que nos descendants proclameront leur précurseur et leur prophète ? Ici les hypothèses se pressent en telle abondance que nous ne nous hasarderons pas même à en émettre une seule, et les présomptions sont trop incertaines et vagues pour qu'il soit intéressant de les indiquer sans nulle preuve à l'appui. « L'avenir est sur les genoux de Zeus », selon la belle expression de l'aède antique, et l'heure actuelle, il faut l'avouer, semble moins propice encore que toute autre pour essayer d'entrevoir le mystère qui se cache sous les plis de la robe du dieu. Ce qu'il adviendra des lettres, ce qu'il adviendra des arts, ce qu'il adviendra de toute la civilisation européenne, nous l'apprendrons assez plus tard, si pourtant les lettres, les arts et la civilisation continuent d'exister, au milieu des orages formidables, des crises financières et industrielles, des écroulements religieux, des guerres exterminatrices de race à race, des cataclysmes démagogiques et sociaux qui se préparent avec lenteur et sous lesquels il ne serait pas impossible que disparût le vieux monde, — dans un délai que l'on ignore, dans quelques années, dans quelques mois, demain peut-être.

FIN

TABLE

L'ART LITTÉRAIRE. 1
THÉOPHILE GAUTIER. 39
CHARLES BAUDELAIRE. 83
LES FRÈRES DE GONCOURT. 137
M. LECONTE DE LISLE. 189
GUSTAVE FLAUBERT. 239
M. THÉODORE DE BANVILLE. 299
ÉCOLES ET PERSONNALITÉS DIVERSES. 325

www.ingramcontent.com/pod-product-compliance
Lightning Source LLC
Chambersburg PA
CBHW050757170426
43202CB00013B/2457